29

DAS ANDERE

UM ANTÍDOTO CONTRA A SOLIDÃO

DAS ANDERE 29

Conversations with David Foster Wallace
© University Press of Mississippi, 2012
© Editora Âyiné, 2021
Todos os direitos reservados

Organização
Stephen J. Burn
Tradução
Sara Grünhagen e Caetano W. Galindo
Preparação
Érika Nogueira Vieira
Revisão
Juliana Amato, Paulo Fernandes
Ilustração
Julia Geiser
Projeto gráfico
Luísa Rabello

ISBN 978-65-86683-92-9

Editora Âyiné
Belo Horizonte, Veneza
Direção editorial
Pedro Fonseca
Assistência editorial
Luísa Rabello
Produção editorial
Ana Carolina Romero, Rita Davis
Conselho editorial
Simone Cristoforetti, Zuane Fabbris, Lucas Mendes

Praça Carlos Chagas, 49 — 2º andar
30170-140 Belo Horizonte — MG
+55 31 3291-4164
www.ayine.com.br
info@ayine.com.br

DAVID FOSTER WALLACE

UM ANTÍDOTO CONTRA A SOLIDÃO

CONVERSAS COM DAVID FOSTER WALLACE

Organização
Stephen J. Burn

Tradução
Sara Grünhagen e Caetano W. Galindo

Âyiné

SUMÁRIO

Introdução	11
Sobre a solidão: ler e traduzir Wallace hoje	25
Cronologia	31

David Foster Wallace: um perfil
William R. Katovsky, 1987 — 37

Um geniozinho e seu louco romance de estreia
Helen Dudar, 1987 — 45

Em busca de uma guarda para ser vanguarda:
uma entrevista com David Foster Wallace
Hugh Kennedy e Geoffrey Polk, 1993 — 51

Uma entrevista expandida com David Foster Wallace
Larry McCaffery, 1993 — 67

A próxima grande figura: será que um autor de uma cidade pequena
dá conta do impacto causado por seu romance de 1.079 páginas?
Mark Caro, 1996 — 119

A entrevista da *Salon*: David Foster Wallace
Laura Miller, 1996 — 127

A terra desperdiçada
David Streitfeld, 1996 — 139

David Foster Wallace estremece diante da sugestão
de que seu livro seja sequer remotamente desleixado
Anne Marie Donahue, 1996 145

Escritores jovens e a realidade da televisão
Donn Fry, 1997 149

A «História Infinita»: herói cult por trás de romance
de 1.079 páginas curte o hype que ele mesmo atacou
Matthew Gilbert, 1997 153

David Foster Wallace
Tom Scocca, 1998 163

David Foster Wallace: entre gente sinistra
Lorin Stein, 1999 173

David Foster Wallace se aquece
Patrick Arden, 1999 181

Travessura: uma breve entrevista com David Foster Wallace
Chris Wright, 1999 193

Por trás dos olhos atentos do escritor David Foster Wallace
Mark Shechner, 2000 197

Conversa com David Foster Wallace e Richard Powers
John O'Brien, 2000 207

Aproximando o infinito
Caleb Crain, 2003 221

Até onde possamos saber: entrevista com David Foster Wallace
Steve Paulson, 2004 231

The Connection: David Foster Wallace
Michael Goldfarb, 2004 245

Entrevista com David Foster Wallace
Didier Jacob, 2005 267

Só pra saber... David Foster Wallace
Christopher John Farley, 2008 277

Os anos perdidos e os últimos dias de David Foster Wallace
David Lipsky, 2008 281

INTRODUÇÃO

«Sou péssimo em entrevistas», David Foster Wallace disse numa carta que me enviou no verão de 2007, «e só aceito fazer se for muito coagido.»[1] O desconforto de Wallace com entrevistas faz sentido de várias maneiras diferentes. Sua preocupação com a exposição pública é razoável se pensarmos no rumo geral de sua carreira, que se alternou entre o que Wallace chamava de «esquizofrenia da atenção» e a prostração dos tormentos privados (Stein). Da mesma forma, suas obsessões temáticas — autoconsciência, a difícil economia de trocas que se verifica entre a paisagem interior das personagens e o mundo à sua volta — fundamentam-se nas mesmas energias que podem ser identificadas no processo de entrevista. Por fim, uma das técnicas mais típicas de Wallace para revelar o caráter da personagem através de diálogos — a conversa em que apenas uma das vozes é ouvida, que poderíamos chamar de *entrevista encapsulada*, parafraseando a expressão que Nabokov usou para analisar as conversas telefônicas em que o leitor ouve apenas um dos participantes[2] — transformou a mecânica da entrevista num foco importante da ficção madura de Wallace (*Graça infinita* [1996] e *Breves entrevistas* [1999]).

[1] David Foster Wallace, carta ao autor: 30 de agosto de 2007. Manuscrito.

[2] Peter Lubin criou o termo descritivo «conversa encapsulada» para elucidar a cena de *Pnin* em que Nabokov reflete a respeito da «arte da integração de conversas telefônicas» do narrador. Cf. Peter Lubin, «Kickshaws and Motley» *TriQuarterly* 17 (1970): 187-208. A entrevista de Chris Wright neste volume brinca com a forma que Wallace desenvolveu, e um dos ancestrais de sua técnica podem ser obras de ficção que se apresentam como entrevistas, tais como «The Explanation», de Donald Barthelme.

Esse nexo de atividade imaginada transformava o cenário de uma entrevista em algo mais que uma formalidade cortês para Wallace, um ato que não podia ser friamente separado da prática criativa. Mas, é claro, havia motivos mais pessoais para Wallace ser reticente a respeito de entrevistas. Depois de se ver tomado pela tempestade midiática que cercou o lançamento de *Graça infinita*, Wallace escreveu para Don DeLillo falando dessa experiência:

> Se você tenta ser modesto e direto, o repórter acaba falando da persona modesta e direta que você adotou para a entrevista. Acaba sendo uma coisa solitária e horrendamente depressiva. E estranha. Eu recebi gente na *minha casa* (um erro tático)... o cara do *Post*... que virou meu amigo porque fez a minha primeira entrevista e eu fui horrendamente indiscreto sobre umas coisas tipo histórico com drogas... e ele me deteve no meio do caminho e me explicou certas regras do que se deve dizer aos jornalistas...[3]

No entanto, bons conselhos podiam apenas amenizar, mas não erradicar a invasão do espaço pessoal. Quando entrevistou Wallace para a *New York Times Magazine*, Frank Bruni achou que deveria relatar o conteúdo do armário de remédios do romancista («no banheiro há uma pasta de dente especial para combater os efeitos do tabaco que ele masca. Há também medicamentos especiais contra a acne, para manter sua pele sem marcas»[4]), uma decisão que enfureceu o entrevistado. Juntando todas essas preocupações, Wallace chegou à conclusão de que havia problemas estruturais que

---

3   David Foster Wallace, carta a Don DeLillo. 16 de março de 1996. Datiloscrito. Arquivo Don DeLillo. Harry Ransom Humanities Research Center, Universidade do Texas, Austin.

4   Frank Bruni, «The Grunge American Novel». *New York Times Magazine*, 24 de março de 1996, seção 6: 41. Impresso.

INTRODUÇÃO

erodiam as aspirações epistemológicas do formato da entrevista, dizendo à revista *Amherst*, em 1999, que o problema com as entrevistas era que «nenhuma pergunta realmente interessante pode ser respondida de maneira satisfatória dentro dos parâmetros formais (por exemplo: espaço na revista, tempo no rádio, decoro público) de uma entrevista».[5]

Por que, então, reunir uma seleção de entrevistas de Wallace? Num nível básico, é digno de nota que nos anos que se seguiram à morte de Wallace, o Wallace-pessoa (em contraste com o espectro puramente estilístico ou temático do Wallace-escritor) tenha se tornado uma presença cada vez mais constante na literatura americana contemporânea — em «Extreme Solitude» (2010), de Jeffrey Eugenides, em *Generosity* (2009), de Richard Powers e, mais diretamente, em *Liberdade* (2010), de Jonathan Franzen, a biografia de Wallace parece estar refundida e difundida em cada uma das narrativas. Por mais que sua influência técnica continue claramente em evidência — as narrativas encapsuladas em outras narrativas de Wallace são objeto de paródia lúdica em *A visita cruel do tempo* (2010), de Jennifer Egan —, uma boa entrevista ou um bom perfil ilumina tanto o escritor quanto a obra, de modo que fica mais fácil, depois de ler essas entrevistas, fazer perguntas objetivas a respeito dos paralelos entre a biografia de Wallace e essas obras de ficção — e, portanto, avaliar o impacto pessoal de Wallace na literatura americana.[6] O que significa, por exemplo, ler a revelação de David Lipsky de que

---

5   David Foster Wallace, «Brief Interview with a Five Draft Man.» Entrevista com Stacey Schmeidel. *Amherst*. Revista Amherst, primavera de 1999. Web. 17 de dezembro de 2010.

6   Em parte porque a não ficção de Wallace (como ele disse a Tom Scocca) incluía «um ou outro enfeite», escrever sobre a vida de Wallace frequentemente envolveu erros. Charles B. Harris aborda esse assunto em «David Foster Wallace's Hometown: A Correction.» *Critique* 51.3 (2010): 185-86. Impresso.

14 DAVID FOSTER WALLACE

Wallace pintou seu quarto de preto e era fascinado por Margaret Thatcher, e então perceber que esses detalhes ecoam na biografia de Richard Katz em *Liberdade*?

Do mesmo modo, por mais que Wallace em geral não se iludisse quanto às limitações formais da entrevista, isso não quer dizer necessariamente que suas entrevistas deram errado. Sua aguda percepção dos limites da entrevista como meio de expressão transformava essas situações em um refúgio muito produtivo para a impressionante articulação verbal de Wallace. Como Jonathan Franzen já disse, «a estrutura das entrevistas» propiciava uma limitação formal em que Wallace «se sentia seguro para empregar seu imenso estoque natural de delicadeza, sabedoria e perícia».[7] Não é de se estranhar, portanto, que uma das fontes mais citadas nos estudos wallaceanos seja uma entrevista — a essencial conversa com Larry McCaffery na *Review of Contemporary Fiction* — e, além das correspondências biográficas, as entrevistas de Wallace são importantes para uma análise textual mais rigorosa de sua obra. Ainda que Wallace se mantivesse atento à tendência que os entrevistados têm de explicar *post facto* suas obras concluídas,[8] seus comentários a respeito de temas e técnicas muitas vezes são penetrantes. Os temas que atraíram como um ímã a crítica que se debruçou sobre Wallace nos últimos quinze anos — a ironia, sua relação com outros escritores — estão amplamente representados nesta seleção. Há aqui também declarações esclarecedoras sobre sua atitude no que se refere a programas de pós-graduação em escrita criativa (especialmente na entrevista a Hugh Kennedy e Geoffrey Polk), a seu envolvimento com a crença religiosa (acima

---

7   Jonathan Franzen, tributo a Wallace. *Five Dials: Celebrating the Life and Work of David Foster Wallace, 1962-2008*. Londres: Hamish, 2008. 16. Impresso.

8   Envolver-se «em um discurso crítico» depois de publicar um texto, disse Wallace a Steve Paulson, é «muito diferente» do processo «cabeça-dura e pragmático» de realmente criar o texto.

INTRODUÇÃO 15

de tudo nos textos de Streitfeld, Gilbert e Arden), ao papel das notas de rodapé na sua escrita (mais uma vez a entrevista concedida a Gilbert é iluminadora) e à multifacetada concepção da arquitetura de seu romance. Wallace explica a Mark Caro, por exemplo, que *Graça infinita* é estruturado como «uma linda vidraça que foi derrubada do vigésimo andar de um prédio», e ainda diz a Anne Marie Donahue que o mesmo romance também é «na verdade montado mais como uma peça de música do que como um livro».

Em todo o conjunto das entrevistas também chama a atenção o surgimento gradual de padrões que fornecem certas indicações da alteração das preocupações de Wallace. Se Wallace desvia a atenção de um livro como *Breves entrevistas com homens hediondos*, descrevendo seu objetivo principal ali como «umas coisas técnicas e formais que eu não sei se quero discutir» (Arden), em entrevistas que acompanharam o lançamento de *Oblivion*, por outro lado, ele se esforça repetidamente para contextualizar as citações retiradas dos contos, chamando atenção para as perspectivas narratórias híbridas do livro. Ao discutir «Mister Squishy» com Michael Goldfarb, por exemplo, Wallace observa que a perspectiva do narrador alterna «de um narrador mais onisciente em terceira pessoa para a consciência de... Terry Schmidt». De maneira similar, quando comenta um trecho de «The Soul is Not a Smithy», Wallace destaca outra lente colorida quando diz a Steve Paulson que seu narrador «em parte está narrando como criança e em parte como adulto». Além de detalhes técnicos como esses, também é possível mapear alterações mais amplas e mais gerais na forma de trabalho de Wallace, que se estendem por duas décadas de conversas com entrevistadores. No começo de 1987, por exemplo, quando Helen Dudar fez um perfil de Wallace para o *Wall Street Journal*, os comentários do jovem romancista sobre seus hábitos de trabalho soam absolutamente leves. Treze anos depois — numa conversa com John O'Brien e Richard Powers —, Wallace é consideravelmente mais solene ao tratar do mesmo tema.

16

DAVID FOSTER WALLACE

Montar um livro como este depende de conseguir que entrevistadores e detentores dos direitos autorais de cada texto concordem que seu trabalho seja reimpresso. Com essa limitação, tentei escolher entrevistas que permitam que o livro acompanhe todo o arco de sua carreira — indo dos primeiros textos, de Katovsky e Dudar, até o que acredito ter sido a última entrevista formal de Wallace, concedida ao *Wall Street Journal*[9] —, reconhecendo ao mesmo tempo o pleno espectro do onívoro talento literário de Wallace. As entrevistas reunidas aqui tratam, portanto, de cada uma de suas principais obras de ficção, enquanto os textos de Tom Scocca, Caleb Crain e Christopher John Farley abordam diferentes aspectos da não ficção de Wallace. Algumas das entrevistas aqui incluídas estão disponíveis on-line, nos sites dos veículos que as publicaram originalmente — o excelente arquivo da Dalkey, por exemplo, destaca-se como fonte particularmente preciosa para leitores não apenas da obra de Wallace, mas de toda a literatura contemporânea. No entanto, a relativa acessibilidade foi uma preocupação menor do que a qualidade — e especialmente a constante qualidade de percepção — durante a seleção das entrevistas para este volume. Entre as mais de setenta entrevistas que Wallace concedeu, é raro encontrar alguma que não tenha momentos perspicazes, mas Wallace raramente se expôs a longas entrevistas de modelo mais acadêmico, portanto, há muitos

---

9   Em seu perfil para a *New Yorker*, D.T. Max sugere que o texto de Didier Jacob foi «sua última grande entrevista, concedida a *Le Nouvel Observateur*, em agosto de 2007» (60). Na verdade, a entrevista ocorreu em 2005, e Jacob me informa que seu texto nunca foi publicado. Ele aparece aqui, portanto, como contribuição inédita. Cf. D.T. Max, «The Unfinished.» *New Yorker*, 9 de março de 2009: 48 passim. Impresso.

Wallace, claro, não deu entrevistas diretamente relacionadas a *O rei pálido*, mas como «The Soul is Not a Smithy», de *Oblivion*, em algum momento foi um dos capítulos que integrariam seu romance póstumo, a discussão entre Wallace e Steve Paulson cumpre o objetivo duplo de também abordar um dos temas centrais de *Oblivion* e de *O rei pálido*.

INTRODUÇÃO

textos que não têm aquele impulso mais constante que faz com que outros mereçam estar incluídos aqui. Uma conversa on-line na *Word*, por exemplo, é caótica demais para ser citada integralmente, mas mesmo assim tem momentos preciosos em que Wallace registra seu desagrado com o romance *Women and Men* (1987) de Joseph McElroy («achei que aquele livro era uma merda»), mas chama atenção para as afinidades entre *Graça infinita* e *Lookout Cartridge* (1974), romance anterior de McElroy.[10] Wallace era um escritor americano num sentido nada trivial do termo — interessado nas questões culturais, sociais e políticas que seu Estado-nação levantava —, e sua herança artística estava muito embasada na arte americana. Além de McElroy ele fala de DeLillo, Pynchon, Gaddis e de outras artes nacionais. Numa entrevista não incluída aqui, por exemplo, a evolução do blues o leva a um relato revelador de seu desenvolvimento técnico:

> tinha esse texto... chamado *Within the Context of No Context*, de George W. S. Trow [...], em que ele fala de falta de jeito *versus* uma certa suavidade, e ele está falando de um certo momento do blues [...] eu acho que para a minha geração [...] uma certa espécie de sem-jeito [...] nós associamos não com ingenuidade ou com falta de habilidade, mas com sinceridade [...] com ser feito-em-casa de verdade, em oposição a ser [...] como que um produto de fábrica.[11]

Para Wallace, um escritor como Gaddis, cuja obra era estrategicamente «muito bagunçada» e desafiadora, iria se tornar uma

---

10   David Foster Wallace, «Live Online with David Foster Wallace.» *Word*. Infinite Jest: Reviews, Articles, and Miscellany, 17 de maio de 1996. Web. 16 de dezembro de 1997.

11   David Foster Wallace, «David Foster Wallace.» Entrevista a Michael Silverblatt. *Bookworm*. National Public Radio, KCRW, Santa Monica, 3 de agosto de 2000. Podcast.

grande «influência estilística». A sensação de «aspereza» que ele herda de Gaddis manifesta-se de múltiplas maneiras na obra de Wallace — especialmente no quanto os seus dois primeiros romances desdenham um desfecho claro, o que em sua entrevista com Michael Goldfarb ele chama de um plano de deixar *Graça infinita* se concluir «fora da moldura do quadro». Mas com o passar do tempo as entrevistas de Wallace vão gerando um índice das coordenadas móveis de seu envolvimento com a ficção americana. Por mais que ele se distanciasse do que chamou (numa entrevista dada a Donn Fry) da escola americana de ficção realista tipo «churrasquinho no quintal e três martínis», sua relação com «os filhos de Nabokov» era nitidamente mais ambígua. Por mais que tenha apresentado Gaddis como uma influência técnica, há também momentos em que ele faz pouco tanto de Gaddis quanto de Pynchon, que chama de «vanguarda comercial» numa conversa com Donahue. Ao mesmo tempo, ele também reconhecia que algumas obras realistas, como disse a Michael Goldfarb, eram «realmente... pulsantes».

Mas ainda que seja útil perceber a genealogia americana que emerge das entrevistas de Wallace, sua imaginação não ficava limitada às fronteiras nacionais, e uma lista das influências europeias que os estudos de Wallace ainda terão de considerar incluiria Albert Camus, a crítica literária de Craig Raine, além de Georges Perec e de outros escritores do Oulipo. Se é verdade que Wallace raramente saiu dos Estados Unidos — visitou a França em 2001 e a Itália e a Inglaterra em 2006 —, ele foi entrevistado por diversas publicações europeias, com conversas publicadas na Itália, *La Repubblica* e *Il Sole 24 Ore*, e na Alemanha, *Die Zeit* e *Die Welt*. No entanto, não incluí essas entrevistas, já que as gravações originais dos melhores perfis europeus que eu queria selecionar não estavam mais disponíveis, e as matizadas escolhas vocabulares de um escritor tão cuidadoso quanto Wallace tornam indesejável a criação da atmosfera de filme

INTRODUÇÃO 19

legendado que seguramente resultaria do processo de se traduzir para o inglês um italiano que já era tradução do inglês.

Certas entrevistas contam a história de sua própria construção, mas entrevistar Wallace nitidamente era uma experiência tão memorável que chegou a gerar um curioso subgênero obscuro — o negativo fotográfico de uma entrevista, onde o jornalista cria uma espécie de metatexto sobre o processo de tentar entrevistar Wallace. O principal exemplo dessa escola é «Em busca de David Foster Wallace», de Joe Woodward, que descreve uma malfadada «odisseia para entrevistar DFW», ainda que também seja notável o relato de Fritz Lanham de uma tentativa de entrevistar Wallace em 1996, apesar de ter lido apenas cem páginas de *Graça infinita* (a entrevista não corre bem: «Wallace me olhava como se eu tivesse enlouquecido», conforme Lanham descreve a resposta a uma de suas perguntas). Mas o artigo mais intrigante a respeito de uma entrevista de Wallace é certamente «O mundo segundo David Foster Wallace», de Joshua Ferris, que descreve um encontro entre os dois romancistas quando Ferris — então aluno de graduação na Universidade de Iowa — entrevistou Wallace para um jornal de estudantes.[12] As entrevistas reunidas neste

12   Cf. Joe Woodward, «In Search of David Foster Wallace.» *Poets and Writers*. Poets and Writers, janeiro-fevereiro de 2006. Web. 10 de maio de 2010; Fritz Lanham, «Unhappy Encounter.» *Houston Chronicle*, 21 de setembro de 2008: 8; Joshua Ferris, «The World According to Wallace.» *Observer*. Guardian, 21 de setembro de 2008. Web. 10 de maio de 2010. O artigo de Ferris traz o intrigante comentário de que sua «entrevista foi publicada no *Daily Iowan* alguns dias antes de Wallace chegar a Iowa City para uma palestra que integrava as atividades de sua turnê de lançamento.» Mas não se pode estabelecer a situação deste texto: Wallace fez uma leitura na livraria Prairie Lights, em Iowa City, no dia 28 de fevereiro de 1996, e os arquivistas do *Daily Iowan* pesquisaram as edições do jornal entre fevereiro e março de 1996 para tentar localizar a entrevista, sem sucesso. Entrei então em contato com o agente de Ferris, que disse que Ferris na verdade não sabe direito se a entrevista chegou a ser publicada.

20   DAVID FOSTER WALLACE

livro evoluíram de maneiras diferentes. Algumas transcorreram de acordo com os protocolos jornalísticos normais — a entrevista de Laura Miller para a *Salon*, por exemplo, ocorreu em San Francisco, no Hotel Prescott, durante a turnê de lançamento de *Graça infinita*. Gravada e depois transcrita e editada por Miller, a entrevista acabou sendo publicada sem consultas posteriores a Wallace. Outros textos tiveram um nascimento mais colaborativo, emergindo depois de um pingue-pongue de versões, algo semelhante ao processo que embasa uma entrevista para a *Paris Review*. A entrevista que Larry McCaffery fez com Wallace merece ser mais discutida em relação a isso, em parte por causa da importância intrínseca que o texto tem para os estudos wallaceanos, em parte porque a discussão teve uma longa gestação colaborativa.

A conversa entre McCaffery e Wallace ocorreu num momento fértil tanto para o entrevistador quanto para seu entrevistado. Àquela altura, Wallace ainda não tinha começado *Graça infinita* de fato, ainda que estivesse claramente formulando a direção em que desejava que seu trabalho seguisse a partir dali. McCaffery lembra que ele parecia muito ansioso para conversar a sério com um acadêmico a respeito do estado atual da ficção, e sem parar se referia a dois escritores que ele sentia que representavam polos opostos do desenvolvimento romanesco contemporâneo: William T. Vollmann, que representava o artista literário sério, e Mark Leyner, que simbolizava o escritor exibicionista cujas habilidades incomuns e chamativas incorporavam certos aspectos da mídia moderna. Wallace nitidamente se preocupava com a possibilidade de que sua própria obra estivesse mais perto do exemplo de Leyner. Por sua vez, McCaffery queria mesmo falar de mudanças de gerações. Ele estava trabalhando em entrevistas com Leyner e Vollmann para sua reunião de entrevistas com autores americanos inovadores (*Some Other Frequency* [1996]), e estava imerso na formulação de seu conceito de «Avant-Pop», um movimento que seria sucessor do pós-modernismo

INTRODUÇÃO   21

e que registrava de maneira mais precisa a explosão midiática de
finais do século xx. McCaffery data a realização da entrevista em
abril de 1991, quando foi de carro até Massachusetts para encontrar
Wallace numa casa detonada onde o romancista morava como um
aluno de pós-graduação (num dado momento Wallace aponta para
McCaffery o «ambiente principesco em que por ora me abrigo»).
Depois de saírem para jantar, os dois voltaram à casa de Wallace,
onde ficaram conversando noite adentro, consumindo três fitas cassete de noventa minutos, que acabaram rendendo uma transcrição
de 140 páginas. A conversa livre dos dois vai do que Wallace chamou
de «O leitor insularizado, autoisolado», passando por vários outros
escritores («*Madame Bovary* simplesmente funciona e, cacete, se
você não entende isso é porque tem alguma coisa errada com você»,
diz Wallace), para concluir com uma longa discussão sobre a relação
da literatura americana com a liberdade e o sonho americano. Entre
os trechos mais interessantes estão aqueles em que Wallace reflete
sobre a sua relação com Pynchon:

> A única vez em que eu vi mesmo uma pessoa [...] mostrar de ver-
> dade onde é que a transcendência pode levar foi com o Pynchon de
> *O arco-íris da gravidade* [...] a paranoia é a reação natural ao solipsismo,
> tudo bem, mas a transcendência de Pynchon, meu amigo, lembra pacas
> a do Satã de Milton. Você percebe o problema e junta os cacos que
> sobraram. Porra, se eu estou sozinho e as estruturas metafísicas são
> primariamente fonte de ameaças e eu sou paranoico, então a paranoia
> é uma metáfora central, porra, eu vou deixar isso aqui organizado e
> complexo do jeito mais lindo que eu puder [...] mas enfim, eu perdi boa
> parte do meu interesse por Pynchon porque me parece que existe outra
> maneira de se transcender isso tudo. Que em vez dessa forma satâ-
> nica de transcendência existe uma forma angélica de se transcender
> e para mim — e mais uma vez eu não consigo articular direito — isso
> de alguma maneira tem a ver com o lugar onde a coisa se encaixa.

A versão final da entrevista, que acabou sendo publicada na *Review of Contemporary Fiction*, foi resultado de um longo processo de edição em que Wallace e McCaffery trocaram versões do texto enquanto iam refinando a discussão até que ela chegasse à sua forma mais compacta. A versão incluída aqui é cerca de 2 mil palavras mais longa que a entrevista publicada na *Review of Contemporary Fiction* e utiliza material da penúltima versão com que McCaffery e Wallace trabalharam.[13]

As normas da coleção de que este livro originalmente fazia parte demandam que as entrevistas sejam republicadas sem cortes, de modo que inevitavelmente haverá alguma (muitas vezes reveladora) repetição neste volume. É de se perceber, por exemplo, que Wallace sublinhe a diferença entre escrita comunicativa e expressiva tanto para Donn Fry quanto para John O'Brien, enquanto a frequência com que ele expõe sua defesa anterior de elementos do pop e da mídia em sua obra indica a longevidade de sua resistência a certos aspectos da formação em escrita criativa que ele recebeu no Arizona. Onde havia algum erro óbvio numa entrevista — a data de publicação de um livro, digamos, ou o nome do empregador de Wallace — foi feita uma correção tácita. Fora isso, as únicas alterações envolvem a «poda» de entrevistas em áudio (abreviar sentenças longas, apagar comentários obrigatórios sobre, digamos, o número de telefone da

13   Os trechos «novos» da entrevista de McCaffery são importantes de várias maneiras — além de simplesmente ampliar nossa compreensão sobre Wallace, há também neles comparações significativas com a obra de Franzen, que aprofundam nossa ideia das sobreposições entre os dois autores. Na discussão de «Para sempre em cima», por exemplo, a ênfase dada ao auto-ocultamento e à vergonha parece ser ecoada na discussão posterior de Franzen sobre máscaras e a «vergonha de se expor» (50) na *Paris Review*. Cf. Jonathan Franzen, «The Art of Fiction, 207: Jonathan Franzen». Entrevista a Stephen J. Burn. *Paris Review*, 195 (2010): 38-79. A versão incluída aqui da entrevista concedida a Mark Shechner também é um pouco mais longa do que a edição publicada no *Buffalo News*.

INTRODUÇÃO   23

estação de rádio, por parte do entrevistador, e assim por diante) e trocar o título de duas entrevistas.[14]

Além dos detentores individuais dos direitos autorais, devo agradecimentos ao David Foster Wallace Literary Trust, por me permitir citar as cartas de Wallace, e ainda gostaria de agradecer a Julie e Chloe Burn, Caroline Dieterle, Charles B. Harris, Didier Jacob, Larry McCaffery, Steven Moore e meus espiões internacionais, Andreas Kubik, Roberto Natalini e Toon Staes.

S. J. B.

[14] O título da entrevista de McCaffery foi trocado para diferenciá-la da versão publicada, e o título da primeira entrevista deste livro também requer alguma explicação. Quando Bill Katovsky entrevistou Wallace no começo de 1987 para a *Arrival*, várias coisas ainda não estavam em cena: David não era conhecido por suas três iniciais; e a publicação de «Lyndon» na *Arrival* representou sua primeira aparição numa publicação de circulação nacional (Wallace claramente repudiava como obras juvenis as suas publicações dos tempos da universidade, que já omitia de seu currículo em 1993). Fã dos faroestes spaghetti de Clint Eastwood, Katovsky teve a ideia de fotografar David de pé ao lado de um cacto saguaro nos arredores de Tucson. Katovsky intitulou o perfil «Hang 'Em High», numa referência ao título original de *A marca da forca*, de Eastwood, tentando insinuar que o que seria «pendurado bem alto» seriam os elogios futuros à obra de David. Mas, como hoje diz Katovsky, ele certamente não podia imaginar que David um dia cometeria suicídio por enforcamento. «Aquele título do perfil da *Arrival*, agora, parece uma coisa extraída de um conto do Phillip K. Dick.»

SOBRE A SOLIDÃO:
LER E TRADUZIR WALLACE HOJE

«Somos todos muito, mas muito solitários», sublinha David Foster Wallace (1962-2008) em uma das entrevistas reunidas neste livro, explicando o quanto, a seu ver, a literatura tem algo a dizer sobre isso: «existem alguns poucos livros que eu li e que me transformaram em outra pessoa, e acho que toda boa literatura de alguma maneira aborda o problema da, e age como um antídoto contra a solidão».[1] A pergunta que motivou essa resposta foi dirigida ao escritor Wallace e pedia que ele falasse sobre o que gostaria que sua literatura fizesse; quem responde é o leitor Wallace, e essa será uma constante nas conversas aqui presentes. Afinal, conhecer um é conhecer o outro, estando nisso parte da aventura fascinante que é ir ao encontro de um autor: ele nunca está sozinho.

O tema da solidão e seus correlatos — tristeza, angústia, alienação etc. — é particularmente destacado em Wallace. Ele não só vai ser aprofundado em diferentes momentos dessas conversas como marca as narrativas do escritor, de ficção e não ficção: pense-se na personagem de Hal Incandenza, em *Graça infinita*;[2] pense-se nas poucas linhas que formam o conto «Uma história radicalmente condensada da vida pós-industrial», de *Breves entrevistas com homens hediondos*;[3] pense-se ainda em ensaios como «*E unibus pluram*: a televisão e a

---

1   «Em busca de uma guarda para ser vanguarda: uma entrevista com David Foster Wallace», por Hugh Kennedy e Geoffrey Polk.
2   Traduzido por Caetano W. Galindo (Companhia das Letras, 2014).
3   Traduzido por José Rubens Siqueira (Companhia das Letras, 2005).

ficção americana»,[4] mais conhecido por ser uma espécie de manifesto contra a ironia gratuita, mas que trata igualmente da solidão que dela deriva, tema que já se insinua no latim macarrônico do título, jogando com o ideal americano «*E pluribus unum*». Nas páginas que se seguem, encontramos esse Wallace das narrativas sobre e contra a solidão, lado a lado da inevitável personagem do autor, de que, aliás, Wallace estava bem consciente: sua figura foi bastante explorada pela mídia, e não poucas entrevistas se desenvolvem, elas próprias, descrevendo o cenário do encontro, o protagonista, sua aparência, seu feitio, seus tiques. Toda essa história é importante para entender tanto a obra de Wallace quanto o seu impacto na cena literária norte-americana e mundial. Quando era dado demasiado destaque àquela personagem, Wallace com frequência falava das suas dificuldades em se encaixar no papel esperado, buscando expressar o quanto era uma personagem imperfeita — como qualquer pessoa.

Vai-se, claro, muito além da personagem do autor. Graças à curiosidade e mesmo à provocação de alguns entrevistadores, podemos ter nestas páginas um vislumbre da oficina por trás da obra: por que este tema, perguntam eles, por que este objeto? Por que a profusão de marcas, mídias, nomes, referências modernas? O estilo de Wallace talvez tenha chamado tanto a atenção na literatura quanto Walker Evans na fotografia, ou Edward Hopper na pintura: todos os três fazendo ressaltar, à sua maneira, em momentos diferentes, certa paisagem norte-americana, com a melancolia que lhe é característica. Evans chamando a atenção para o detalhe, para o que poderia parecer banal, trazendo ao primeiro plano aquilo que, de certa forma, já ocupava aquele espaço: outdoors, letreiros gigantescos, marcas. Hopper

---

4   Ainda não publicado no Brasil, o ensaio foi incluído, porém, na edição portuguesa de *Uma coisa supostamente divertida que nunca mais vou fazer*, traduzida por Vasco Teles de Menezes (Quetzal, 2013).

pintando os contornos da solidão moderna, interiores opondo-se a exteriores, personagens desamparadas — tópicos atemporais, tão antigos quanto a arte, mas que não deixam de ser próprios a um certo tempo e profundamente americanos, conforme destacado por uma crítica recente.[5] Wallace faz isso com palavras, marcadas igualmente pelo espaço e pela solidão da cultura norte-americana, algo também já destacado por mais de um crítico.[6] Ao nos aproximarmos de todos esses artistas, há que se levar em conta a particularidade do seu tempo e espaço e do diálogo estabelecido com ambos; há também que se considerar a atemporalidade, ou atualidade, das obras que resultaram. O particular e o universal interessam à tradução, e este livro busca, enfim, ser mais uma oportunidade de ler e conversar com Wallace, colocando em perspectiva aquele contexto estadunidense e permitindo ir além dele, já em outras Américas e paisagens.

Os romances, contos e ensaios de Wallace foram traduzidos para muitas línguas, e uma boa parte deles já está disponível em português. Não por acaso, a recepção dessa obra é outro tema de algumas destas entrevistas: a popularidade de Wallace impressionou o próprio escritor, seus pares e a crítica, obrigando à revisão daquela premissa corrente, reformulada a cada época, de que já não se fazem mais livros — nem leitores — como antigamente.

É difícil mensurar precisamente a influência que Wallace teve em outros escritores, seus contemporâneos e autores mais recentes. O certo é que ela não foi pequena, e alguns dos seus tradutores, aqueles que desenvolveram sua própria obra literária, talvez sejam os primeiros a reconhecê-lo com gratidão e afeto.

---

5   Peter Schjeldahl, «Apart: Edward Hopper's Solitude» (*The New Yorker*, 8-15 jun. 2020, p. 76-79).

6   Ver, em português, artigo de Galindo, «Um tipo americano de tristeza: o próximo romance de David Foster Wallace e os próximos romances americanos» (*Outra Travessia*, UFSC, n. 7, 2008, p. 125-138).

A tradução destas conversas tem a especificidade de ter sido feita a quatro mãos; não é a primeira vez que isso acontece — os ensaios reunidos em *Ficando longe do fato de já estar meio que longe de tudo* foram traduzidos pelos escritores Daniel Galera e Daniel Pellizzari —,[7] mas há algo de oportuno nesse tipo de parceria em um livro desse gênero, dado o diálogo que é a sua marca distintiva. O título da edição em português tem sua razão temática, já sublinhada, mas é igualmente tributário da edição italiana do livro, fruto de outro trabalho coletivo.[8]

A tradução, e a nossa não foge à regra, é também um antídoto contra a solidão, como a leitura: uma conversa por natureza, uma tentativa de ir além do confinamento e do isolamento em que vivemos, tornados mais exacerbados e literais em alguns momentos da História.

O que Wallace teria a dizer sobre os nossos tempos, como ele pintaria este cenário? Algumas coisas ele antecipou, e isso muito antes, por exemplo, de a internet vir a ser o que é hoje, ou de um certo perfil de político ter ganhado tanto protagonismo: a manipulação da informação, o vício do entretenimento, o gosto pela performance, o amor pela câmera, o culto da imagem. Muitas das palavras de Wallace, nestas entrevistas, na sua ficção, são uma forma de dizer: repare nisto, preste atenção. É o modo de olhar, mais do que o objeto em si, que permanece atual. Ler e conversar com Wallace é, pois, uma forma de dialogar diretamente com o nosso tempo.

Sara Grünhagen e Caetano W. Galindo

---

7 Companhia das Letras, 2012.

8 *Un antidoto contro la solitudine: interviste e conversazioni*, traduzido por Sara Antonelli, Francesco Pacifico e Martina Testa (Minimum Fax, 2013).

Na última semana de aulas uma aluna calada me pediu para ser seu orientador e eu ganhei um dos maiores presentes da minha carreira. De lá para cá, a Sara teve um percurso acadêmico brilhante, tornou-se uma tradutora disputada e me assessorou na revisão do *Ulysses*. Como ela acabou no Rio e depois em Paris, nós nos vimos pouco, mas ela virou também uma amiga querida para mim e a minha esposa nesses anos todos. Bonito que tudo tenha levado a este livro, um retorno ao autor que foi o tema daquela disciplina e daquela monografia, lá no começo de tudo.

Obrigado.

C.W.G.

CRONOLOGIA

1962

Nasce no dia 21 de fevereiro, em Ithaca, Nova York, filho de James D. Wallace e Sally Foster Wallace. Seis meses depois a família se muda para Urbana, Illinois. Wallace frequenta a Urbana High School.

1980

No outono, Wallace se matricula no Amherst College, onde divide um quarto com Mark Costello. Experiências formadoras na universidade incluem sua descoberta da literatura de Don DeLillo e Manuel Puig (ambos recomendados por seu professor Andrew Parker). Ele se forma com um ano de atraso depois de dois semestres que passou afastado da universidade, dirigindo um ônibus escolar e lendo vorazmente.

1985

Forma-se com louvor e distinção em inglês e filosofia. Seguindo o exemplo de Costello, que no ano anterior apresentou um romance como trabalho de conclusão de curso, Wallace foi orientado por Dale Peterson e apresenta uma versão de *The Broom of the System* como sua monografia em letras-inglês. Sua monografia de filosofia — *O fatalismo de Richard Taylor e a semântica da modalidade física* — ganha o prêmio Gail Kennedy do

Departamento de Filosofia. Ingressa no programa de mestrado em escrita criativa na Universidade do Arizona.

1987

The Broom of the System é publicado em janeiro. Ele se forma em agosto, e é nomeado professor assistente do ano pela Universidade do Arizona. Fora sua obra juvenil, a primeira publicação de Wallace num periódico — «Lyndon» — aparece na *Arrival*, em abril de 1987. Depois de ganhar uma bolsa, Wallace passa o verão na colônia artística de Yaddo, e então assume um cargo de professor visitante em Amherst.

1988

Girl with Curious Hair tem seu lançamento programado para o outono, mas a data é adiada pois Wallace se envolve em disputas jurídicas por causa das referências a pessoas reais nos contos do livro. «Little Expressionless Animals» ganha um prêmio John Train de humor, concedido pela *Paris Review*. Publica seu primeiro ensaio crítico — «Fictional Futures and the Conspicuously Young» —, que sai na edição de outono da *Review of Contemporary Fiction*. Começa a se corresponder com Jonathan Franzen.

1989

Depois de algumas revisões, *Girl with Curious Hair* é finalmente publicado em setembro. Recebe uma bolsa do National Endowment for the Arts, e o prêmio de não ficção do Illinois Council. Muda-se para Somerville, Massachusetts, passa novamente o mês de agosto em Yaddo. Matricula-se em Harvard, com a intenção de completar um doutorado em filosofia, mas tranca a matrícula depois de recorrer

CRONOLOGIA

ao serviço de saúde do campus. Começa a frequentar os Alcoólicos Anônimos em setembro.

1990

Apesar de ter sido originalmente concebido como um ensaio, *Signifying Rappers* (em coautoria com Mark Costello) é publicado em outubro de 1990 e recebe uma indicação para o prêmio Pulitzer. «Here and There» é escolhido para integrar a antologia de contos do prêmio O. Henry. Wallace passa seis meses na Granada House, de Brighton — uma casa de recuperação — e escreve sua primeira resenha, que é publicada no *Washington Post Book World* em abril de 1990. Dá aulas no Emerson College de Boston. Contratado para escrever um «texto curto» sobre televisão e ficção para a *Harper's*, que acaba gerando o esqueleto de seu famoso ensaio «E Unibus Pluram», publicado em 1993 na *Review of Contemporary Fiction*.

1991

Apesar de ter iniciado e interrompido três projetos diferentes que se assemelhavam a *Graça infinita* entre 1986 e 1989, Wallace começa a trabalhar de fato no romance em 1991-1992.

1992

Mudança para Syracuse, onde mora num apartamento na Miles Avenue. Começa a se corresponder com Don DeLillo.

1993

A *Review of Contemporary Fiction* devota um terço de sua edição dedicada a Jovens Autores a Wallace. Contratado pela Illinois State

University como professor associado. Termina o primeiro manuscrito de *Graça infinita*, ainda que o processo de revisão prossiga até meados de 1995.

1996

«Shipping Out», o ensaio de Wallace sobre um cruzeiro marítimo, sai no número de janeiro da *Harper's*. Em fevereiro, *Graça infinita* é publicado e muitíssimo bem recebido. Em princípios do mês de março o romance está na sua quinta reimpressão. As pesquisas para *O rei pálido* já se iniciaram no mínimo a esta altura: Wallace assiste como ouvinte um curso de contabilidade no outono, e nos anos seguintes cursa disciplinas mais avançadas e se corresponde com profissionais tributaristas. Recebe o prêmio Lannan de ficção e o Salon Book Award.

1997

A Supposedly Fun Thing I'll Never Do Again é publicado em fevereiro. Recebe uma bolsa da Fundação MacArthur. «Breves entrevistas com homens hediondos #6» recebe o prêmio Aga Khan da *Paris Review* como melhor conto publicado pela revista naquele ano.

1999

Em maio, publicação de *Breves entrevistas com homens hediondos*. Recebe um doutorado *honoris causa* em letras da Universidade de Amherst. O conto «A pessoa deprimida» é selecionado para a antologia do prêmio O. Henry.

CRONOLOGIA

2000

Recebe uma bolsa de escritor residente da Fundação Lannan para passar parte do verão em Marfa, no Texas. É convidado a escrever um livro sobre Georg Cantor para a série Great Discoveries da Atlas Books, projeto que (na época) Wallace espera poder completar em quatro meses.

2002

«Good Old Neon» é escolhido para entrar na antologia de contos do prêmio O. Henry. No final de julho Wallace se muda para a Califórnia, onde é nomeado para a cátedra Roy E. Disney de escrita criativa no Pomona College.

2003

Everything and More é publicado em outubro.

2004

Oblivion é publicado em junho. Casa-se com a artista Karen Green em dezembro.

2005

O segundo livro de ensaios de Wallace, *Consider the Lobster*, é publicado em dezembro. Faz o discurso da cerimônia de formatura do Kenyon College, que depois seria publicado com o título *This Is Water*.

2008

Depois de um ano perturbado por tratamentos que não dão certo, comete suicídio no dia 12 de setembro.

2010

Em dezembro a monografia de graduação em filosofia de Wallace é publicada com o título *Fate, Time, and Language: An Essay on Free Will*.

2011

Publicação de *O rei pálido*, romance póstumo de Wallace.

DAVID FOSTER WALLACE: UM PERFIL

William R. Katovsky, 1987

Arrival, verão de 1987. © 1987, William R. Katovsky.
Republicado com permissão do autor.

David Wallace está ajoelhado no corredor, feito um golfista que prepara uma tacada curta. Ele bate um Marlboro Light na perna da calça cinza de veludo cotelê, depois acende. Antes que o cigarro chegue até sua boca de novo, uma de suas alunas, membro de alguma sororidade, bronzeada, roliça, com uma cabeleira loura espessa, aproxima-se dele.

— Não vou conseguir ir à aula da quinta-feira —, diz ela.

De onde está, ele tem olhos contra a virilha dela, então ele se põe de pé, com o cigarro ainda a vários centímetros da boca. — Você pode repetir? —, pede.

— Não vou poder ir na quinta. Acho que peguei uma bronquite.

— Os braceletes de prata que envolvem os dois pulsos da moça tinem, batem com um ruído nada musical, enquanto ela afasta a franja da testa. Inglês 210, Introdução à escrita de ficção, vai começar daqui a pouco.

— É, eu também não estou muito legal —, diz ele. — Acabei de me curar de uma pneumonia viral. Parece que todo mundo está pegando essa febre do vale.

— Que é isso?

— Febre do vale — um fungo que cresce no deserto e é transportado pelo ar. — Ele tosse.

Ela está inquieta, desconfiada. Mexe de novo na franja. — Vai piorar a minha nota se eu não vier pra aula?

Ele a olha fixamente, de cara fechada.

— Eu tenho que estar bem cedinho no aeroporto no dia seguinte, pra pegar um voo pro Havaí.

— Ah.

— É às cinco da manhã, o voo. — Ela está segurando um copo gigante, cheio de Coca-Cola. De um lado do copo há algo escrito: Sou uma garota materialista — os diamantes são os melhores amigos de uma garota.

— Acho que não estou entendendo. Você vai pro Havaí? Fale comigo na sala de aula. — O Marlboro nunca chega aos lábios dele. Ele o apaga de uma vez e o joga no cesto de lixo no caminho para a sala.

Os dois conversam baixinho diante da mesa dele enquanto o resto da turma vai entrando. Eles redistribuem as mesas para formar um semicírculo. Um aluno apaga conjugações de verbos franceses do quadro-negro.

Estamos no meio de março, lá fora faz trinta graus. Quase todos os alunos estão de bermuda, camiseta, sandália, blusa de alcinhas. Alto, pálido, esquálido, com o esboço de uma barba, David usa uma camisa Brooksgate de manga comprida, vermelha e listrada, e botinas Timberland com os cadarços parcialmente amarrados — provavelmente o único espécime desse tipo de calçado em toda a Universidade do Arizona.

Ele lê o caderno verde de chamada. — Stephanie?

Nenhuma resposta.

— A Stephanie sumiu? A Stephanie é ruiva?

Nenhuma resposta.

— Brandon?

Nenhuma resposta.

— Cadê todo mundo?

DAVID FOSTER WALLACE: UM PERFIL 39

Risos.

— Cory?

— Ela devia estar aqui, ela estava na aula de Ciência Política —, adianta a Garota Materialista.

— Jack?

— Presente.

Um murmúrio de alívio se espalha pela sala.

— Estou vendo que o George deu no pé — ele vai se ferrar.

Há vinte alunos presentes, e na hora e meia que segue eles analisam dois contos escritos pelos colegas da turma. David guia a oficina dos graduandos como um profissional calejado, dissecando, esmiuçando, delineando as falhas e os pontos fortes dos contos. — Quando você escreve ficção —, explica ele, como parte de sua análise de um conto a respeito de uma menina, seu tio e um mau-olhado, — você está contando uma mentira. É um jogo, mas você precisa fazer os detalhes se encaixarem. O leitor não quer lembrar que é uma mentira. Tem que ser convincente, ou o conto nunca decola na mente do leitor.

Engraçado, encantador, atencioso e esclarecedor, David conduz seu rebanho por entre os espinheiros e a mata cerrada da teoria literária. À exceção da Garota Materialista e de George, que chega atrasado e toma uma bronca por ficar lendo o jornal, os alunos estão hipnotizados, empolgados, prestando toda atenção, pois no que se refere à avaliação mais crua de suas habilidades mágicas de docente, a Universidade do Arizona recentemente escolheu este rapaz de vinte e cinco anos como Professor Assistente do Ano.

Quando a aula vai chegando ao fim, ele parece exausto, como um carro de corrida prestes a ficar sem combustível. Ele pesca um palito de dentes do bolso da camisa e o deixa pendurado, imóvel, no canto esquerdo da boca.

Uma campainha gagueja no corredor.

— Eu normalmente vomito até não poder mais no banheiro quando a aula acaba —, admite, depois. Estamos na cantina. «Acho que sou o tipo do sujeitinho tímido mesmo. Odeio ser o centro das atenções. — Escolhe uma fatia grossa de torta de creme de Boston — chapado de açúcar.

Conversamos sobre outras coisas. Como ser o autor de *The Broom of the System*, que lançou a nova coleção de ficção americana contemporânea da Viking. O romance, escrito como uma monografia de conclusão de curso com 1.100 páginas, é o produto de uma imaginação ensandecida e talentosa. Ambientado em Cleveland, Ohio, no ano de 1990, *The Broom* gira em torno de Lenore Beadsman, uma confusa telefonista de 24 anos de idade, e de sua busca desesperada pela bisavó, uma protegida de Wittgenstein que inexplicavelmente desapareceu de sua casa de repouso em Shaker Heights, cujo proprietário é o grupo fabricante de comida de bebês que pertence ao pai de Lenore. No desenrolar da história, ficamos conhecendo todo um elenco de personagens hilariamente delineados: um obeso, Norman Bombardini, cuja única missão na vida é preencher o mundo inteiro com sua corpulência — o que, é claro, acarreta comer tudo o que puder; a desbocada cacatua de Lenore; seu irmão perneta, apelidado de Anticristo, que mata tempo em Amherst dando aulas particulares para os amigos sobre temas cabeludos, como Hegel, em troca de maconha, que guarda numa gaveta embutida na prótese; e seu namorado Rick Vigorous, um falastrão inveterado cuja necessidade compulsiva de contar histórias macabras é sua forma de disfarçar o medo de ficar impotente.

A narrativa em múltiplas camadas de *The Broom*, assim como o seu estilo excessivamente antiminimalista, evoca o playground metaficcional de Thomas Pynchon e Robert Coover. O livro, vivo e alegre, está longe de ser uma leitura fácil ou rápida. O desafio para o leitor é atravessar o pântano de passagens escritas numa prosa densa, que tratam de enigmas metafísicos, jogos de linguagem, teorias da identidade e antinomias tantalizantes como «o barbeiro que barbeia exclusivamente aqueles que não se barbeiam». Mas

DAVID FOSTER WALLACE: UM PERFIL

contrabalançando essa filosofia cabeça existe uma jocosidade que se embasa na cultura pop. Em que outro romance encontrar um bar temático baseado na Ilha dos Birutas, cheio de palmeiras e garçons bocós com chapéus de marinheiro que são pagos para andar trombando com todos e derramar as bebidas que servem?

«O meu maior horror nesse último ano foi a ideia de a Viking tomar prejuízo por minha causa», diz Wallace. Ele acende o primeiro de uma série aparentemente infinita de cigarros. «Eles compraram *The Broom of the System* num leilão, por 20 mil dólares. Eu achava que o livro ia ser *O portal do Paraíso* do mercado editorial.» Ele se corrige. «Bom, na época me parecia muita grana.»

Vinte mil por um romance de estreia, mais uma leva de resenhas favoráveis, inclusive da *patronesse* do jornalismo literário no *New York Times*, Michiko Kakutani, bom... não parece pouca coisa para um aluno de pós-graduação que ainda está compondo contos no famoso programa de escrita criativa da universidade do Arizona. «Eu escrevi 'Lyndon' aqui», diz ele, «mas tenho de admitir que o conto não foi muito bem recebido na oficina. Os programas de escrita criativa favorecem demais a ficção mais hermética, a parte mecânica, a artesania, a técnica, o ponto de vista, em oposição ao lado mais oculto ou espiritual da escrita — de extrair prazer do processo de criação.

«Não me interessa a ficção que está apenas preocupada em capturar a realidade de uma maneira engenhosa. O que me emputece em boa parte da ficção de hoje em dia é que ela é simplesmente chata, acima de tudo a ficção jovem que sai da Costa Leste, e cujo objetivo é ser interessante para os yuppies mais estereotipados, e que enfatiza a moda, as celebridades e o materialismo.»

Ele faz uma pausa, percebe que estava palestrando. «Ãh», acrescenta, encolhendo os ombros como quem não merece ser levado a sério, «mas e eu com isso?». Afinal, são apenas as opiniões de um rapaz de 25 anos de idade. «Eu não pretendo dizer que tenho uma visão privilegiada do que anda acontecendo.» Fico procurando um vestígio de pose, de insinceridade na voz dele, mas não há como encontrá-lo.

Ele cresceu no mundo acadêmico. Seu pai é professor de filosofia na Universidade de Illinois em Champaign-Urbana, e sua mãe dá aula de retórica numa faculdade pública local. «Era uma família intelectual. Eu lembro dos meus pais lendo *Ulysses* juntos, em voz alta, antes de dormir. Meu pai leu *Moby Dick* para mim e para a minha irmã mais nova quando a gente estava com oito e seis anos de idade. Houve princípios de uma rebelião lá pela metade do romance. Imagine a gente ali — ainda remelentos — e aprendendo a etimologia dos nomes da baleia.

«Depois, no ensino médio, as competições de tênis e o desejo desabrido pelas meninas eram meio que a minha existência toda. Se bem que a universidade alterou isso tudo.» Ele se formou em Amherst em 1985, com habilitação dupla em letras-inglês e filosofia — e com o maior rendimento acadêmico da sua turma. Sua monografia de conclusão do curso de filosofia, diz ele, não tinha nada a ver com escrita. «Ela apresentava uma solução para se lidar com a semântica e com modalidades físicas derivadas da batalha marinha de Aristóteles. Se agora é verdade que amanhã haverá uma batalha marinha, a batalha marinha de amanhã é necessária? Se agora é falso, será a batalha impossível amanhã? É uma maneira de lidar com proposições que empregam o futuro verbal na lógica modal, já que o que é fisicamente possível num dado momento é esquisito porque você precisa distinguir o tempo da possibilidade do evento da possibilidade do tempo do evento.»

Oi?

Depois da formatura, ele recusou uma oportunidade de estudar filosofia em Harvard e foi seduzido para a Costa Leste graças a uma bolsa de estudos no programa de escrita da Universidade do Arizona, que ele achou melhor que os de Iowa e da Johns Hopkins. «Escrever ficção apaga o tempo para mim», explica ele. «Eu sento

DAVID FOSTER WALLACE: UM PERFIL

e o relógio deixa de existir por umas horas. É provavelmente o mais perto da imortalidade que eu vou chegar. Fico com medo de soar pretensioso porque todo mundo que escreve ficção está dizendo, 'Olha isso aqui que eu escrevi.'»

Da torta resta apenas a massa de farelo de biscoito, que ele achata no prato com o garfo. Antes de levantar da mesa ele decide tentar explicar mais uma vez o que espera realizar como escritor. «Passei bastante tempo como voluntário numa casa de repouso em Amherst no verão passado. Eu estava lendo *A divina comédia* de Dante para um velho, o senhor Shulman. Um dia, perguntei de onde ele era. Ele disse, 'Um pouco ao leste daqui, as Rochosas.' Eu disse, 'senhor Shulman, as Montanhas Rochosas estão a oeste daqui.' Ele fez um *voilà* com as mãos, e aí disse, 'Eu movo montanhas.' Eu não esqueci essa frase. Ficção ou move montanhas ou é uma coisa chata; ou ela move montanhas ou não faz nada.»

UM GENIOZINHO E SEU LOUCO ROMANCE DE ESTREIA

Helen Dudar, 1987

Do *Wall Street Journal*, 24 de abril de 1987. © 1987, herdeiros de Helen Dudar Goldman. Reimpresso com autorização.

Em seu último ano no Amherst College, David Foster Wallace teve de fazer uma difícil escolha em termos de carreira. Ele precisava decidir se seu futuro estava na pós-graduação ou no que o mundo acadêmico chama de «escrita criativa». Poucos de nós poderiam ter resolvido melhor o problema: o senhor Wallace produziu duas monografias de conclusão de curso que lhe deram um duplo grau com louvor e distinção. O trabalho de filosofia, uma obra matemática extremamente técnica, segundo ele, foi o mais bem-sucedido. Mas a ficção — que acabou se tornando um romance louco, engraçado e por vezes descabelado — realmente lhe trouxe toda felicidade.

Ele sentava na hora do almoço para inventar algumas cenas, o senhor Wallace recordou recentemente, e quando se dava conta a hora do jantar já havia passado. «Eu não sei onde eu estava, mas por algumas horas não foi o planeta Terra. Nunca cheguei perto de algo assim em qualquer outra tarefa emocional ou intelectual antes.»

A monografia do senhor Wallace na área de escrita, *The Broom of the System* (Viking/ Penguin), completada em 1985, quando ele tinha vinte e três anos de idade e revisada em suas férias de verão, foi publicada este ano e recebeu bastante atenção da crítica, em geral favorável.

Quando o romance saiu, o senhor Wallace estava no último ano do programa de pós-graduação em escrita criativa da Universidade do Arizona, em Tucson. Você poderia pensar que um jovem brilhante que tinha concluído seu primeiro romance antes de se matricular no programa ia faltar aulas, mas este jovem não é apenas bem-educado, ele é inteligente.

Como disse numa recente viagem de Tucson para a Costa Leste, o senhor Wallace sabia que ainda estava «muito cru» e que precisava desenvolver sua capacidade de autocrítica. Tinha começado a escrever ficção apenas no terceiro ano de faculdade, reagindo em parte a observações que os professores faziam, de que seus trabalhos, apesar de não muito acadêmicos, certamente demonstravam imaginação.

Por meio de um amigo, o senhor Wallace conseguiu um agente, Fred Hill, de San Francisco. Quando o romance apareceu no mercado, no final de 1985, pelo menos cinco editoras demonstraram interesse. Gerald Howard, que administra a linha de Ficção Americana Contemporânea da Penguin, diz que ganhou a concorrência «lendo o romance muito rápido e ficando louco por ele». Seu piso de 20 mil dólares, uma bela cifra para uma obra de estreia de um desconhecido, venceu a disputa. O senhor Wallace, despenteado, magro, com cara de menino, esquisito de uma maneira discreta e incrivelmente vago em tudo o que se refere ao lado comercial da literatura, resmunga que existe algum interesse num projeto de adaptação para o cinema. O senhor Howard declara que a Alliance Entertainment pagou 10 mil de adiantamento dos 200 mil que custarão os direitos caso a produtora goste do roteiro que está sendo produzido.

Esse selo da Penguin há oito anos reedita sólidos mestres modernos como Donald Barthelme, William Kennedy e Laurie Colwin. *The Broom* é o primeiro romance que o selo publica originalmente, e o primeiro que sai ao mesmo tempo que a edição em capa dura da Viking, um experimento arriscado, segundo o senhor

UM GENIOZINHO E SEU LOUCO ROMANCE DE ESTREIA

Howard. «Se não tivesse dado certo, nós teríamos acabado com o mercado para alguma outra tentativa desse tipo.»

A apreensão do senhor Howard é um lembrete do quanto as edições populares em brochura se tornaram vitais para autores e leitores. Na economia moderna das publicações em massa, um romance literário sério que venda de maneira estável mas modesta tem pouquíssimas chances de continuar em catálogo. Hoje em dia, são selos como este, da Penguin, ou a linha Vintage da Random House, além de um grupo de pequenas editoras, que oferecem a possibilidade de uma vida longa para boa parte da ficção séria.

É possível dizer que o romance de Wallace é um livro seriamente engraçado, que trata de uma coleção de personagens estranhos. Trata-se — bom... mais ou menos — de 463 páginas da odisseia da jovem Lenore Stonecipher Beadsman, que trabalha como telefonista, operando um console com sérios problemas, que tem uma cacatua verborrágica que se torna estrela de um programa de televangelismo, e que está em busca de sua bisavó desaparecida, uma autoridade em Wittgenstein. O romance é sobre o chefe de Lenore, Rick Vigorous, que compensa sua incapacidade sexual contando histórias maravilhosamente doentias. Também é sobre Amherst como Clube dos Cafajestes. O senhor Wallace, que não passou bons momentos lá, conseguiu sua vingança.

Mas não se pode ter tanta certeza. Em várias das sessões psiquiátricas do livro, o senhor Wallace parece empalar a psicoterapia moderna. Perguntado sobre isso, ele confidencia: «Eu tendo a só conseguir fazer as pessoas dizerem coisas que acho que são sérias se eu estiver ao mesmo tempo tirando sarro da personagem. Acho que é uma fraqueza. Vem do fato de eu ser tão autoconsciente». O principal cenário do romance é Cleveland, que, claro, o senhor Wallace nunca visitou. Nativo do Meio-Oeste — ele cresceu em Champaign, Illinois, onde seu pai é professor de filosofia na

Universidade de Illinois —, ele queria uma cidade do coração da América que fosse capaz de imaginar em vez de descrever.

O livro trata também, mais ou menos, de como a linguagem nos sustenta e nos derruba. O título aparentemente viria de um modelo wittgensteiniano que propõe que o fundamental da vassoura — cerdas ou cabo — depende de você precisar dela para varrer o chão ou quebrar janelas. Mas o autor quer que você saiba que *a vassoura do sistema* também é o modo como sua mãe, uma professora de universidade pública, chama as fibras alimentares.

Por causa dos nomes enlouquecidos e da atmosfera cômica meio absurda de suas narrativas, os resenhistas com frequência o mencionam na mesma frase em que estão Thomas Pynchon e Don DeLillo. O senhor Wallace queria que eles não fizessem isso: «São escritores que eu admiro, mas o menininho de cinco anos dentro de mim faz bico e diz: 'Ah, não, eu também sou uma pessoa. Eu que faço o meu trabalho'.» Além disso, uma de suas maiores influências passou totalmente despercebida. *The Broom* tem capítulos virtuosísticos compostos apenas por diálogos que, segundo seu autor, derivam de Manuel Puig.

Para trabalhar, o senhor Wallace se revela quase tão excêntrico quanto suas personagens. Ele parece ser capaz de escrever as primeiras versões dos textos apenas em lugares públicos agitados.

Museus e restaurantes são sua preferência; quando chega a um estágio mais avançado da composição, ele aceita uma biblioteca bem movimentada. Talvez, especula, ele precise se envolver com a escrita como se fosse uma atividade «secreta». É possível até que sua imaginação se alimente de um ambiente vagamente «ilícito». «É totalmente neurótico», diz, bem-humorado.

Neste verão, o senhor Wallace vai poder passar metade da estação em Yaddo, colônia de escritores no norte de Nova York, onde pretende terminar seu primeiro livro de contos. Já podemos ficar preocupados com o que ele há de fazer num ambiente bucólico famoso e desejado pelo total isolamento e pela absoluta privacidade que é um refúgio para o espírito criativo médio.

EM BUSCA DE UMA GUARDA PARA SER VANGUARDA: UMA ENTREVISTA COM DAVID FOSTER WALLACE

Hugh Kennedy e Geoffrey Polk, 1993

De *Whiskey Island*, primavera de 1993. © 1993, Whiskey Island Magazine.
Reimpresso com autorização.

Aos trinta anos de idade, David Foster Wallace já foi chamado de melhor escritor de sua geração nos Estados Unidos. Seu romance, *The Broom of the System*, e seu volume de contos e uma novela, *Girl with Curious Hair*, renderam-lhe uma ampla acolhida pela crítica, um prestigiado prêmio Whiting Writers e um grupo de leitores devotíssimos. Wallace, formado em matemática e filosofia pelo Amherst College, só foi começar a escrever literatura aos 21 anos de idade. Seu primeiro romance foi publicado enquanto ele ainda era aluno de mestrado em escrita criativa na Universidade do Arizona, em Tucson. Sua literatura se beneficia de uma compreensão matemática e filosófica de sistemas simbólicos e conceitos grandiosos e abrangentes, levando cada consequência até seu último limite, frequentemente hilário. Ele é inventivo de uma maneira que faz lembrar Pynchon, e culturalmente onívoro de uma maneira que faz lembrar todo mundo, de Don DeLillo a David Letterman, que é tema de um de seus contos. Na Cleveland State University, Wallace leu trechos de seu segundo romance para uma plateia grande e interessada. Ele espera terminar esse romance um ano depois de se mudar para Syracuse, Nova York.

Encontramos David Wallace em seu quarto de hotel, no centro de Cleveland, no dia seguinte à sua leitura. Ele estava com uma blusa listrada de gola alta, calça cinza de algodão e botinas marrons. Durante a primeira metade da entrevista, Wallace ficou cuspindo saliva de tabaco Kodiak mascado num pequeno balde branco, com uma perna sobre o sofá dourado e roxo, e na segunda ficou fumando e bebendo uma Coca-Cola diet. Tinha o cabelo castanho dividido ao meio, o que fazia com que muitas vezes tivesse que tirá-lo dos olhos, e habitualmente passava de leve a palma da mão na parte de trás da cabeça, costume que, comentou Wallace, é herança direta do pai, um filósofo da Universidade de Illinois em Champaigne-Urbana; que por sua vez a recebeu de seu professor, Norman Malcolm, último aluno de Wittgenstein, que é a origem do hábito. Wallace tem uma voz calma, com um contido sotaque do Meio-Oeste. Sua timidez natural, combinada à sua impressionante inteligência, pode fazer com que ele pareça intimidador, e ele confessou que sua família se comunica primariamente através de piadas e tiradas espirituosas. Ele também comentou que «dois anos atrás, nem a pau que eu ia fazer um negócio desses. Eu não ia ficar conversando com duas pessoas que não conheço direito. Não ia conseguir. Eu ia ficar no banheiro gritando respostas para vocês». Porém, depois que relaxou, ele se tornou generoso, honesto e articulado — até empolgado — em suas opiniões e ideias a respeito de ficção.

H.K.

H.K.: Achei interessante o modo como você transformou a filosofia em um elemento do seu romance de estreia, *The Broom of the System*, e fiquei me perguntando se em algum momento você teve que decidir se ia escrever sobre filosofia à maneira dos filósofos, e se talvez você acabou vendo a ficção, culturalmente, como uma

EM BUSCA DE UMA GUARDA PARA SER VANGUARDA 53

forma de incorporar conceitos como filosofia, Deus, América e assim por diante.

WALLACE: Não sei quanto a vocês, mas eu só fui começar a escrever ficção aos 21 anos, e no começo todo mundo tem que escrever uma certa quantidade de merda, e a minha merda era basicamente composta de ensaios mal disfarçados. Os textos pareciam uma versão ruim de Ayn Rand ou algo do tipo. Eu me formei em matemática e filosofia na universidade. Não era escritor, então muito disso tem a ver com o fato de que *The Broom of the System*, a primeira versão do romance, foi uma das minhas monografias de conclusão de curso. A outra era uma coisa bem pesada de matemática e semântica que empregava muito Wittgenstein. E as duas ficavam se contaminando, por exemplo, a monografia de matemática foi escrita em tom de conversa, coisa que em teoria você não deve fazer. Então as duas ficaram se alternando.

A outra coisa é que meu pai é filósofo profissional, ele foi aluno do último aluno de Wittgenstein, Norman Malcolm, que escreveu a biografia dele. Boa parte de *The Broom of the System* é autobiográfico de uns jeitos esquisitos, que ninguém mais entende. Tipo o título, que é o apelido que a minha mãe dá para as fibras da nossa dieta. Ela chama farelos e fibras de «a vassoura do sistema». Acho que tem uma referência de passagem a essa ideia no livro.

H.K.: Fiquei pensando se a sua família, como a de Lenore Beadsman [protagonista de *The Broom of the System*], é «muito verbal» e vê a vida «mais ou menos como um fenômeno verbal».

WALLACE: A primeira versão de *Broom* tinha muita coisa sobre a família, e um monte de coisa que acabei cortando porque não funcionava muito bem. Mas, sim, a minha família funciona bastante assim. A minha família se comunica quase que exclusivamente em termos de piadas. Basicamente a gente só conta piadas, o que acaba ficando meio esquisito. Acho que é bem divertido quando você está crescendo, mas quando você é adulto e tenta falar de alguma coisa séria, você percebe que é meio que um jeito safado de abordar as coisas.

O que estou escrevendo agora tem muito a ver com a família e... é duro, é duro tentar captar alguma coisa que seja real, é duro tentar entender quais experiências de família são universais e quais são idiossincráticas.

H.K.: Eu adoro a personagem de Lenore Beadsman, e acho que ela é bem singular, especialmente na forma com que você apresenta a voz dela. Como foi que você a criou?

WALLACE: Tive muita dificuldade com ela porque me apaixonei por ela quando o livro acabou. Esse é um dos motivos de eu não ter feito mais nada desse tipo. Fiquei bem chateado quando acabou. Ela é meio que um pastiche de um monte de gente que conheço. Ela provavelmente tem mais do funcionamento do meu próprio cérebro, e de como eu falo, do que qualquer outra personagem. Acho que no começo eu tinha duas vozes que conseguia fazer direitinho; uma era a dela, e a outra era uma voz hipersensível, superintelectual. Uma das fraquezas do livro é que muitos personagens parecem ter a mesma voz: Rick Vigorous meio que soa como David Bloemker, que meio que soa como Norman Bombardini e até como o pai de Lenore. Boa parte disso é paródia da prosa intelectual.

H.K.: Eu tive a mesma reação à Lenore. Fiquei triste demais quando tive que me separar dela.

WALLACE: Ela era bem querida.

H.K.: Uma pergunta sobre Rick Vigorous. Ando pensando muito naquela cena em que ele volta a Amherst depois de vinte anos e caminha pelo campus, ainda separando os incluídos dos excluídos socialmente. Fiquei pensando se você achava que todos os escritores são de alguma maneira excluídos.

WALLACE: Não sei. Eu fiquei muito sozinho na universidade. A parte do livro de que gosto, e que soa real, é essa parte, que foi verdade para mim. Era como eu me sentia. Os escritores que conheço... eles têm algo de uma autoconsciência, e de uma consciência crítica, deles mesmos e dos outros, que ajuda a literatura deles. Mas esse tipo de sensibilidade dificulta muito estar com os outros, e não ficar meio que pairando perto do teto, observando o que rola. Uma das coisas que vocês dois vão descobrir nos anos que vierem depois da universidade é que dar conta de ser um ser humano vivo de verdade, e ainda conseguir fazer um trabalho bom e não ser mais obsessivo do que o necessário, é bem complicadinho. Não é por acaso que você vê os escritores ou ficando obcecados com toda essa coisa do estrelato pop, ou entrarem nessa de drogas e álcool, ou terem uns casamentos horrorosos. Ou eles simplesmente saem de cena lá pelos trinta ou quarenta e tantos. É bem complicado.

G.P.: Acho que você precisa sacrificar muita coisa.

WALLACE: Não sei se é uma decisão voluntária ou consciente. Quase todos os escritores que conheço são autocentrados, não em termos de ficar fazendo pose na frente do espelho, e sim de uma tendência não apenas à introspecção, mas a uma autoconsciência terrível. Quando você escreve, você precisa ficar o tempo todo se preocupando com o seu efeito nos leitores. Você está sendo sutil demais ou de menos? Você está sempre tentando se comunicar de uma maneira original, aí acaba ficando muito difícil, pelo menos para mim, saber se comunicar como eu vejo as pessoas comuns de Cleveland fazer, com suas bochechas rosadas, interagindo nas esquinas.

A minha resposta no que se refere a mim mesmo seria não; não é um sacrifício; é simplesmente o meu jeito de ser, e eu não acho que seria feliz fazendo outra coisa. Acho que as pessoas congenitamente atraídas por esse tipo de profissão são prodígios em alguns sentidos e meio retardadas em outros. Vá um dia assistir a uma conferência de escritores que você vai ver. O pessoal vai lá para conhecer pessoas que no papel são maravilhosas, e cara a cara são totalmente nerds. Elas não têm ideia do que dizer e do que fazer. Tudo o que fazem é editado e solapado por alguma espécie de editor que elas têm por dentro. Comigo foi assim. Eu venho gastando muito mais energia no ensino, nos últimos dois anos, tentando de verdade lidar com isso de ser um ser humano.

H.K.: Nós lemos o artigo que Ben Satterfeld escreveu para a sua oficina de ficção, e ele contém o que já é uma rotina quase obrigatória de ataques a programas de escrita criativa e a como eles criam um ciclo de mediocridade. Satterfeld dedica todo o texto a criticar os «incluídos», as pessoas que passaram por esses programas de pós-graduação, e defende que você precisa ir para o mundo e encontrar sozinho o seu caminho, sem esse monte de editores zumbindo na sua orelha e todas essas pessoas que já são do mundo do livro e que te levam a ser publicado. E, no entanto, um dos únicos escritores que Satterfeld diz especificamente que está fazendo coisas de fato excelentes e criativas é você, e você é produto de cursos de graduação e de pós-graduação na área. Não quero apenas a sua reação a Satterfeld, mas ao argumento recorrente; para você, qual é a eficácia de um curso de escrita criativa?

WALLACE: Queria ter lido o artigo. [Risos.] Bom, eu não tive uma experiência lá muito feliz na universidade, mas parece que há

EM BUSCA DE UMA GUARDA PARA SER VANGUARDA 57

maneiras diferentes de se aprender ali. Você pode aprender ao se alinhar com aquilo que é meio que a linha oficial do programa, ou pode dar uma de James Dean e se alinhar contra ela. Às vezes é só quando alguns professores — sabe, figuras de autoridade — te descem o cacete, e você vê que ainda resiste ao que eles estão dizendo, que você descobre as suas crenças. Foi interessante estar aqui [na CSU]. Tive uma longa conversa com Neal Chandler sobre o programa de vocês e cheguei à conclusão de que vocês têm muita sorte.

Acho que existem dois tipos de programas de pós-graduação nessa área. Tem aquele tipo que parece ser o de Cleveland, e, por exemplo, o da Universidade de Syracuse, que é um mestrado com área de concentração em escrita criativa, com exigências acadêmicas de fato. Lá eles esperam que você aprenda a ser escritor como parte de uma educação mais ampla em humanidades. Quanto a esses programas, sei que eu não estudei num deles, mas olhando de fora me parecem uma maravilha. Uma das minhas maiores reclamações sobre a universidade do Arizona era que, apesar de eu gostar muito dos alunos, e de gostar muito do corpo docente em geral, não gostava tanto dos professores de escrita criativa. Eles denegriam a própria ideia de aprender a escrever como parte de um processo de inclusão do aluno na tradição das letras ocidentais. No Arizona eu assisti a um monte de disciplinas fora do programa — muita teoria, um pouco de matemática, umas línguas estrangeiras, estudei um pouco de história da língua —, e o pessoal do programa de escrita achava que eu era doido. Esses lugares como Arizona, ou Iowa ou Stanford, na minha opinião, só estão fingindo que são universidades. Eu não quero desancar esse pessoal aqui, mas acho que você precisa fazer a distinção entre eles e escolas como a Cleveland State e Syracuse, que são escolas de pós-graduação nas quais você acaba com um título de mestre. As fábricas de títulos de escrita criativa por aí na verdade são formas disfarçadas de mecenato. Para o corpo docente, elas geram o conforto e a segurança do que, normalmente, é um emprego vitalício. Dar aula nas oficinas, por mais que tenha seu custo, não se compara a preparar aulas sobre a história da matemática três vezes por semana. Não chega nem perto. E como os escritores são congenitamente preguiçosos para quase tudo que não seja a escrita, isso também é conveniente.

Mas esses programas são ao mesmo tempo formas de mecenato para os alunos, porque antes você se formava e arranjava um empreguinho de merda e morava numa quitinete no Soho e tentava ser escritor. E o senhor Satterfeld pode dar uma certa romantizada nisso tudo. Eu conheço um pessoal que passou por isso, e é absolutamente aniquilador, é horrível. Por exemplo, eu tive meu flerte com esse tipo de vida depois de sair de um programa de escrita criativa, e tive sorte porque já tinha uns livros publicados. Pra mim vai sendo mais fácil do que pra alguém que está preso nas pilhas de originais das editoras, e mesmo assim ainda é ruim. Não é divertido. Mas se você entra num desses programas, pode responder aos seus pais e às pessoas que perguntam «O que você está fazendo agora?» «Bom, eu estou fazendo uma pós.» As pessoas te dão uma folga. Muitas vezes você consegue alguma forma de auxílio financeiro. Você pode ou conseguir uma bolsa de verdade, como a que tive no Arizona, ou alguma oportunidade de dar aula, e de se sustentar com essa grana. Claro que os professores assistentes são meio explorados na graduação, mas é bem melhor do que ficar perguntando se as pessoas querem fritas pra acompanhar. É trocentas vezes melhor.

H.K.: O que você queria que a sua literatura fizesse?

WALLACE: Você quer uma resposta honesta, certo?

H.K.: Razoavelmente.

WALLACE: É *muito* difícil separar o que você quer que a sua literatura faça dos seus próprios desejos de como você vai ser tratado por causa do que escreve. Às três da manhã, quando estou só, tenho delírios de desfiles em carro aberto, Poeta Laureado do Mundo Ocidental, Bolsas MacArthur e Prêmios Nobel, leituras como a de ontem à noite só que com 15 mil pessoas, sabe, esse tipo de coisa. Então nenhum sentimento no que se refere a efeitos desejados é puro, livre de fins egoístas.

Mas existem alguns poucos livros que eu li e que me transformaram em outra pessoa, e acho que toda boa literatura de alguma maneira aborda o problema da, e age como um antídoto contra a solidão. Nós somos todos muito, mas muito solitários. E existe um caminho, ao menos na prosa de ficção, que pode permitir que você tenha intimidade com o mundo e com uma mente e com personagens de quem você não pode ser íntimo no mundo real. Eu não sei o que você está pensando. No fundo não sei grandes coisas de você, como não sei grandes coisas dos meus pais, da minha amante ou da minha irmã, mas uma obra de ficção que seja verdadeira de fato permite que você tenha essa intimidade com... eu não quero dizer pessoas, mas ela permite que você tenha intimidade com um mundo que se parece com o nosso num número relevante de detalhes emocionais para que a forma diferente com que você sentiu as coisas possa ser transportada de novo para o mundo real. Acho que o que eu queria que as minhas coisas fizessem era deixar as pessoas menos sozinhas. Ou tocar de verdade as pessoas. Às vezes acho que o que estou fazendo, se tento ser particularmente ofensivo ou radical ou sei lá o quê, é só uma fome imensa de algum tipo de efeito. Acho que dá pra ver Bret Ellis fazendo isso em *Psicopata americano*. Não tem como você garantir que todo mundo vá gostar de você, mas, porra, se você tem algum talento, dá pra garantir que as pessoas não vão te ignorar. Tem muito escritor com fome de ver o trabalho aparecer mais, vender mais, o que eu antes achava que era materialismo do mais baixo, que eles queriam a grana, mas no fundo o que você quer é ter algum efeito. Talvez você já tenha se dado conta disso. Eu levei anos pra entender.

G.P.: Em *Girl with Curious Hair*, vários contos vão além de histórias pessoais e abordam questões geracionais. Por exemplo, em «Lyndon», boa parte do conto parece tratar de diferenças entre gerações; por exemplo, as ideias de Lyndon Johnson sobre responsabilidade, e o que ela significa, em oposição à geração dos anos sessenta. Em «Westward the Course of Empire Takes Its Way», há o mesmo tipo de conflito entre J. D. Steelritter e os meninos sobre a ideia de honra, que Mark Nechtr acaba aceitando a contragosto, ainda que seja uma virtude antiquada. Em «Girl with Curious Hair», eu vi o conto não apenas como uma abordagem do reaganismo mais conservador, e dos efeitos de suas políticas, o que é um tipo de sadismo, mas também da geração punk dos anos oitenta, que é totalmente apolítica. Vejo essas questões geracionais por tudo nos seus contos. Você concorda com isso?

WALLACE: Está meio que ficando duro de lembrar. Terminei esse livro em 88, e aí teve um ano de batalhas jurídicas que impediram a publicação, então me parece que está muito distante no tempo. Posso ter mencionado isso ontem à noite, mas fiz a minha pós com muita gente mais velha, especialmente poetas, gente que adorava de verdade os anos sessenta, que achava que o nosso problema era termos perdido muito da integridade rebelde e sincera dos anos sessenta. Vejo a nossa geração como herdeira dos anos sessenta. Estou falando particularmente da arte dos anos sessenta, que abandonou várias técnicas convencionais em favor do humor negro e de uma nova ênfase na ironia. Não se via ironia como aquela, na verdade, desde os pré-românticos. Ela tem uma função das mais úteis, por livrar-se de várias platitudes e mitos dos Estados Unidos que não

EM BUSCA DE UMA GUARDA PARA SER VANGUARDA

tinham mais serventia, mas ela também não deixou qualquer material que servisse para uma reconstrução, nada além desse éthos de ironia cínica e de um niilismo e aquisicionismo cheios de autoconsciência. Um dos motivos de esse livro tratar tanto de televisão é que a gente vê tanto do éthos rebelde dos anos sessenta na arte feita para a televisão de hoje: coisas que antes correspondiam a um gesto artístico, a autoconsciência, a metatécnica daquele período. Agora você vê episódios de *A gata e o rato* terminando com o cenário se desmontando. O impulso original para a ironia e a autoconsciência, que nos anos sessenta era a maneira que os jovens tinham de se proteger do tipo de hipocrisia avassaladora de instituições como o governo e a publicidade, foi se insinuando na cultura popular, e, na medida em que ele se insinuou na cultura popular a própria cultura popular se tornou muitíssimo mais eficiente e onipresente na vida americana. Assim, a televisão hoje é tão *boa*. A MTV é simplesmente hipnótica. Então você vê a gente, os mais jovens, entre vinte e 35 anos, bem na linha de frente, e você vê todos os meninos que vêm depois da gente sendo sugados de verdade por isso tudo, mas aprendendo esse mundo de uma maneira que não permite qualquer espécie de incredulidade. Mas, enfim, uma das coisas que eu estava fazendo em *Girl with Curious Hair* era escrever um livro bem tradicionalmente moral. Trata-se de uma geração que não herdou absolutamente nada no que se refere a valores morais que façam algum sentido, e é tarefa nossa constituir esses valores, e nós não estamos fazendo isso. E precisamente os sistemas que os anos sessenta estavam certíssimos em temer estão nos dizendo que nós não precisamos nos preocupar com isso de constituir sistemas morais: sabe, que não existe nada mais importante na vida do que ser bonito, fazer muito sexo e ter muitos bens materiais. Mas a coisa pérfida e deliciosa é que esses sistemas que nos dizem tudo isso estão empregando as técnicas que os caras dos anos sessenta usaram — ou seja, técnicas pós-modernas como a ironia negra, convoluções metaficcionais, toda essa coisa da literatura da autoconsciência. Nós somos herdeiros disso tudo. Acho que ainda penso isso. Eu ainda estou escrevendo sobre gente jovem que tenta se encontrar diante não apenas de pais do tipo se-enquadre-ou-morra, mas também desse brilhante sistema eletromagnético de sedução que está em tudo e que fica dizendo que eles não precisam. Será que faz algum sentido?

G.P.: Você engole a resposta de John Gardner, de afirmar a vida? Ontem à noite (na sua leitura), você pareceu ter uma empatia com as suas personagens que te coloca mais além da posição do satirista.

WALLACE: Bom, Gardner não está dizendo nada que Tolstói já não tenha dito, só que Tolstói disse daquele jeito adoidado, de uma verdade cristã ortodoxa russa fundamentalista. Tolstói disse que o objetivo da arte era comunicar a ideia da fraternidade cristã de um homem para o outro e passar alguma espécie de mensagem para a frente. Acho que Gardner traduz isso tudo em algum tipo de didatismo moral. Penso que Gardner subestima as possibilidades da arte. Mas os dois têm razão: o que a ficção e a poesia estão fazendo é o que elas estão tentando fazer há 2 mil anos: afetar alguém, fazer alguém se sentir de determinada maneira, permitir que essa pessoa entre numa relação com ideias e personagens que não são permitidos dentro dos lindes do intercurso verbal comum como esse nosso aqui, sabe: você não me enxerga, eu não te enxergo. Mas a cada duas ou três gerações o mundo fica imensamente diferente, e o contexto em que você tem de aprender a ser um ser humano, ou a ter boas relações, ou a decidir se Deus existe ou não, ou decidir se o amor existe, e se ele é redentor, tudo fica imensamente diferente. E as estruturas com que você pode comunicar esses dilemas ou fazer personagens lidarem com eles parecem se tornar adequadas e depois inadequadas de novo e assim por diante. Nada do que mudou nos dias de

EM BUSCA DE UMA GUARDA PARA SER VANGUARDA 63

hoje me parece ser de uma importância fundamental, mas mesmo assim muita coisa está diferente demais. Então, sim, eu concordo com Gardner na medida em que ele tem o bom senso de macaquear Tolstói — se você editar as coisas cristãs paradisíacas. Eu sou o único «pós-modernista» que você vai encontrar na vida que simplesmente idolatra Liev Tolstói.

G.P.: Nos seus contos, muitas vezes você brinca com a fronteira entre história e ficção. Não te parece estranho apropriar-se de figuras históricas?

WALLACE: É uma coisa que tem repercussões jurídicas. A primeira versão do conto sobre Letterman («My Appearance») devia sair na *Playboy* e era muito diferente. Tinha transcrições reais de uma entrevista de Letterman com Susan St. James. Eu fiz merda e não disse isso aos editores, e coisa de duas semanas antes de o conto ser publicado a entrevista foi retransmitida e algumas pessoas da *Playboy* assistiram e depois me arrancaram o couro. E todas as outras revistas que publicavam contos meus, os advogados das publicações saíram correndo enlouquecidos, e o livro quase não foi publicado. Então tem esse tipo de problema.

No que se refere a muito do material mais de cultura pop, uma das mudanças atuais é que a ficção antes era uma espécie de diário de viagem. Era uma forma de levar as pessoas a terras estrangeiras e culturas exóticas, ou a pessoas importantes, e de dar acesso a mundos que os leitores não podiam acessar. O mundo em que nós vivemos hoje é bem diferente. Eu posso acordar e ver uma transmissão via satélite de uma revolta popular em Pequim enquanto tomo um café da manhã Tex-Mex e escuto música do terceiro mundo no meu CD player. A tarefa da ficção antes era tornar o estranho familiar, levar você a algum lugar e deixar você sentir que aquilo era familiar. Parece que uma das coisas da vida de hoje é que *tudo* se apresenta como familiar, então uma das coisas que o artista tem de fazer agora é pegar boa parte dessa familiaridade e lembrar às pessoas que ela é estranha. Ou seja, pegar as imagens mais banais, as imagens menos artísticas da televisão e da política e da publicidade, e transfigurá-las — tudo bem, isso é meio que um gesto artístico pesado —, mas acho que tem certa validade. Acho que se você consegue tornar essa matéria estranha, e se você consegue fazer as pessoas olharem, digamos, um programa de televisão como *Jeopardy!* ou uma propaganda, e ver essas coisas não como mensagens de Deus, mas como objetos de arte, como produtos da imaginação e do esforço humanos, com objetivos humanos, acho que existe uma forma de você distanciar um leitor desses fenômenos de que eu acho que ele precisa ser distanciado. Não é que tudo isso esteja na sua cabeça enquanto você trabalha. Essa é apenas uma das defesas que construí para as perguntas que me aparecem sobre isso tudo, e eu acho que é válido.

G.P.: Algum escritor vivo te deixa completamente embasbacado?

WALLACE: Eu adoro Don DeLillo, embora eu ache que esse último livro é um dos piores. O DeLillo de *Americana* e *End Zone* e *Great Jones Street*, *Os nomes* e *Libra*, esse eu adoro. Talvez *O arco-íris da gravidade* seja um livro melhor, mas eu não consigo pensar em ninguém dessa tradição, desde Nabokov, que tenha construído uma obra melhor que a de DeLillo. Eu gosto de Bellow, e gosto muito dos primeiros livros de John Updike — *The Poorhouse Fair*, *Of the Farm*, *The Centaur*, só porque a prosa é linda pra caralho. E tem muitos latinistas também: Julio Cortázar, Manuel Puig, ambos mortos recentemente. Tem escritores jovens agora de que eu estava te falando, como Mark Leyner; William T. Vollmann, que tem quatro livros saindo este ano; Jon Franzen, Susan Daitch, Amy Homes. O melhor livro que li recentemente é da esposa de Paul Auster, que se chama Siri Hustvedt. Ela é uma norueguesa do Minnesota, que

EM BUSCA DE UMA GUARDA PARA SER VANGUARDA

escreveu esse livro chamado *The Blindfold*. Não é muito divertido, mas — Jesus amado! — que livro inteligente. É a melhor obra de feminismo pós-moderno que li. Faz a Kathy Acker ficar feia no retrato de tão bem montado que é. Não sei se ainda existem gigantes absolutos. Acho que algum Pynchon, algum Bellow, alguma Ozick vão ser lidos daqui a cem anos; acho que DeLillo, quem sabe.

G.P.: Você tem algum conselho para os jovens escritores?

WALLACE: Me mandem ao menos cinquenta por cento de tudo que vocês ganharem.

G.P.: Não vai dar nem pra pagar o correio!

WALLACE: A coisa é de longo prazo. Você escreve pensando a longo prazo. Eu espero que nada do que fiz até agora esteja nem perto de ser o melhor que posso fazer. Vamos torcer pra não chegar aos 55 fazendo a mesma coisa. Eu diria «cuidado pra não se esgotar.» Você pode se esgotar porque se ferrou sem grana e sem atenção por muitos anos, mas isso também pode acontecer se você ganhar um pouco de atenção. As pessoas vêm ao seu quarto de hotel e acham que você tem coisas interessantes a dizer. Você pode deixar que isso faça você começar a pensar que não pode abrir a boca a não ser que seja para dizer algo interessante. Pra mim, cinquenta por cento do que faço é ruim, e é simplesmente assim que vai ser, e se eu não conseguir aceitar isso então estou no ramo errado. O negócio é saber o que é bom, e não deixar os outros verem.

UMA ENTREVISTA EXPANDIDA
COM DAVID FOSTER WALLACE

Larry McCaffery, 1993

Da *Review of Contemporary Fiction*, verão de 1993. © 1993, Review of
Contemporary Fiction e Larry McCaffery.
Reimpresso com autorização.

LARRY MCCAFFERY: O seu ensaio que acompanha esta entrevista vai ser visto por muita gente como basicamente uma apologia da televisão. Qual é a sua reação à conhecida crítica de que a televisão alimenta relações com ilusões ou simulações de pessoas de verdade (sendo que Reagan é um exemplo perfeito disso)?

DAVID FOSTER WALLACE: É uma tentativa de um diagnóstico completo, não uma apologia. A relação dos espectadores americanos com a televisão é essencialmente pueril e dependente, como todas as relações baseadas em sedução. Isso não é nenhuma novidade. Mas o que nem sempre se reconhece é o quanto as seduções televisivas são complexas e engenhosas. Nem sempre se reconhece que o relacionamento do espectador com a televisão, ainda que aviltado, é intricado e profundo. Para os escritores mais velhos é fácil ficar simplesmente resmungando sobre a hegemonia que a televisão exerce sobre o mercado de arte dos Estados Unidos, dizer que o mundo foi para as cucuias, dar de ombros e esquecer o assunto. Mas eu acho que os escritores mais jovens têm o dever de buscar uma explicação mais rica para os motivos que levaram a televisão a se tornar uma força tão dominadora na consciência das pessoas, no mínimo porque nós, que temos menos de quarenta anos de idade, passamos toda a nossa vida consciente sendo *parte* da audiência da televisão.

L.M.: A televisão pode ser mais complexa do que as pessoas em geral percebem, mas ela raramente tenta *desafiar* ou *perturbar* sua plateia, como você me disse que pretende fazer. É essa noção de desafio e de dor que torna o seu trabalho mais «sério» do que a maioria dos programas de televisão?

D.F.W.: Eu tinha um professor que gostava de dizer que a missão da boa ficção era confortar os perturbados e perturbar os confortáveis. Acho que boa parte do objetivo da ficção séria é dar à leitora, que como nós todos está como que isolada dentro do seu próprio crânio, é lhe dar acesso imaginário a outros eus. Como uma parte inelutável da vida humana é sofrimento, parte do que nós humanos vamos buscar na arte é uma experiência do sofrimento, uma experiência que é necessariamente vicária, que é mais uma *generalização* do sofrimento. Faz sentido? Nós todos sofremos sozinhos no mundo real; a verdadeira empatia é impossível. Mas se uma obra de ficção pode nos dar a capacidade da identificação, via imaginação, com a dor de uma personagem, podemos então conceber mais facilmente a ideia de que outros se identifiquem com a nossa. Isso dá forças, é redentor; ficamos menos solitários por dentro. Pode simplesmente ser isso. Mas agora perceba que a televisão e o cinema popular e quase todo tipo de arte «baixa» — que simplesmente quer dizer arte cujo objetivo principal é ganhar dinheiro — são meios lucrativos precisamente por reconhecer que a plateia prefere cem por cento de prazer em relação à realidade, que tende a ser de 49 por cento de prazer e 51 por cento de dor. Enquanto a arte «séria», que não se preocupa primariamente em ganhar o seu dinheiro, tem mais chances de te deixar desconfortável, ou de te fazer trabalhar duro

UMA ENTREVISTA EXPANDIDA COM DAVID FOSTER WALLACE

para acessar seus prazeres, exatamente como na vida real o prazer verdadeiro é normalmente decorrente do trabalho duro e do desconforto. Então é difícil para uma plateia interessada em arte, especialmente uma plateia jovem que foi criada com a expectativa de que a arte deve ser cem por cento prazer, e deve fazer esse prazer vir sem esforços, ler e apreciar a ficção séria. Isso não é bom. O problema não é que os leitores de hoje sejam *burros*, ao menos eu não acho. É só que a televisão e a cultura da arte comercial condicionaram esses leitores a serem meio preguiçosos e infantis nas suas expectativas. Mas isso faz com que tentar envolver os leitores de hoje seja algo de uma dificuldade inédita, tanto em termos intelectuais quanto em termos de imaginação.

L.M.: Quem você imagina que sejam os seus leitores?

D.F.W.: Acho que devem ser pessoas mais ou menos como eu, talvez com seus vinte ou trinta e tantos anos, com experiência suficiente, ou com uma educação que permita que elas percebam que o trabalho duro que a ficção séria demanda de um leitor por vezes tem suas compensações. Pessoas que foram criadas na cultura comercial dos Estados Unidos e estão envolvidas nela e são informadas por ela e fascinadas por ela, mas que ainda assim anseiam por algo que a arte comercial não pode proporcionar. Yuppies, acho, e intelectuais mais jovens, sei lá. São as pessoas para quem praticamente todos os escritores mais jovens que eu admiro — Leyner e Vollmann e Daitch, Amy Homes, Jon Franzen, Lorrie Moore, Rick Powers, até McInerney e Leavitt, esses caras — estão escrevendo, penso eu. Mas, de novo, os últimos vinte anos viram grandes alterações na forma de os escritores envolverem os leitores, no que os leitores precisam esperar de qualquer obra de arte.

L.M.: A mídia me parece ser uma das coisas que alteraram drasticamente essa relação. Ela já está há tanto tempo fornecendo às pessoas essa cultura processada pela televisão que as plateias esqueceram qual o sentido de uma relação com a arte séria.

D.F.W.: Bom, é simples demais ficar apenas se lamentando e dizer que a televisão estragou os leitores. Porque a cultura televisiva dos Estados Unidos não surgiu do vácuo. O que a televisão faz extremamente bem — percebendo que é a única coisa que ela faz — é discernir o que grandes quantidades de pessoas acham que querem e fornecer exatamente isso. E como sempre houve um forte e especificamente americano desapreço pela frustração e pelo sofrimento, a televisão vai fugir dessas coisas como o diabo foge da cruz, em favor de algo anestésico e fácil.

L.M.: Você acha mesmo que esse desapreço é especificamente americano?

D.F.W.: Parece especificamente Ocidental-Industrial, pelo menos. Em geral, em outras culturas, se você está sofrendo, se você tem um sintoma que te causa sofrimento, eles veem isso como algo basicamente saudável e natural, sinal de que o seu sistema nervoso sabe que algo está errado. Para essas culturas, livrar-se da dor sem tratar da causa mais profunda seria como desligar um alarme de incêndio enquanto o fogo ainda está queimando. Mas se você prestar atenção em todas as formas que empregamos para tentar tudo o que for possível para aliviar meros sintomas neste país — dos antiácidos de efeito mais do que rápido à popularidade de musicais leves durante os anos da Depressão —, você enxerga uma tendência quase compulsiva para considerar a própria dor como o problema. E assim o prazer se torna um valor, um fim teleológico por si próprio. É provavelmente mais uma coisa Ocidental que Americana *per se*.

UMA ENTREVISTA EXPANDIDA COM DAVID FOSTER WALLACE

Veja o utilitarismo — a mais inglesa das contribuições à ética — e você enxerga toda uma teleologia baseada na ideia de que a melhor vida humana é a que otimiza a relação prazer-dor. Jesus, eu sei que isso soa cabotino. Só estou dizendo que é míope culpar a televisão. Ela é simplesmente outro sintoma. A televisão não inventou a nossa infantilidade estética assim como o Projeto Manhattan não inventou a agressividade. As armas nucleares e a televisão simplesmente intensificaram as consequências das nossas tendências, aumentaram o que está em jogo.

L.M.: Quase no fim de «Westward the Course of Empire Takes Its Way» aparece uma frase sobre Mark que diz que «Seria necessário um arquiteto capaz de odiar o suficiente para poder sentir o suficiente para amar o suficiente para perpetrar o tipo específico de crueldade que somente amantes podem infligir». É esse tipo de crueldade que você sente que falta no trabalho de alguém como Mark Leyner?

D.F.W.: Acho que eu ia precisar te perguntar de que tipo de crueldade você achou que o narrador estava falando ali.

L.M.: Ela parece envolver a ideia de que, se os escritores se importam o suficiente com seus leitores — se amam o suficiente seu público e sua arte —, eles têm que ser cruéis em sua prática literária. «Cruéis» como um sargento que treina recrutas é cruel quando decide fazer um grupo de jovens soldados sofrer como o diabo, sabendo que o trauma que você está infligindo a esses caras, emocionalmente, fisicamente, psicologicamente, é apenas parte de um processo que no final vai deixá-los mais fortes, vai preparar esses caras para coisas que eles ainda nem conseguem imaginar.

D.F.W.: Bom, fora essa ideia de que porra de direito os «artistas» têm de decidir pelos leitores as coisas para que os leitores têm que estar preparados, a sua ideia soa bem aristotélica, não é? Assim, qual o sentido de criar ficção, para você? Ela é essencialmente mimética, captando e ordenando uma realidade proteica? Ou será que na verdade ela deveria ser terapêutica num sentido aristotélico?

L.M.: Concordo com o que você disse em «Westward» que a arte séria tem que se envolver com toda uma série de experiências; que ela não pode ser meramente «metaficcional», por exemplo, que ela precisa lidar com o mundo externo à página, e de maneiras variadas. Como você diria que o seu esforço nesse sentido difere daqueles que estão em jogo na maior parte do que se vê na televisão ou na ficção popular?

D.F.W.: Isso pode ser uma maneira de começar a falar das diferenças entre os primeiros autores pós-modernos dos anos cinquenta e sessenta e seus descendentes contemporâneos. Quando você leu essa citação de «Westward» agora há pouco, ela me soou como um resumo disfarçado das minhas maiores fraquezas como escritor. Uma é o fato de que tenho um afeto grotesco, uma coisa sentimental mesmo, por piadas, por coisas que são simplesmente engraçadas, e que eu às vezes incluo unicamente por esse motivo. Outra é que eu às vezes tenho um problema com a concisão, com a coisa de comunicar apenas o que precisa ser dito de um modo ágil e eficiente que não chame atenção para si próprio. Seria patético eu tentar culpar algo externo pelas minhas próprias deficiências, mas ainda me parece que esses dois problemas têm suas raízes na experiência esquizofrênica da minha infância, por gostar de livros e ler muito, de um lado, e por assistir quantidades grotescas de programas de televisão, do outro. Como eu gostava de ler, provavelmente não via tanta televisão quanto os meus amigos, mas eu ainda tomava a

UMA ENTREVISTA EXPANDIDA COM DAVID FOSTER WALLACE 73

minha megadose diária, pode apostar. E acho que é impossível passar tantas horas formativas ali de queixo caído e coberto de baba diante da programação da televisão comercial sem internalizar a ideia de que um dos principais objetivos da arte é simplesmente *entreter*, fornecer puro prazer. Só que qual é a finalidade desse fornecimento de prazer? Porque é claro que o que a televisão *realmente* deseja é que você *goste* dela, porque, se você gosta do que está vendo, você não muda de canal. A televisão nem tem vergonha disso; é seu único *objetivo*. E às vezes quando eu olho para os meus textos eu sinto que absorvi demais esse *objetivo*. Eu me pego pensando em piadinhas ou tentando malabarismos formais e vejo que nada disso está a serviço da própria história; aquilo está a serviço do objetivo bem mais terrível de comunicar ao leitor algo como «Oi! Olha eu aqui! Saca só como eu escrevo bem! *Goste* de mim!».

Agora, numa certa medida não há como escapar completamente disso, porque um escritor precisa demonstrar algum tipo de habilidade ou de mérito para gerar alguma confiança na leitora. Há uma estranha e delicada relação do tipo eu-confio-que-você--não-vai-foder-comigo entre leitor e autor, e as duas partes têm que sustentar o pacto. Mas há uma linha impossível de se ignorar entre a demonstração de habilidade e de encanto para conquistar confiança na história *versus* o simples exibicionismo. A coisa toda pode se transformar num exercício de tentar fazer a leitora gostar de você e te admirar em vez de um exercício de arte criativa. Acho que a televisão defende a ideia de que a boa arte é apenas a arte que faz as pessoas estimarem e confiarem no veículo que lhes traz a tal arte. Isso parece uma lição tóxica para se dar a um futuro artista. E uma das consequências é que, se uma artista depende demais da simples ideia de ser *estimada*, a ponto de o seu fim verdadeiro não estar mais na obra, mas na boa opinião de uma certa plateia, ele vai desenvolver uma tremenda hostilidade em reação a essa plateia, simplesmente porque lhes concedeu todo o poder que era seu. É a conhecida síndrome de amor-e-ódio na sedução: «Não me importa muito o que eu diga, o que me importa é que você goste do que digo. Mas como a sua opinião é o único juiz do meu sucesso e do meu valor, você tem um poder incrível sobre mim, e por causa disso eu sinto medo e ódio de você». Essa dinâmica não é exclusiva da arte. Mas muitas vezes acho que posso ver o seu funcionamento em mim e em outros escritores jovens, esse desejo desesperador de agradar, junto com uma espécie de hostilidade pela leitora.

L.M.: No seu próprio caso, como essa hostilidade se manifesta?

D.F.W.: Ah, não é sempre, mas às vezes ela toma a forma de sentenças que não estão sintaticamente incorretas, mas que são fodas de ler. Ou martelar dados e mais dados na cabeça da leitora. Ou dedicar um monte de energia à criação de expectativas e aí se divertir com o fato de desapontar essa expectativa. Dá para ver isso claramente em algo como o *Psicopata americano* do Ellis: por um tempo ele alimenta desavergonhadamente o sadismo da plateia, mas no fim fica claro que o objeto real do sadismo é o próprio leitor.

L.M.: Mas pelo menos no caso de *Psicopata americano* eu senti que havia algo além desse simples desejo de causar dor — ou de que Ellis estava sendo cruel, como você disse que os artistas sérios precisam estar dispostos a ser.

D.F.W.: Você está simplesmente manifestando o tipo de cinismo que permite que os leitores sejam manipulados pela má literatura. Acho que é um tipo de cinismo obscuro no mundo de hoje, um cinismo de que Ellis e outros autores dependem para criar o seu público. Olha, se a condição contemporânea é irremediavelmente fodida, insípida, materialista, emocionalmente retardada, sadomasoquista e estúpida, então eu (ou qualquer escritor) posso impunemente ajambrar umas histórias com personagens estúpidas, insípidas, emocionalmente retardadas, o que é fácil, porque esse tipo de personagem não exige desenvolvimento. Com descrições que são simplesmente listas de produtos de marcas conhecidas. Em que gente estúpida diz coisas insossas. Se o que sempre distinguiu a má literatura — personagens planas, um mundo narrativo feito de clichês e que deixa de ser reconhecidamente humano etc. — é também uma descrição do mundo de hoje, então a má literatura se torna uma engenhosa mimese de um mau mundo. Se os leitores simplesmente acreditam que o mundo é estúpido e raso e pérfido, então Ellis pode escrever um romance pérfido, raso e estúpido que se torna um comentário mordaz e gélido a respeito da maldade de tudo. Olha, cara, provavelmente todo mundo aqui ia concordar que estamos vivendo tempos ruins, e tempos estúpidos, mas será que a gente precisa de uma ficção que não faz mais do que dramatizar o quanto tudo é ruim e estúpido? Em tempos sombrios, a definição de boa arte parece que seria a arte que localiza e tenta ressuscitar aqueles elementos do que é humano e mágico, e que ainda sobrevivem e brilham apesar das trevas. A ficção realmente boa poderia ter a visão de mundo mais escura que quisesse, mas ela ia encontrar uma maneira de ao mesmo tempo retratar esse mundo de trevas *e* iluminar as possibilidades de se manter vivo e humano dentro dele. Você pode defender o *Psicopata* como um resumo performativo dos problemas sociais do fim dos anos oitenta, mas ele não é mais que isso.

L.M.: Então você está dizendo que os escritores da sua geração têm uma obrigação não apenas de representar a nossa condição, mas também de apresentar *soluções* para essas coisas?

D.F.W.: Acho que não estou falando de soluções políticas convencionais ou do tipo ação social. Não é disso que trata a ficção. A ficção trata do que é ser uma porra de um *ser humano*. Se você trabalha, como quase todo mundo, a partir da premissa de que há coisas nos Estados Unidos de hoje que tornam especialmente difícil ser uma criatura humana de verdade, então talvez metade da tarefa da ficção seja dramatizar o que é que torna isso tão difícil. A outra metade é dramatizar o fato de que nós ainda *somos* seres humanos, agora. Ou podemos ser. Não é que seja o dever da ficção edificar ou ensinar, ou nos transformar em bons cristãozinhos ou republicanos; eu não estou tentando me alinhar com Tolstói ou Gardner. Eu só acho que uma literatura que não esteja explorando o que significa ser humano hoje em dia não é boa arte. A gente tem esse monte de ficção «literária» que fica simplesmente cantarolando que estamos nos tornando cada vez menos humanos, que apresenta personagens sem alma e sem amor, personagens que no fundo são completamente descritíveis em termos das marcas das coisas que usam, e nós todos compramos os livros e ficamos «Nossa, que crítica mordaz ao materialismo contemporâneo!». Mas a gente já *sabe* que a cultura dos Estados Unidos é materialista. Esse diagnóstico pode ser feito em coisa de duas linhas. Ele não toca ninguém. O que toca e é artisticamente real é, tomando-se como axiomático o fato de que o presente é grosseiramente materialista, como é que nós, como seres humanos, ainda somos capazes de alegria, de caridade, de conexões legítimas, de coisas que não têm preço? E será que a gente pode fazer essas coisas ficarem mais fortes? Se sim, como, e se não, por que não?

L.M.: Nem todos da sua geração estão seguindo o caminho de Ellis. Os outros dois autores que estão nesta edição da RCF parecem estar fazendo exatamente o que você estava mencionando. Assim, por exemplo, muito embora *Rainbow Stories*, de William Vollmann, seja um livro que lá a seu modo é tão sensacionalista quanto *Psicopata americano*, o esforço ali é de representar aquelas pessoas não como estereótipos planos e desumanizados, mas como seres humanos. Mas eu concordaria que boa parte dos escritores contemporâneos de hoje adota essa transformação plana e neutra de pessoas e eventos em ficção sem se dar ao trabalho de fazer alguma força para concentrar de novo sua imaginação nas pessoas que ainda existem por sob essas transformações. Entretanto, Vollmann parece ser alguém que combate essa tendência de maneiras interessantes.

Isso nos leva de volta à questão de saber se não se trata de um dilema que os escritores sérios sempre enfrentaram. Descontado o rebaixamento (ou a alteração) das expectativas dos leitores, o que foi que mudou para tornar a tarefa do autor sério de hoje mais difícil do que era trinta, ou sessenta, ou cem ou mil anos atrás? É possível dizer que a tarefa do escritor sério é *mais fácil* hoje, já que tudo que ocorreu nos anos sessenta teve o efeito de finalmente demolir a autoridade que a mimese havia assumido. Já que vocês não precisam mais lutar essa batalha, estão liberados para seguir em outras direções.

D.F.W.: É uma faca de dois gumes, esse legado dos primeiros pós-modernistas e da crítica pós-estruturalista. Por um lado, tem meio que uma abundância de possibilidades para os jovens escritores de agora. Quase todos os limites e restrições que antes existiam — a censura de conteúdo é um exemplo gritante — foram eliminados da cena. Os escritores de hoje podem basicamente fazer o que quiserem. Mas, por outro lado, como todo mundo pode basicamente fazer o que quiser, sem fronteiras que definam nem limites que precisem ser eliminados, você vê esse ímpeto contínuo de vanguarda, para a frente, sem que ninguém queira se dar ao trabalho de especular qual seria o destino, a *meta* do movimento para a frente. Os modernistas e os primeiros pós-modernistas — de Mallarmé a Coover, acho eu — quebraram quase todas as regras para nós, mas a gente tende a esquecer o que eles eram forçados a lembrar: a quebra das regras tem que ser *em nome* de alguma coisa. Quando quebrar regras, a mera *forma* do vanguardismo rebelde, torna-se um fim em si próprio, o que resta é a má poesia do grupo Language e *Psicopata americano* te dando choques nos mamilos e Alice Cooper comendo merda no palco. O choque deixa de ser um efeito colateral do progresso e se transforma num fim em si mesmo. E é enrolação. Veja uma analogia. A invenção do cálculo foi um choque porque por muito tempo as pessoas simplesmente aceitaram que não se podia dividir por zero. A integridade da própria matemática parecia depender desse fato. Aí alguns legítimos gigantes apareceram e disseram, «Quer saber, de repente até não dá pra dividir por zero, mas o que é que ia acontecer se *desse*? Vamos chegar o mais perto possível disso, só pra ver o que acontece.»

L.M.: Aí você tem o cálculo infinitesimal — a «filosofia do como se».

D.F.W.: E esse construto puramente teórico acabou gerando resultados práticos incríveis. De repente você podia calcular a área da superfície delimitada por uma curva e fazer cálculos com variáveis que se alteravam. Praticamente toda a tecnologia material de que nós gozamos hoje é consequência desse «como se». Mas e se Leibniz e Newton tivessem querido dividir por zero só para mostrar a uma plateia cínica o quanto eles eram descoladões e rebeldes? Nunca teria acontecido, porque esse tipo de motivação não gera resultados. É uma coisa oca. Dividir-como-se-fosse-por-zero foi gigantesco e engenhoso porque estava a serviço de alguma coisa. O choque do mundo da matemática foi um preço que eles tiveram de pagar, e não a própria recompensa.

L.M.: Claro que também há exemplos como Lobachevski e Riemann, que estavam quebrando regras sem aplicações práticas na época — mas depois alguém como Einstein aparece e decide que esse joguinho matemático inútil que Riemann tinha desenvolvido na verdade descrevia o universo de uma maneira mais eficiente que o jogo euclidiano. Não que aqueles caras estivessem quebrando regras só por quebrar regras, mas parte do trabalho deles era apenas isso: o que é que acontece se todo mundo tiver que andar em sentido *anti-horário* no Banco Imobiliário. E de início parecia apenas um jogo, sem aplicações.

D.F.W.: Bom, a analogia não se sustenta porque a matemática e as ciências duras são piramidais. É como construir uma catedral: cada geração trabalha sobre o que a anterior deixou, tanto em termos de avanços quanto de erros. Idealmente, cada obra de arte é um objeto singular e único, e sua avaliação é sempre no presente verbal. Dá pra você justificar o pior tipo de baboseira experimental dizendo «Esses idiotas podem odiar o que estou fazendo, mas daqui a algumas gerações as pessoas vão dar valor à minha revolta inovadora.» Todos os *artistes* de boina com quem eu me formei na universidade e que acreditaram nessa frase agora são redatores publicitários em algum lugar.

L.M.: A vanguarda europeia acreditava na capacidade transformadora que a arte inovadora tem de afetar diretamente a consciência das pessoas e forçá-las a sair do seu casulo de rotinas etc. Você colocava um mictório num museu de Paris, chamava de «fonte» e ficava esperando a revolta no dia seguinte. Essa é uma área em que eu diria que as coisas mudaram para os escritores (ou para qualquer artista) — você pode ter obras de grande radicalismo estético hoje em dia empregando as mesmas marcas de inovação formal que poderia encontrar nos futuristas russos ou em Duchamp e assim por diante, só que agora essas coisas estão na MTV ou em anúncios de televisão. A inovação formal como imagem da moda. Então ela perde a capacidade de chocar ou de transformar.

D.F.W: São as explorações. Eles não estão tentando nos libertar de nada. Estão tentando nos deixar mais presos a certas convenções, nesse caso, a certos hábitos de consumo. Então a *forma* da revolta artística agora se torna...

L.M:. ... pois é, outra mercadoria. Eu concordo com Fredric Jameson e outros, que defendem que o modernismo e o pós-modernismo podem ser vistos como expressão da lógica cultural do capitalismo tardio. Várias características da arte contemporânea sofrem influência direta dessa imensa aceleração da expansão capitalista rumo a esses novos domínios que antes eram simplesmente inacessíveis. Você vende lembranças, reifica a nostalgia e usa tudo isso como gancho para vender desodorante. Será que essa recente expansão desmedida das tecnologias de reprodução, a integração da reprodução de mercadorias e da reprodução estética, e o surgimento da cultura midiática, será que tudo isso diminuiu o impacto que a inovação estética pode ter na sensibilidade das pessoas? Qual é a sua reação a isso como artista?

D.F.W.: Você tem o dom de falar literaturês, L.M. Quem é que não adoraria esse jargão com que a gente veste o senso comum: «a inovação formal não é mais transformadora, tendo sido cooptada pelas forças da estabilização e da inércia pós-industrial», blá-blá. Mas essa cooptação pode na verdade ser algo bom se ajudar a evitar que os autores jovens sejam capazes de tratar a mera engenhosidade formal como um fim em si mesma. A cooptação à la MTV podia acabar sendo um grande profilático contra a inteligentite — sabe, a pavorosa síndrome do mestrando do tipo «Olha como eu consigo usar dezessete pontos de vista diferentes nessa cena de um cara comendo uma bolacha salgada». O único sentido real dessa merda toda é «Goste de mim, porque eu sou esperto» — o que é obviamente

UMA ENTREVISTA EXPANDIDA COM DAVID FOSTER WALLACE　　　81

derivado também do axioma da arte comercial que diz que o afeto da plateia determina o valor da arte.

O que é precioso em alguém como o Bill Vollmann é que, mesmo que os livros dele envolvam bastante inovação formal, essa inovação raramente parece existir só por existir. É quase sempre empregada para dizer alguma coisa (Vollmann é o mais editorial entre os jovens romancistas de hoje, e ele é muito bom nisso de empregar a inventividade formal para integrar a editoração à narrativa em vez de lidar com ela como uma interrupção) ou para criar um efeito que seja interno ao texto. O narrador dele é sempre estranhamente apagado, a escrita não é nada autoconsciente, apesar de todas as intrusões do tipo «Aliás, cara leitora». De certa forma é triste que a integridade de Vollmann chame tanta atenção. Ela chama atenção porque é rara. Acho que eu não sei o que pensar dessas explosões dos anos sessenta de que você gosta tanto. É quase como se o pós-modernismo fosse a queda do paraíso bíblico para a ficção. A ficção ganhou *consciência* de si própria de uma maneira historicamente inédita. Olha só uma demonstração bem pretensiosa de análise pop: eu acho que dá pra ver os filmes da série *O exterminador do futuro*, de Cameron, como uma metáfora para toda a arte literária pós Roland Barthes, ou seja, a premissa dos filmes, de que o computador Cyberdyne do controle do espaço aéreo ganha consciência de si próprio como ente *consciente*, como algo que tem interesses e projetos próprios; o Cyberdyne se torna literalmente autorreferente, e não é por acaso que o resultado acaba sendo uma guerra nuclear, o Armagedon.

L.M.: O Armagedon não é o destino da rota que você traça em «Westward»?

D.F.W.: O fim real da metaficção sempre foi o Armagedon. A reflexão da arte a respeito de si própria é terminal, é um dos grandes motivos que levaram o mundo da arte a considerar Duchamp como o Anticristo. Mas eu ainda acredito que esse passo para a involução teve seu valor: ele ajudou os escritores a libertar-se de alguns tabus antigos do tipo Terra plana. Ele estava esperando na fila a sua vez de acontecer. E por um breve momento coisas como *Fogo pálido* e *The Universal Baseball Association* tiveram seu valor como revelação metaestética, exatamente como o mictório de Duchamp teve seu valor antes.

L.M.: Sempre achei que os melhores metaficcionistas — Coover, por exemplo, Nabokov, Borges, até Barth — foram excessivamente criticados por estarem interessados apenas em joguinhos narcisistas e autorreflexivos, quando esses recursos tiveram aplicações políticas e históricas bem reais.

D.F.W.: Mas quando você fala de Nabokov e de Coover, você está falando de gênios de verdade, os escritores que encararam o choque de verdade e inventaram essas coisas na ficção contemporânea. Mas depois dos pioneiros vêm sempre os caras que rodam as manivelas, os camaradinhas cinzentos que pegam as máquinas que os outros fizeram e simplesmente rodam a manivela, e do outro lado saem umas pelotinhas de metaficção. Os caras da manivela capitalizam só pela moda por um tempo, e depois conseguem seus elogios e suas bolsas e pagam seus fundos de previdência privada e se aposentam nos Hamptons bem distantes do perímetro eventual da explosão. Há alguns paralelos interessantes entre os maniveleiros pós-modernos e o que aconteceu depois que o pós-estruturalismo decolou aqui nos Estados Unidos, o motivo de haver uma reação tão vigorosa contra o pós-estruturalismo agora. É culpa dos manivelas. Acho que o rodador de manivela tomou o lugar do crítico como verdadeiro anjo da morte no que se refere aos movimentos literários hoje. Você tem alguns artistas de verdade que aparecem e dividem mesmo por zero e encaram uma porrada de baixaria e de

UMA ENTREVISTA EXPANDIDA COM DAVID FOSTER WALLACE   83

ridicularização para defender umas ideias importantes de verdade. Só que, depois do triunfo deles, e depois que as ideias se tornam legítimas e aceitas, os manivelas e os cabotinos aparecem operando o maquinário, e lá vêm as pelotinhas cinzentas, e agora a coisa toda assumiu uma forma oca, só mais uma instituição da moda. Dê uma espiada em algumas teses de doutorado que andam aparecendo no campo da teoria crítica. Parece De Man e Foucault na boca de uma criança tapada. A academia e a cultura comercial de alguma maneira se tornaram gigantescos mecanismos de comodificação que drenam o peso e a cor até dos mais radicais passos à frente. É uma inversão surreal da morte-por-esquecimento que antigamente aniquilava a arte mais presciente. Agora a arte presciente sofre uma morte-por-aceitação. Hoje a gente mata as coisas de tanto amor. Aí a gente se aposenta nos Hamptons.

L.M.: Isso também está relacionado àquela expansão do capitalismo blá-blá-blá para domínios que antes não se julgava serem comodificáveis. Hiperconsumo. Quer dizer, quem teria pensado que seria tão fácil de domesticar a rebeldia? Você simplesmente registra, roda a manivela, e lá vem outra pelotinha de arte «perigosa».

D.F.W.: E isso acelera a metástase de algo legitimamente transgressor em só mais uma forma que vive quinze minutos e vai se transformando no rodar de uma manivela. O que cria um puta de um problema para qualquer artista que considere que sua tarefa é permanentemente transgredir, porque aí a pessoa cai nessa fome insaciável pela aparência da novidade: «Qual coisa totalmente inédita eu ainda posso fazer?». Assim que o pronome de primeira pessoa se intromete nos seus planos você morreu em termos de arte. É por isso que escrever ficção é uma coisa solitária de uma maneira que em geral as pessoas não entendem. É de você mesmo que você precisa se afastar, na verdade, para trabalhar.

L.M.: Uma frase numa das suas cartas recentes chamou a minha atenção: «a mágica da ficção é que ela aborda e antagoniza a solidão que domina as pessoas.» É essa sugestão de antagonizar o leitor que parece ligar os seus objetivos aos do programa das vanguardas — cujas metas nunca foram totalmente herméticas. E «Westward the Course of Empire Takes Its Way» parece ser a sua própria tentativa meta-metaficcional de lidar com essas áreas mais amplas de maneiras que não sejam apenas metaficção.

D.F.W.: «Irritar» pode ser melhor que «antagonizar», na medida em que irritar signifique intensificar. Mas a verdade é que é difícil, para mim, saber a minha opinião de verdade sobre as coisas que já escrevi. É sempre tentador recostar-se na poltrona e unir as pontinhas dos dedos e inventar justificativas teóricas que soem sólidas para o que a gente faz, mas no meu caso quase tudo ia ser bobagem. Com o passar do tempo eu vou ficando cada vez menos pirado com as coisas que publiquei, e vai ficando mais difícil saber ao certo quando esses elementos antagonísticos surgem a serviço de um objetivo útil e quando eles são somente manifestações dessa síndrome de «olhe-pra-mim-por-favor-me-ame-eu-te-odeio» em que eu ainda me pego caindo de vez em quando. Enfim, mas o que acho que quis dizer com «antagonizar» ou «irritar» tem a ver com aquela coisa do ensaio sobre a televisão que fala do escritor mais jovem tentando lutar contra a hegemonia cultural da televisão. Uma coisa que a televisão faz é nos ajudar a negar a nossa solidão. Com as imagens televisivas, podemos ter o fac-símile de uma relação sem o trabalho de uma relação de verdade. É uma anestesia da *forma*. A parte interessante é entender por que estamos tão desesperados por esse anestésico contra a solidão. Você não precisa pensar muito para entender que o nosso pavor tanto de relacionamentos quanto de solidão, sendo que os dois são subpavores do nosso pavor de ficarmos trancados dentro de um eu (um eu psíquico, não apenas um

UMA ENTREVISTA EXPANDIDA COM DAVID FOSTER WALLACE   85

eu físico), tem a ver com a angústia da morte, o reconhecimento de que eu vou morrer, e morrer basicamente sozinho, e que o resto do mundo vai continuar feliz da vida sem mim. Não sei se consigo te dar uma justificação teórica com as pontinhas dos dedos unidas, mas suspeito muito que grande parte da tarefa da verdadeira arte da ficção seja irritar essa sensação de confinamento e de solidão e morte nas pessoas, seja levar as pessoas a encarar isso, já que qualquer redenção humana possível requer que primeiro a gente encare o que é terrível, o que queremos negar.

L.M.: Foi esse motivo de interior/ exterior que você desenvolveu em todo o romance *The Broom of the System*.

D.F.W.: Pode até ser, se bem que lá o desenvolvimento foi meio trôpego e sem jeito. A popularidade desse romance me intriga. Eu não posso dizer que não seja bacana o fato de as pessoas gostarem dele, mas tem muita coisa ali que eu ia querer recolher e fazer melhor. Eu tinha 22 anos quando escrevi a primeira versão daquilo lá. E eu não era particularmente *maduro* para alguém de 22 anos. Eu ainda pensava em termos de problemas distintos com soluções unívocas. Mas se você vai tentar não somente representar o modo como uma cultura é delimitada e definida pela gratificação mediada e pela imagem, mas também tentar de alguma maneira redimir essa sociedade, ou pelo menos defender suas últimas fortalezas, então o que você vai fazer não pode deixar de ser paradoxal. Ao mesmo tempo em que você está permitindo que a leitora escape do seu eu ao atingir uma espécie de identificação com outro psiquismo humano — o do escritor, ou de alguma personagem etc. —, você *também* está tentando antagonizar a intuição da leitora de que ela é um eu, de que ela está sozinha e vai morrer sozinha. Você está de algum jeito tentando tanto negar quanto afirmar que o escritor está do lado de cá com suas intenções enquanto o leitor está do lado de lá com as suas, e que elas são distintas. Esse paradoxo, eu acho, é o que faz com que a boa ficção tenha algo de mágico. O paradoxo não pode ser resolvido, mas pode de alguma maneira ser mediado — «re-mediado», já que provavelmente é aqui que para mim o pós-estruturalismo dá as caras — pelo fato de que a linguagem e os intercâmbios linguísticos são, por si só, redentores, remediadores.

Isso faz com que a ficção séria seja um negócio sério e complicado para todo mundo que está envolvido no processo. O entretenimento comercial, por outro lado, suaviza a coisa toda. Até os filmes da série *O exterminador do futuro* (que eu reverencio), ou mesmo alguma coisa bem doente e pervertida como a versão cinematográfica de *Laranja mecânica*, são basicamente anestésicos (e pare um segundinho para pensar na etimologia de «anestesia»; analise a palavra e pense no assunto). Claro que *Laranja mecânica* é um filme conscientemente doente e incômodo sobre o lado doente e incômodo da condição pós-industrial, mas se você olhar para o filme de maneira estrutural, descontando as câmeras lentas e aceleradas e a fotografia chique, ele faz o que todo entretenimento comercial faz: segue de maneira mais ou menos cronológica, e se suas transições são um pouco menos causa-e-efeito do que a dos filmes em geral, ele ainda te leva tranquilamente de uma cena à outra de uma maneira que te faz cair em certos tipos de ritmos cerebrais confortáveis. Ele permite a espectação passiva. Encoraja. O grande atrativo da arte de tipo televisivo é que ela encontrou maneiras de *recompensar* a espectação passiva. Uma certa parcela do que escrevo, coisas mais conscientes de sua própria forma, tenta — sei lá eu se com ou sem sucesso — fazer o contrário. Ela se pretende incômoda. Por exemplo, usar muitos cortes bruscos entre as cenas para que a disposição narrativa tenha que em alguma medida ser realizada pela leitora, ou interromper o fluxo com digressões e interpolações que a leitora tem que fazer o esforço de conectar umas às outras e à narrativa. Não é nada de terrivelmente sofisticado, e deve haver algum tipo de compensação acessível para a leitora se eu não quero que ela atire o livro na parede. Mas se funcionar direitinho, a leitora tem que *combater* a voz mediata que lhe apresenta o material. A total supressão da consciência narrativa, com suas próprias intenções subjacentes, é o motivo de a televisão ser uma ferramenta de vendas tão poderosa. Isso é McLuhan, certo? «O meio é a mensagem» e coisa e tal? Mas perceba que a mensagem mediada da televisão *nunca* é de que o meio é a mensagem.

L.M.: Em que essa insistência na mediação é diferente do tipo de metaestratégias que você atacou, dizendo que elas evitavam que os autores fossem além de ser figuras narcisistas ou excessivamente abstratas ou intelectuais?

D.F.W.: Acho que eu julgaria o que faço com os mesmos critérios que aplico aos elementos mais autoconscientes que você pode encontrar na ficção do Vollmann: eles têm algum objetivo maior além de si próprios? O fato de eu poder ou não propiciar uma compensação e comunicar uma função, em vez de meramente parecer enrolado e prolixo, é o que vai decidir se aquilo em que estou trabalhando deu certo ou não. Mas acho que neste exato momento é importante que a ficção artística provoque a percepção da leitora de que aquilo que ela está vivenciando enquanto lê é mediado por uma consciência humana, e uma consciência humana com intenções ocultas que não necessariamente podem coincidir com as dela. Por algum motivo que eu provavelmente nem conseguiria explicar, estou há anos convencido disso, de que a única coisa que distingue a arte comercial ou verdadeiramente «baixa» é essa aparente supressão de uma consciência mediadora e de suas intenções. O exemplo que primeiro me ocorre é a novela «Little Expressionless Animals», de *Girl with Curious Hair*. Leitores que conheço por vezes falam de todos os cortes bruscos e da distorção da linearidade da novela e normalmente querem pensar que isso é uma imitação do ritmo e da oscilação fosfênica da própria televisão. Mas na verdade ela está tentando fazer o *contrário* da televisão — está tentando proibir a leitora de esquecer que está recebendo dados intensamente mediados, de que esse processo é uma relação entre a consciência do escritor e a dela, e de que para que isso sequer se aproxime de parecer uma relação humana plena ela vai ter de contribuir com parte do trabalho linguístico envolvido.

Essa pode ser a minha melhor resposta à sua afirmação de que as minhas coisas não são «realistas». Não estou muito interessado em tentar o realismo clássico, com R maiúsculo, não porque não tenha existido uma grande ficção realista americana que li e gostei demais de ler, mas porque a forma com R maiúsculo agora foi absorvida e subornada pelo entretenimento comercial. A forma realista clássica é tranquilizadora, familiar e anestésica; ela nos acomoda no processo de espectação. Ela não levanta o tipo de expectativas que a ficção séria dos anos noventa deveria levantar para os seus leitores.

L.M.: *The Broom of the System* exibe algumas das tendências formais encontradas nos contos de *Girl with Curious Hair* e no seu trabalho mais recente — essa brincadeira com a estrutura temporal e com os cortes bruscos, por exemplo, em nome de vários tipos de efeitos retóricos radicalizados, para desfamiliarizar as coisas. Você diria que a sua abordagem de questões de forma/conteúdo passou por alguma mudança profunda desde que você era aquele sujeito «imaturo» para os seus 22 anos de idade?

D.F.W.: Supondo que eu tenha entendido o que você quer dizer com «forma/conteúdo», só posso responder isso falando da minha própria formação. Maravilha, eu dou um jeito de me fazer parecer superfascinante e artístico e você não vai ter como verificar as informações. Voltemos juntos às Armas e aos Barões Assinalados de

UMA ENTREVISTA EXPANDIDA COM DAVID FOSTER WALLACE

Amherst. Durante boa parte da minha carreira na universidade fui um nerd sintático total, um estudante de filosofia com especialização em lógica e matemática. Eu era, digamos com certa modéstia, bem competente naquilo tudo, especialmente porque passava quase todo o meu tempo livre lidando com isso. Nerd ou não, estava na verdade atrás de um certo tipo de barato, um momento especial que de vez em quando ocorre. Um professor chamava esses momentos de «experiências matemáticas». O que eu não sabia naqueles dias era que uma experiência matemática era estética por natureza, uma epifania no sentido joyceano original. Esses momentos apareciam quando você concluía uma prova, ou talvez um algoritmo. Ou tipo uma solução linda e elegante para um problema, que você enxerga de repente depois de preencher meio caderninho com tentativas cabeludas de resolução. Era realmente uma experiência do que eu acho que Yeats chamou de «o estalo de uma caixa bem feita». Alguma coisa assim. A palavra que sempre me ocorre para pensar nisso é «estalo».

Enfim, o negócio é que eu era bom pacas em filosofia técnica, e aquilo era a primeira coisa em que fui bom pacas, então todo mundo, inclusive eu, imaginava que eu ia seguir carreira. Mas a coisa meio que se esvaziou para mim em algum momento em torno do meu aniversário de vinte anos. Eu simplesmente cansei, e surtei porque de repente não estava mais tirando prazer da única coisa que nitidamente eu devia fazer porque era bom naquilo e as pessoas gostavam de mim por eu ser bom naquilo. Momentinho escabroso. Acho que eu meio que tive uma crise de meia-idade aos vinte, o que provavelmente não é um bom sinal para mim em termos de longevidade.

Então o que eu fiz foi voltar para casa para passar um semestre, com planos de ficar jogando paciência e olhando pela janela, ou qualquer outra atividade de tempos de crise. E do nada eu me vi escrevendo ficção. A minha única experiência com a ideia de que escrever era divertido tinha sido numa revista do campus com o Mark Costello, o cara com quem depois eu escrevi *Signifying Rappers*.

Mas eu tinha vivido aquilo de ficar caçando o estalo, no tempo todo que levou a revisão das provas do texto. Em algum ponto da minha leitura e do que eu ia escrevendo naquele outono eu descobri que o estalo existia na literatura também. Foi uma sorte imensa que bem quando deixei de conseguir o estalo com a lógica matemática eu tenha começado a consegui-lo com a ficção. Os primeiros estalos ficcionais que encontrei foram com o conto «O balão», de Donald Barthelme, e em trechos do primeiro conto que eu escrevi, que está na minha gaveta desde que terminei. Não sei se tenho grandes talentos naturais para a ficção, mas eu sei que posso ouvir o estalo, quando estalo há. Na prosa de Don DeLillo, por exemplo, quase a cada linha eu ouço o estalo. Pode ser o único jeito de descrever os escritores que eu adoro. Eu ouço o estalo em quase tudo do Nabokov. Em Donne, Hopkins, Larkin. Em Puig e Cortázar. O Puig estala pra caralho, parece um contador Geiger. E nenhum desses caras escreve uma prosa tão bonitinha quanto Updike, e no entanto eu não ouço grandes estalos no Updike.

Mas então lá estou eu aos 21 anos de idade e sem saber o que fazer. Entro na lógica matemática, em que sou bem competente e basicamente já tenho uma carreira garantida e aprovada? Ou tento continuar com essa coisa literária, essa coisa *artística*? A ideia de tentar virar «escritor» me causava repulsa, especialmente por causa dos estetas metidos a dândi que conheci na universidade e que ficavam por ali com suas boininhas, passando a mão no queixo e se dizendo escritores. Ainda tenho horror de parecer esses caras. Até hoje, quando alguém que não conheço me pergunta como eu ganho a vida, eu normalmente digo que sou «da área de letras», ou que «trabalho de frila». Acho que eu sou incapaz de me dizer escritor. E termos como «pós-modernista» ou «surrealista» me fazem correr direto pro banheiro, vou te falar.

L.M.: Também passo meu tempo em cubículos de banheiros por aí. Mas percebi que você não saiu em disparada pelo corredor quando eu te disse que o seu trabalho não parecia «realista». Você concorda mesmo com isso?

D.F.W.: Bom, depende de você estar falando de realismo com r minúsculo ou com R maiúsculo. Se você está perguntando se as minhas coisas são da escola Howells/Wharton/Updike de Realismo Norte-Americano, é claro que não. Mas pra mim toda essa coisa binária de ficção realista e não realista é uma distinção canônica inventada por pessoas bem interessadas na tradição do R maiúsculo. Uma forma de marginalizar as coisas que não fossem tranquilizadoras e conservadoras. Nem os projetos vanguardistas mais adoidados, se tiverem integridade, jamais são algo tipo «Vamos abandonar o realismo», mas estão mais para «Vamos tentar enxergar e tornar reais certos aspectos das experiências reais que anteriormente se viram excluídos da arte». Os resultados muitas vezes parecem «não realistas» para os devotos do R maiúsculo porque não se trata mais de uma parte reconhecível da «experiência comum» que eles estão acostumados a enxergar. Acho que o que quero dizer aqui é que «realista» não é um termo que tenha uma definição unifocal. Aliás, do que é que você estava falando agora há pouco quando disse aquilo do escritor «desfamiliarizar» alguma coisa?

L.M.: Colocar uma coisa familiar num contexto não familiar — digamos, ambientá-la no passado ou dentro de alguma outra estrutura que possa reexpor a situação, possa permitir que os leitores vejam a essência real da coisa, que normalmente é dada de barato por estar enterrada sob os detritos acumulados que a acompanham.

D.F.W.: Acho que esse seria o objetivo original da desconstrução, então? As pessoas estão sob o efeito de algum tipo de anestesia metafísica, então você desmonta os axiomas e os preconceitos dessa metafísica, mostra um corte transversal de tudo isso e revela as vantagens que advêm do abandono daquela metafísica. É literalmente irritante: você desperta as pessoas para o fato de que elas vêm ingerindo de maneira inconsciente algum fármaco narcótico desde que começaram a dizer mamãe. Tem muitos jeitos diferentes de pensar no que eu estou fazendo, mas se compreendo o que você entende por «desfamiliarização», acho que, pra mim, isso tem que ver com aquilo de conseguir o estalo. Pode também ser parte do motivo de eu acabar fazendo algo entre cinco ou oito reescritas completas para dar alguma coisa por acabada, que é a razão de eu nunca poder ser um Vollmann ou um Oates.

L.M.: Os seus professores tinham laços muito fortes com a tradição do R maiúsculo?

D.F.W.: Participei de uma oficina com Alan Lelchuk. Ele era um expoente de segunda ordem da tradição intelectual judaico-americana à la revista *Commentary*, um discípulo de Roth, creio eu. E Lelchuk achou que eu estava doido. Lelchuk achava que o que eu estava fazendo era pretensioso, e verborrágico, e desnecessariamente abstrato. Em noventa por cento dos casos ele estava certo, mas bem de vez em quando eu sentia um estalo. Porém, quando eu fazia o que ele queria que eu fizesse, o estalo nunca aparecia (eu fazia do jeito que eu queria fazer, e como eu queria pelo menos um A-, depois eu transformava no jeito que ele queria, ou seja, metáforas diretas e convencionais tipo Updike, pirâmides de Freytag, se você quiser). Para alunos de graduação, tudo bem. Enfim, essa experiência de dar de cabeça no muro me acompanhou desde então.

L.M.: Como assim?

UMA ENTREVISTA EXPANDIDA COM DAVID FOSTER WALLACE 93

D.F.W.: Parece que gosto de me colocar em posições em que acabo ficando com o papel de rebelde. Então, depois de passar por essa experiência horrorosa na minha oficina durante a graduação, decidi repetir a coisa toda entrando numa pós onde mais uma vez eu poderia ser o excêntrico incompreendido blá-blá-blá-blá cercado por uns carinhas que no fundo queriam era escrever contos para a *New Yorker*. Isso não é exatamente verdade — Ronnie Hansen era legal, e ele estava lá, mas só no meu último semestre. Mas quase todo mundo lá era bem café com leite, um pessoal com quem eu nunca ia me acertar. E mesmo assim eu *escolhi* estar lá. Aquele ambiente acabou me ajudando a aperfeiçoar a integridade da minha fidelidade ao estalo. Por exemplo, a primeira versão de «Little Expressionless Animals» era um conto realista padrão, só que com esse gancho de ser ambientado no *Jeopardy*... mas ficou parecendo mané. Eu não ouvi o estalo quando comecei e aquilo nunca saiu do chão. Lembro de um entrevistador perguntando ao Thomas Flanagan, que só escreve romances históricos (*The Tenants of Time* e *The Year of the French* etc.), por que ele só escreve a respeito do passado, e Flanagan disse que toda vez que ele começa a escrever alguma coisa que se passa no presente, aquilo simplesmente soa errado para ele. Eu consegui entender aquilo imediatamente; escrever sobre o presente não provocava o estalo para ele. Especialmente com os contos, antes até de pegar embalo em algum projeto, eu testo uns dois ou três jeitos diferentes até começar a entrever um jeito que me permita saber se aquilo vai ter algum tipo de fidelidade ao gosto que senti de início. Eu preciso do tal estalo.

L.M.: Você mencionou essa mudança recente em termos do que os escritores podem esperar de seus leitores, em termos de pré-disposições e tal. Será que o mundo pós-moderno influenciou ou alterou de outras maneiras o papel da literatura séria nos dias de hoje?

D.F.W.: Se você se refere a um mundo mediado, pós-industrial, ele inverteu uma das grandes funções históricas da ficção, a de fornecer dados a respeito de culturas e pessoas distantes. A primeira verdadeira generalização da experiência humana que os romances tentaram realizar. Se você morava em Bumfuck, Iowa, cem anos atrás, e não tinha ideia de como era a vida na Índia, o nosso amigo Kipling vai lá e te mostra. E é claro que a crítica pós-estruturalista hoje se refestela com a montoeira de preconceitos colonialistas e falocráticos inerentes à ideia de que os escritores estavam *apresentando* culturas estranhas em vez de «*re-presentá-las*» etc. Bom, mas a função de apresentação da ficção, para a leitora de hoje, *foi* revertida: já que agora a aldeia global inteira é apresentada como algo familiar, eletronicamente imediata — satélites, micro-ondas, intrépidos antropólogos de TV Educativa, o coro zulu do Paul Simon —, é quase como se a gente precisasse dos ficcionistas para restaurar a inelutável *estranheza* das coisas, para desfamiliarizar, como eu acho que você diria.

L.M.: David Lynch lidando com os subúrbios americanos. Ou Mark Leyner tratando da sua própria vida cotidiana —

D.F.W.: E Leyner é realmente bom nisso. Para a nossa geração, o mundo inteiro parece se apresentar como algo «familiar», mas como isso obviamente é uma ilusão em termos de qualquer coisa que seja importante de verdade sobre as pessoas, talvez a função de qualquer ficção «realista» seja o contrário do que era — não mais tornar familiar o desconhecido, mas tornar o familiar *estranho* novamente. Parece ser importante encontrar formas de nos fazer lembrar que quase toda «familiaridade» é mediada e enganosa.

UMA ENTREVISTA EXPANDIDA COM DAVID FOSTER WALLACE 95

L.M.: O que você está descrevendo me parece basicamente diferente das motivações subjacentes, digamos, aos deslocamentos temporais que você pode encontrar em Faulkner ou em Joyce.

D.F.W.: Faulkner e Joyce estavam tentando de alguma maneira ser miméticos, e fazer isso significava que eles tinham que criar esses deslocamentos. A ideia deles era, bom, a *experiência* é imensamente mais deslocada e fragmentária, embaralhada, bagunçada, pode escolher o termo, do que a maioria das pessoas pensa — certamente mais do que os romancistas normalmente insinuam — e portanto eles vão te *mostrar* isso. Mas eu diria que uma parte bem grande do que estou tentando fazer no que escrevo — e não sei se isso é bom ou ruim — é o meu desejo de fazer alguma coisa bonita. E para mim boa parte do que é bonito na arte escrita tem a ver com som e andamento — é por isso que leio bem mais poesia do que ficção. Eu me interesso muitíssimo por ritmos — não só ritmos de sentença, mas ritmos narrativos que decorrem de certas repetições, ou de quando você para e retorna. Eu sei que eu não sou nada sutil nisso de repetir coisas em certos textos.

L.M.: Você tentou escrever poesia?

D.F.W.: Escrevi poemas em prosa e textos curtos que provavelmente estão próximos da poesia, mas nada ali deu muito certo e não me sinto muito inclinado a fazer poesia. Para ser sincero com você, acho que não tenho talento suficiente para ser poeta. Você precisa ter uma cabeça tão lúcida para ser poeta, uma capacidade de comprimir e destilar, de tornar concreto o que é abstrato. Eu no máximo consigo tornar concreto o que é concreto. Quando estou escrevendo alguma coisa e me perco nas minhas ideias e nos meus humores, eu viajo. Eu copio bastante poesia, se bem que muitas vezes faço isso de um jeito que não é óbvio. Esse é um dos motivos de ser um pesadelo tão grande para mim a coisa toda de lidar com os preparadores de originais; eles fazem umas mudanças e umas sugestões e eu lá manter manter manter manter manter porque muitas vezes eu estou tentando fazer com pontuação o que os poetas tentam fazer com as quebras de verso. Uma das minhas poucas qualidades como escritor é que eu acho que eu tenho um ouvido bom para ritmos e para fala, e ritmos de fala. Eu não consigo descrever tão bem quanto alguém como Updike — eu simplesmente não *enxergo* tão bem, com tanta precisão e tanta definição — mas ouço bem, e isso eu posso transmitir.

L.M.: «Pós-modernismo» normalmente implica «uma integração da cultura pop e da cultura 'séria'». Mas muito da cultura pop presente na obra dos escritores jovens que eu mais admiro hoje — você, Leyner, Gibson, Vollmann, Eurudice, Daitch et al. — parece ser introduzida menos para integrar as culturas alta e baixa, ou valorizar a cultura pop, do que para colocar essas coisas num novo contexto para que nós possamos nos *liberar* delas. Não era isso, por exemplo, um pouco o que você estava fazendo com *Jeopardy* em «Little Expressionless Animals?»

D.F.W.: Um dos novos contextos é pegar algo que seja quase narcótico de tão banal — é difícil pensar em alguma coisa mais banal que um *game show* americano; a bem da verdade a banalidade é um dos grandes ganchos da televisão, como o ensaio sobre televisão defende — e tentar reconfigurar aquilo de uma maneira que revele o tenso, estranho e complexo conjunto de interações humanas que é aquele produto final tão banal. A forma embaralhada, de cortes bruscos, que acabei empregando na novela era provavelmente na cara e atabalhoada demais, mas a forma estalou para mim de um jeito que não tinha estalado quando eu escrevi o texto num estilo normal.

UMA ENTREVISTA EXPANDIDA COM DAVID FOSTER WALLACE

L.M.: Boa parte dos seus textos (inclusive *Broom*) trata dessa dissolução das fronteiras entre realidade e «jogos», ou de situações em que as personagens que participam do jogo começam a confundir a estrutura do jogo com a da realidade. De novo, acho que isso está visível em «Little Expressionless Animals», onde o mundo real fora do programa de televisão está interagindo com o que se passa dentro dele — as fronteiras entre interior e exterior foram borradas.

D.F.W.: E, além disso, na novela o que está acontecendo no programa tem repercussões na vida de todo mundo que não está nele. A valência é sempre distributiva. É interessante o fato de que quase sempre a arte séria, até as coisas de vanguarda que trabalham mais alinhadas com a teoria literária, ainda se recusa a reconhecer isso, enquanto a *ciência* séria almoça e janta com a ideia de que a separação entre sujeito/observador e objeto/experimento é impossível. Já ficou provado que observar um fenômeno quântico altera o fenômeno. A ficção tende a ignorar as implicações desse fato. Nós ainda pensamos em termos de ver a história «alterando» as emoções dos leitores, suas maquinações mentais, talvez até quem sabe sua vida. Mas a gente não gosta muito da ideia de ver a história dividindo sua valência com a leitora. Mas a vida da leitora «fora» da história altera a história. Você pode defender que altera apenas «sua reação à história», ou «sua leitura da história». Mas essas coisas *são* a história. Foi assim que o pós-estruturalismo de Barthes e Derrida mais me ajudou como autor de ficção: quando dei uma coisa por concluída, eu basicamente morri, e provavelmente o texto morreu; ele se torna apenas linguagem, e a linguagem não vive apenas na, mas sim *através da* leitora. Os leitores se tornam Deus, no que se refere ao texto. Eu estou vendo os seus olhos embaçarem, então eu vou encerrar.

L.M.: Vamos retornar um momento para a sua ideia dos limites da metaficção: tanto nesse seu ensaio para a RCF quanto na novela

«Westward», de *Girl with Curious Hair*, você parece dizer que metaficção é um jogo que revela apenas a si próprio, ou que não pode compartilhar sua valência com algo que esteja fora dela — como o mundo cotidiano.

D.F.W.: Bom, mas a metaficção tem mais valor do que isso. Ela ajuda a revelar a ficção como experiência mediada. Fora que ela faz a gente lembrar que sempre existe um dado recursivo em cada enunciação. Isso foi importante porque a autoconsciência da linguagem sempre esteve lá, mas nem os escritores nem os críticos nem os leitores queriam ser lembrados disso. Mas nós acabamos vendo por que a recursividade é perigosa, e talvez por que todo mundo queria deixar a autoconsciência linguística de fora da brincadeira. A coisa fica vazia e solipsista rapidinho. Ela sai de controle. Lá pela metade dos anos setenta, acho eu, tudo que era útil no gênero já tinha sido esgotado, e os rodadores de manivela estavam em cena. Nos anos oitenta a coisa já era uma armadilha perniciosa. Em «Westward» eu caí uma vez na armadilha tentando expor as ilusões da metaficção exatamente como a metaficção tinha tentado expor as ilusões da ficção realista pretensamente não mediada que a antecedeu. Foi uma catástrofe. Aquilo ali é uma enxaqueca permanente.

L.M.: Por que a metaficção é uma armadilha? Não era isso que você estava fazendo em «Westward»?

D.F.W.: Pode crer. E de repente o único valor real de «Westward» talvez seja mostrar o tipo de espiral pretensiosa em que você cai se ficar se metendo com essas coisas de recursividade. A minha ideia em «Westward» era fazer com a metaficção o que a poesia de Moore ou *Libra*, de DeLillo, tinha feito com outros mitos mediados. Eu queria conseguir aquela explosão tipo Armagedom, o que sempre foi o objetivo da metaficção, queria acabar com aquilo, e aí do meio das ruínas reafirmar a ideia de que a arte é uma transação viva entre humanos, seja essa transação erótica, altruísta ou sádica. Jesus amado, só falar disso tudo já me dá vontade de vomitar. A *pretensão*. Aos vinte e cinco anos de idade você devia ficar trancafiado sem acesso a papel e tinta. Tudo que eu queria fazer apareceu no conto, mas apareceu exatamente como o que era: grosseiro, ingênuo e pretensioso.

L.M.: Claro que até *The Broom of the System* pode ser visto como metaficção, como um livro sobre linguagem e a relação entre palavras e a realidade.

D.F.W.: Pense em *The Broom of the System* como o sensível relato de um sensível rapaz WASP que acabou de passar por uma crise de meia-idade que o levou da frieza cerebral da matemática analítica a uma fria abordagem cerebral da ficção e da teoria literária Austin-Wittgenstein-Derrideana, o que também alterou seu pavor existencial de ser apenas uma calculadora a 37° para um medo de ser apenas um construto linguístico. Esse WASP escreveu muito humor puro simples, e adora piadas, então ele decide escrever uma biografia codificada que também é uma piadinha pós-estruturalista: aí aparece a Lenore, a personagem da história que morre de medo de ser apenas uma personagem numa história. E, bem escondido pela mudança de sexo, pelas piadas e alusões teóricas, pude escrever meu sensível Bildungsroman obcecado por mim mesmo. A maior risada que dei quando o livro saiu foi ao ver como as resenhas, detonando ou não o livro como um todo, de maneira unânime elogiavam o fato de que pelo menos era um romance de estreia que não era só mais um sensível Bildungsroman auto-obcecado.

L.M.: Você chegou a considerar a possibilidade de escrever um romance autobiográfico mais direto? Por que tanto trabalho para se esconder?

D.F.W.: Porque na época eu estava escondido desse jeito.

L.M.: Você me disse numa carta que achava que o texto que estava escrevendo agora era mais obviamente autobiográfico. Você poderia falar um pouco do que quer dizer com isso? Você quer dizer mais autobiográfico de alguma maneira semiliteral — no sentido de que você está retratando acontecimentos ou pessoas ou situações na sua nova obra que são baseados em contrapartes reais da sua vida? Ou você está falando de uma maneira mais geral — que está escrevendo mais perto das suas próprias emoções ou da sua personalidade em vez de projetar algum outro tipo de perspectiva? Eu queria saber como isso poderia se aplicar a algo como «Para sempre em cima», cujo impacto emocional me tocou mais do que os contos anteriores de *Girl with Curious Hair*. Será que «Para sempre» é um exemplo de como você está escrevendo mais diretamente a partir de materiais pessoais (ou «autobiográficos»)?

D.F.W.: O que foi que te tocou naquele conto?

L.M.: Havia algo muito convincente no terror daquele menino parado lá no trampolim, as pessoas olhando — algo muito atávico, como em Kafka. Surreal, mas nada abstrato.

D.F.W.: O incidente aconteceu comigo de verdade. Eu subi até o trampolim e mudei de ideia lá no alto, mas tinha um monte de gente atrás de mim, e o que é que eu ia fazer. Sempre achei que o conto deu errado, talvez porque essa lembrança, aquele momento de um medo imenso, é intensamente vergonhoso para mim. Falar

UMA ENTREVISTA EXPANDIDA COM DAVID FOSTER WALLACE 101

sobre isso como nós estamos fazendo agora é interessante, porque eu posso estar errado quando penso que é um conto que deu errado. Escrevi um ensaio para a Houghton Mifflin sobre o quanto odeio o conto; eu disse que era um conto sobre o dia em que subi no trampolim, um incidente embaraçoso e que envolveu passar vergonha em público, e dois tipos diferentes de terror. O problema que tenho com o conto é que quando eu estava escrevendo, a emoção que eu sentia de maneira mais aguda era a vergonha — vergonha de que essa vergonha passada ainda fosse vergonhosa pra mim, e de que um incidente tão pequeno pudesse ser tão sério. Então acabei vendo o conto como uma tentativa de pegar um incidente real e amplificar. Eu ia explorar a clássica ideia do beco sem saída, colocar o menino passando pela puberdade, cobrir o trampolim de pele para que ele se torne de maneira muito carregada um símbolo da iniciação à vida adulta. Bem-vindo à máquina, você tem que pular, esse tipo de coisa.

L.M.: Também me pareceu uma metáfora da sua própria literatura — você se ver exposto ali, com todo mundo esperando algo de você, esse beco sem saída...

D.F.W.: Nem... isso ia ser ter peninha de mim mesmo. É um conto esquisito, isso lá é. Eu rascunhei o conto na universidade e ele passou por umas vinte versões durante uns oito anos, que é o meu jeito normal de trabalhar. Isso é esquisito, sabe — eu quero reescrever esse ensaio para a Houghton Mifflin porque o que vejo é o seguinte: havia este incidente qualquer que originalmente tinha certo efeito emocional, mas que agora como adulto eu não conseguia encarar de verdade. Tenho vergonha do fato de que a vergonha ainda é tão importante para mim, então o que é que eu faço? Eu realizo certos lances literários padrão. Empilho um monte de metáforas, tento de tudo para deixar a prosa bonita, sentando o braço em cada frase. Entupo a coisa de construções de becos-sem-saída padrão, à la Hamlet. Faço toda essa coisa da iniciação-à-vida-adulta. Basicamente tento colocar tanta cobertura no bolo, tanto significado literário, que o que está *realmente* acontecendo, que é o engodo, fica enterrado. Como você reagiu dessa maneira, pode ser que exista algo plangente em como essa cobertura toda foi colocada, e que a vergonha ainda assim transpareça.

L.M.: Talvez a sua cobertura não tenha eliminado o gosto do bolo como você imagina? Essa sensação certamente estava transparente para mim.

D.F.W.: Se existe algum páthos no conto, pode ser que ele esteja fazendo muita força para tirar algo de um incidente que no fundo é tão comum, tão mundano. Quando eu estava escrevendo, eu tinha essa sensação de que ninguém jamais havia passado por aquilo; aí me ocorreu que quando você pensa na quantidade de piscinas que existem por aí... Enfim, então ficou esse conto que surge de uma pressuposição que é exatamente o inverso do que eu acho que um conto tem que fazer. Em vez de escrever um conto que de alguma maneira esteja tentando unir seres humanos às suas experiências — sabe, a minha vergonha é a sua vergonha é a nossa vergonha e assim nós nos redimimos, certo? —, eu acabei escrevendo um negócio que acabou sendo, essa é minha vergonha, e só minha, ninguém mais tem, o que é inerentemente repulsivo; então por mais que eu tenha que expor isso aqui, vou disfarçar para fazer isso ser tão gratificante para você, enquanto exercício literário, quanto eu puder. Mas parece que o que aconteceu foi que talvez eu não tenha conseguido disfarçar — mas que esse fracasso talvez tenha se tornado o seu sucesso. É provavelmente um bom exemplo de como e por que os autores são com tanta frequência estúpidos a respeito do seu próprio trabalho. Você não tem como evitar a falácia intencional a respeito do seu próprio trabalho. Em termos de «Para sempre em cima», eu sei, claro, que boa parte daquele conto é um esforço para ocultar, para distrair você daquele evento vergonhoso, e sabendo disso, suponho que o conto fracassa por ser no fundo uma evasão; mas, claro, a visão da leitora acaba sendo inteiramente diferente. E se for esse o caso, perguntar a um escritor o que ele pretende fazer, quais são as suas motivações e intenções quando ele escreve, parece na melhor das hipóteses algo como arrancar as asas de uma mosca. Acho que o que me dá esperança nessa nossa discussão é perceber que foi o meu fracasso na tentativa de esconder o que eu queria esconder que fez o conto funcionar. Jesus, mas que atividade mais horrorosa — e que jeitinho esquisito de atingir o sucesso. Eu sou um exibicionista que quer se esconder, mas não consegue; portanto, de alguma maneira eu dou certo.

L.M.: A obra de Wittgenstein, especialmente o *Tractatus*, permeia *The Broom of the System* de várias maneiras, tanto no conteúdo quanto em termos das metáforas que você emprega. Mas na fase final de sua carreira, Wittgenstein concluiu que a linguagem era incapaz de referência no sentido direto que ele tinha dito ser possível no *Tractatus*. Isso não significa que a linguagem seja um circuito fechado — não existe uma membrana permeável que permita que o que está dentro chegue do lado de fora? E se for esse o caso, então um jogo não é *apenas* um jogo? Ou o fato de ele ser um jogo de linguagem faz com que ele seja algo diferente?

D.F.W.: Existe uma espécie de queda trágica com que Wittgenstein está obcecado em todo o trajeto que leva do *Tractatus Logico-Philosophicus*, em 1922, até as *Investigações filosóficas*, nos seus anos finais. Uma queda trágica tipo livro-do-Gênesis mesmo. A perda de todo o mundo exterior. A teoria pictórica do significado, no *Tractatus*, supõe que a única relação possível entre a linguagem e o mundo é denotativa, referencial. Para que a linguagem possa ao mesmo tempo ter sentido e alguma conexão com a realidade, palavras como árvore e *casa* têm de ser como pequenas imagens, representações de árvores e casas reais. Mimese. Mas nada além disso. O que significa que agora nós podemos falar somente dessas pequenas imagens miméticas. O que nos separa, física e permanentemente, do mundo exterior. Se você aceita um cisma metafísico dessa ordem, só te restam duas opções. Uma é que a pessoa individual com a sua linguagem fique presa aqui, tendo o mundo ainda lá fora, e nunca os dois hão de se encontrar. O que, mesmo que você pense que as representações da linguagem são miméticas de verdade, é uma proposição pra lá de solitária. E não há garantias definitivas de que as representações sejam miméticas *de verdade*, o que significa que você está contemplando o solipsismo. Uma das coisas que para mim transformam Wittgenstein num verdadeiro artista é que ele percebeu que não pode haver conclusão mais terrível do que o solipsismo. Então ele explodiu tudo que tinha lhe conquistado elogios no *Tractatus* e escreveu as *Investigações*, que é o mais abrangente e mais lindo argumento contra o solipsismo que alguém já concebeu. Wittgenstein propõe que, para a linguagem sequer ser possível, ela sempre deverá ser uma função das relações entre pessoas (é por isso que ele passa tanto tempo contrariando a possibilidade de uma «língua privada»). Então ele torna a linguagem dependente da comunidade humana, mas infelizmente nós ainda não escapamos da ideia de que existe esse mundo de referentes lá fora a que nós nunca conseguimos chegar de verdade, nem conhecer, porque estamos presos aqui, na linguagem, ainda que estejamos juntos, pelo menos. Ah, sim, a outra opção original. A outra opção é expandir o sujeito linguístico. Expandir o eu.

L.M.: Como Norman Bombardini em *The Broom*.

D.F.W.: Isso, a piada do Norman é que ele tenta isso literalmente. Ele vai esquecer a dieta e comer até ficar de um «tamanho

UMA ENTREVISTA EXPANDIDA COM DAVID FOSTER WALLACE 105

infinito» e eliminar a solidão dessa maneira. Era esse o beco sem saída de Wittgenstein: você pode tratar a linguagem ou como um ponto denso e infinitamente pequeno, ou deixar que ela se torne o mundo — o exterior e tudo o que lá está. A primeira hipótese te expulsa do Jardim. A segunda parece mais promissora. Se o próprio mundo é um construto linguístico, não há nada «fora» da linguagem que a linguagem tenha que representar, ou a que ela precise se referir. Isso permite que você evite o solipsismo, mas te leva direto para o dilema pós-moderno e pós-estruturalista de ter que negar uma existência própria do seu eu, uma existência independente da linguagem. As pessoas em geral pensam que foi Heidegger que nos colocou nessa esparrela, mas quando eu estava trabalhando em *The Broom* eu via Wittgenstein como o verdadeiro arquiteto da armadilha pós--moderna. Ele morreu quando estava prestes a tratar explicitamente a realidade como algo linguístico em vez de ontológico. Isso eliminava o solipsismo, mas não o horror. Porque continuamos presos. A linha das *Investigações* é que o problema fundamental da linguagem é, entre aspas, que «eu não encontro o meu caminho». Se eu estivesse separado da linguagem, se pudesse de alguma maneira me desligar dela, subir numa escada e dar uma olhada de cima, entender o mapa, por assim dizer, eu poderia estudá-la «objetivamente», desmontar, desconstruir, conhecer suas operações, suas fronteiras e suas deficiências. Mas as coisas não são assim. Eu estou *dentro* dela. Nós estamos *dentro* da linguagem. Wittgenstein não é Heidegger, não é que a linguagem *seja* nós, mas nós ainda estamos *dentro* dela, inelutavelmente, exatamente como estamos no espaço-tempo de Kant. As conclusões de Wittgenstein me parecem completamente sólidas, sempre pareceram. E se tem uma única coisa que não para de me azucrinar, em termos de literatura, é que não sinto de verdade que eu *consiga* encontrar o meu caminho dentro da linguagem — parece que nunca consigo chegar ao tipo de clareza e de concisão que desejo.

L.M.: Ray Carver é o nome que ocorre imediatamente no que se refere à compressão e clareza, e ele é obviamente alguém que acabou tendo uma influência gigantesca na sua geração.

D.F.W.: O minimalismo é simplesmente o outro lado da recursividade metaficcional. O problema básico ainda é o da consciência narrativa mediadora. Tanto o minimalismo quanto a metaficção tentam resolver o problema de maneiras radicais. Opostas, mas tão radicais que acabam vazias. A metaficção recursiva idolatra a consciência narrativa, faz com que *ela* seja o tema do texto. O minimalismo é ainda pior, mais vazio, porque é uma fraude: ele evita não apenas a autorreferência, mas qualquer personalidade narrativa, tenta fingir que não *existe* uma consciência narrativa no seu texto. Isso é americano pra caralho, meu irmão: ou transforme uma coisa no seu Deus e no seu cosmos e se torne um idólatra, ou assassine aquilo.

L.M.: Mas Carver fez isso mesmo? Eu diria que sua voz narrativa está quase sempre *lá*, de maneira insistente, como a de Hemingway já estava. Você nunca consegue esquecer.

D.F.W.: Eu estava falando dos minimalistas, não de Carver. Carver era um artista, não um minimalista. Ainda que ele em teoria seja o inventor do minimalismo americano moderno. «Escolas» literárias são para os manivelas. O fundador de um movimento nunca faz parte do movimento. Carver usa todas as técnicas e os antiestilos que os críticos chamam de «minimalistas», mas o caso dele é como o de Joyce, ou Nabokov, ou das primeiras obras de Barth e Coover — ele está usando a inovação formal a serviço de uma visão original. Carver inventou — ou ressuscitou, se você quiser mencionar Hemingway — as técnicas do minimalismo, a serviço da ideia de representar um mundo que ele via, e que ninguém tinha visto.

UMA ENTREVISTA EXPANDIDA COM DAVID FOSTER WALLACE   107

É um mundo duro, exaurido, vazio e cheio de gente muda, derrotada, mas as técnicas minimalistas que Carver empregou eram perfeitas para ele; elas criavam esse mundo. E o minimalismo para Carver não era um programa estético rígido que ele obedecia cegamente. O compromisso de Carver era com seus contos, com cada um deles. E quando o minimalismo não cabia, ele o mandava pro espaço. Se ele percebia que um conto ganharia mais com a expansão, e não com a ablação, ele expandia como fez com «The Bath», que depois transformou num conto imensamente superior. Ele simplesmente caçava o estalo. Mas em algum momento o seu estilo «minimalista» virou moda. Um movimento nasceu, foi proclamado, promulgado pelos críticos. E lá vêm os rodadores de manivela. O que é particularmente perigoso nas técnicas de Carver é que elas parecem tão fáceis de imitar. Não parece que cada palavra, cada linha e cada revisão custou sangue. Isso faz parte do gênio dele. Parece que você pode escrever um conto minimalista sem sangrar muito. E até pode. Mas não um conto bom.

L.M.: Por vários motivos, os pós-modernos dos anos sessenta foram muito influenciados por outras formas de arte — a televisão, por exemplo, o cinema ou a pintura —, mas especialmente suas noções de forma e de estrutura foram muitas vezes influenciadas pelo jazz. Você acha que a sua geração de escritores teve uma influência equivalente à do rock? Por exemplo, você e Mark Costello escreveram juntos o primeiro livro a respeito de rap (*Signifying Rappers*); você diria que o seu interesse pelo rap tem alguma coisa a ver com a sua elaboração literária pessoal? Eu vejo uma forma de relacionar a sua literatura com as características «pós-modernas» do rap, sua abordagem da estrutura e de questões sociais. Samples. Recontextualização.

D.F.W.: Meio que a única determinação que a música tem no que escrevo é em termos de ritmo; às vezes eu associo a voz de certos narradores e personagens com certas músicas. Normalmente acho o rock chato. Mas o fenômeno do rock me interessa, porque seu nascimento foi parte do surgimento da mídia de massas popular, que alterou completamente os eixos de unificação e de divisão dos Estados Unidos. A mídia de massa unificou o país geograficamente, meio que pela primeira vez. O rock ajudou a alterar as divisões fundamentais dos Estados Unidos, que de geográficas passaram a ser geracionais. Pouquíssimas das pessoas com quem eu converso compreendem quais foram as reais consequências do «abismo geracional». Os jovens adoravam rock em parte porque os seus pais não adoravam, e vice-versa. Numa nação mediada em massa, não é mais Norte contra Sul. É abaixo dos trinta *versus* acima dos trinta. Eu não acho que seja possível entender os anos sessenta e o Vietnã e as manifestações pacíficas e o LSD e toda essa era de rebelião parricida que ajudou a inspirar aquela atitude «Nós-vamos-detonar-essa-sua-imagem--plastificada-branca-e-republicana-da-vida-nos-Estados-Unidos» da primeira ficção pós-moderna sem entender o rock'n' roll. Porque o rock simbolizava e ainda simboliza a liberação, passar dos limites, e os limites normalmente são impostos por pais, ancestrais, autoridades mais velhas.

L.M.: Mas até aqui não houve muitos outros que escreveram coisas interessantes sobre rock — Richard Meltzer, Peter Guralnick...

D.F.W.: Tem mais gente. Lester Bangs. Todd Gitlin, que também escreve uns textos excelentes sobre televisão. A coisa que interessava especialmente a mim e ao Mark no rap era o tom safado que ele dá a toda a questão histórica tipo nós-contra-eles do pop pós-moderno. Enfim, o que o rock'n' roll fez pelos jovens multicoloridos lá nos anos cinquenta e sessenta parece que o rap está fazendo

UMA ENTREVISTA EXPANDIDA COM DAVID FOSTER WALLACE

pela comunidade negra urbana e jovem. É mais uma tentativa de se libertar dos precedentes e das limitações. Mas há contradições no rap que parecem demonstrar de maneira perversa, numa era em que a própria rebeldia é uma mercadoria usada para vender outras mercadorias, que toda a ideia de se revoltar contra a cultura branca empresarial é não apenas impossível, mas incoerente. Hoje você tem rappers negros que constroem a sua reputação falando de Matar os Manés Brancos Empresariais, e aí são imediatamente contratados por gravadoras de brancos, e não só não sentem vergonha por «se vender» mas ainda lançam discos de platina falando não apenas de Matar os Manés Brancos mas também de como os rappers agora estão ricos depois de assinar o seu contrato com a gravadora! É uma música que odeia os valores brancos e republicanos dos anos oitenta de Reagan e ao mesmo tempo decanta um materialismo de ouro-e--BMWs que faz o Regan parecer puritano pra cacete. Artistas negros violentamente racistas e antissemitas sendo cooptados por selos de brancos, e muitas vezes de judeus, e celebrando esse fato em sua arte. As tensões são deliciosas. Consigo sentir a salivação só de pensar no assunto.

L.M.: É outro exemplo do dilema que hoje se coloca para os pretensos artistas de vanguarda — a apropriação (e logo a «domesticação») da rebelião pelo sistema, de que gente como Jameson vem falando.

D.F.W.: Eu não sei grandes coisas sobre Jameson. Para mim o rap é o destilado definitivo dos anos oitenta nos Estados Unidos, mas se você der um passo atrás e pensar não só na política do rap, como também no entusiasmo dos brancos por ele, as coisas ficam feias. A resposta consciente que o rap oferece para a pobreza e para a opressão dos negros dos Estados Unidos parece uma paródia hedionda do orgulho negro dos anos sessenta. Parece que nós estamos numa era em que a opressão e a exploração não unem mais as pessoas nem solidificam lealdades para ajudar todo mundo a ultrapassar suas preocupações individuais. Agora a reação do rap é mais tipo «Vocês sempre exploraram a gente pra enriquecer, então a gente mesmo agora vai se explorar pra ficar rico, caralho.» A ironia, a autopiedade, o desprezo por si próprio passam a ser coisas conscientes, celebradas. Isso tem a ver com aquilo que a gente ia dizendo sobre a leitura de «Westward» e da recursividade pós-moderna. Se eu tenho um inimigo de verdade, um patriarca para o meu parricídio, provavelmente ele é Barth, Coover e Burroughs, até Nabokov e Pynchon. Porque, mesmo que a autoconsciência, a ironia e a anarquia deles estivessem a serviço de objetivos preciosos, mesmo que fossem indispensáveis para aqueles tempos, a absorção estética de tudo isso pela cultura comercial americana teve consequências pavorosas para os escritores e para todo mundo. O ensaio sobre televisão no fundo trata de como a ironia pós-moderna se tornou venenosa. Dá para ver no David Letterman e no Garry Shandling e no rap. Mas também dá para ver no porra do Rush Limbaugh, que bem pode ser o Anticristo. Dá para ver em T. C. Boyle e Bill Vollmann e Lorrie Moore. É basicamente a única coisa que se pode ver no seu amiguinho Mark Leyner. Leyner e Limbaugh são as torres gêmeas dos anos noventa no que se refere à ironia pós-moderna, cinismo chique, um ódio que dá piscadelas e cutuca com o cotovelo, fingindo que é só de brincadeira.

A ironia e o cinismo eram exatamente o que a hipocrisia americana dos anos cinquenta e sessenta requeria. Foi isso que fez os primeiros pós-modernistas serem grandes artistas. O grande barato da ironia é que ela racha as coisas, vai mais alto que elas para que a gente possa enxergar os defeitos, as hipocrisias e as duplicidades. Os virtuosos sempre triunfam? Ward Cleaver é o protótipico pai dos anos cinquenta? *Ah tá.* Sarcasmo, paródia, absurdismo e ironia são maneiras geniais de arrancar a máscara das coisas e mostrar a realidade desagradável que está por trás. O problema é, depois que as regras da arte são desmitificadas, e depois que as realidades desagradáveis que a ironia diagnostica foram reveladas e diagnosticadas, *aí*, o que é que a gente faz? A ironia é útil para destruir ilusões, mas em geral a destruição de ilusões nos Estados Unidos já foi realizada e repetida. Quando todo mundo sabe que as oportunidades iguais para todos são um mito e que Mike Brady é um engodo e Diga Não às Drogas é um engodo, o que é que a gente faz? Parece que tudo que a gente quer é continuar ridicularizando essas coisas. A ironia e o cinismo pós-modernos tornaram-se fins em si mesmos, uma régua da sofisticação descolada e do quanto você é antenado literariamente. Poucos artistas ousam tentar falar de maneiras de se trabalhar em busca da redenção do que está errado, porque eles iam parecer sentimentais e ingênuos diante de todos os ironistas descolados. A ironia passou de libertadora a escravizadora. Existe um ensaio genial que diz que a ironia é o canto do prisioneiro que passou a amar a jaula.

L.M.: Humbert, o gorila tarado, pintando com tanta elegância as barras de sua própria jaula. Na verdade, o exemplo de Nabokov levanta o problema de se saber se o cinismo e a ironia são de fato um dado adquirido. Em *Fogo pálido* e *Lolita*, há uma ironia a respeito dessas estruturas e invenções e assim por diante, mas essa reação é profundamente humanista, em vez de ser meramente irônica. Isso parece verdade para Barthelme, por exemplo, ou Stanley Elkin, Barth. Ou Robert Coover. O outro aspecto tem a ver com a representação dos próprios autores e de sua consciência. A beleza e o esplendor da capacidade artística humana não são meramente irônicos.

D.F.W.: Mas você está falando do estalo, que é algo que não pode ser simplesmente legado dos nossos ancestrais pós-modernos aos seus descendentes. Não há dúvida de que alguns dos primeiros pós-modernos, ironistas, anarquistas e absurdistas criaram obras magníficas, mas você não pode passar o estalo de uma geração para a outra como se fosse um bastão. O estalo é idiossincrático, pessoal. A única coisa que um escritor pode herdar de um ancestral artístico é um certo conjunto de valores e de crenças estéticas, e talvez um conjunto de técnicas formais que podem — e apenas podem — ajudar o escritor a caçar o seu próprio estalo. O problema é que, por mais desentendido que tenha sido, o que foi transmitido desde o apogeu do pós-modernismo foi sarcasmo, cinismo, um tédio maníaco, a dúvida quanto a toda e qualquer autoridade, a suspeita quanto a toda e qualquer limitação de possibilidades, e uma terrível inclinação para o diagnóstico irônico do que é desagradável em vez de uma ambição de não apenas diagnosticar e ridicularizar, mas de redimir. Você tem de entender que isso permeou a cultura toda. Isso se tornou a nossa linguagem; a gente está tão afundado nisso que nem enxerga mais que se trata apenas de uma perspectiva, entre muitas outras. A ironia pós-moderna se tornou o nosso ambiente.

L.M.: A cultura de massa é outra parte muito «real» desse ambiente — o rock ou a televisão ou os esportes, programas de entrevistas, game shows, seja lá o que for; é o meio em que você e eu vivemos, quer dizer, é o mundo...

D.F.W.: Eu nunca entendo quando os críticos tratam referências à cultura popular na ficção mais séria como alguma espécie de estratagema de vanguarda. Em termos do mundo em que eu vivo e sobre o qual tento escrever, é inescapável. Evitar se referir ao domínio do pop significaria ou ser retrógado quanto ao que é «permitido» na arte séria ou escrever sobre algum outro mundo.

L.M.: Você mencionou que escrever certos trechos de *The Broom of the System* foi como uma atividade recreativa para você —

UMA ENTREVISTA EXPANDIDA COM DAVID FOSTER WALLACE   **113**

um alívio em comparação com a filosofia técnica. Você ainda consegue entrar nesse registro «recreativo» de escrita hoje? Ainda é uma «brincadeira» para você?

D.F.W.: Não é mais uma brincadeira em termos de risadas, piadinhas e alegrias sem fim. As partes de *The Broom* que provinham dessa noção de brincadeira acabaram sendo bem esquecíveis, na minha opinião. E isso não sustenta a coisa por muito tempo. E eu descobri que a disciplina mais complicadinha na hora de escrever é tentar brincar sem se deixar dominar pela insegurança, pela vaidade ou pelo ego. Mostrar à leitora que você é esperto ou engraçado ou talentoso ou sei lá o quê, tentar ganhar estima, sem contar as questões de integridade, isso tudo não tem calorias motivacionais que te sustentem a longo prazo. Você precisa se disciplinar para dar voz à sua parte que ama aquilo, que ama o que você está escrevendo. Talvez a parte que ama, ponto. (Acho que precisamos de instrumentos de sopro aqui, L.M.) Mas, sentimentaloide ou não, é verdade. Esses últimos anos foram bem áridos para mim, em termos de trabalho decente, mas acho que a única forma de progresso que senti foi que fiquei convencido de que há algo meio atemporalmente vital e sagrado na boa prosa. Isso não tem muito a ver com talento, nem mesmo com um talento resplendente como o de Leyner ou sério como o de Daitch. O talento é apenas um instrumento. É como ter uma caneta que funciona em vez de uma que não funciona. Eu não estou dizendo que sou capaz de trabalhar de maneira consistente a partir dessa premissa, mas me parece que a grande distinção entre a boa arte e a arte mais ou menos está em algum ponto do coração do objetivo da arte, os objetivos da consciência que subjaz ao texto. Tem algo a ver com amor. Com ter a disciplina de falar a partir da parte do seu eu que pode amar em vez da parte que simplesmente quer ser amada. Eu sei que isso não parece muito descolado. Não sei. Mas me parece uma das coisas que os grandes prosadores de verdade fazem — de Carver a Tchékhov e Flannery O'Connor, ou o Tolstói de *A morte de Ivan Ilitch* ou o Pynchon de *O arco-íris da gravidade* — é *dar* alguma coisa ao leitor. A leitora sai da arte de verdade mais pesada do que quando chegou. Mais plena. Toda a atenção e o envolvimento e o trabalho que você precisa conseguir da leitora não pode ser em seu próprio nome; tem que ser por ela. O que é venenoso no ambiente cultural de hoje é que ele torna essa tarefa tão assustadora. Os trabalhos bons de verdade provavelmente surgem de uma disposição para você se expor, se abrir de maneiras espirituais e emocionais que fazem você correr o risco de parecer banal ou melodramático ou ingênuo ou antiquado ou meloso, e pedir que a leitora realmente sinta alguma coisa. Estar disposto a como que morrer para tocar a leitora, de alguma maneira. Agora mesmo eu já estou com medo do quanto isso vai parecer meloso impresso, dizer essas coisas todas. E o esforço de fazer isso de verdade, não só falar a respeito, exige uma espécie de coragem que não sei se eu já tenho. Eu não vejo esse tipo de coragem em Mark Leyner ou em Emily Prager ou em Bret Ellis. Às vezes eu vejo relances disso em Vollmann e Daitch, Nicholson Baker e Amy Homes e Jon Franzen. É esquisito — tem alguma coisa a ver com qualidade, mas não tanto assim com o mero talento para escrever. Tem a ver com o estalo. Eu antes achava que o estalo vinha de «Santa Madre, olha que aqui eu fiz um negócio bom.» Agora me parece mais que o estalo de verdade é uma coisa mais «Olha uma coisa boa aqui, e de um lado eu não tenho tanta importância, e de outro o leitor individual talvez não tenha tanta importância, mas a coisa é boa porque aqui existe um valor que tanto eu quanto o leitor podemos extrair». De repente é simplesmente uma questão de tentar deixar o texto mais generoso e menos centrado no ego.

L.M.: Gêneros musicais como o blues ou o jazz, e mesmo o rock, parecem ter suas idas e vindas em termos de experimentalismo,

UMA ENTREVISTA EXPANDIDA COM DAVID FOSTER WALLACE   115

mas no fim todos eles têm de retornar aos elementos básicos que os definem como gêneros, mesmo que eles sejam muito simples (como no caso do blues). A trajetória da carreira de Bruce Springsteen parece ser um bom exemplo. O que interessa aos fãs de um dado gênero é que eles conhecem de verdade as fórmulas e os elementos, então podem reagir aos metajogos e intertextualidades constantes, embutidos, que acontecem em todos os gêneros. De certa maneira as reações são esteticamente sofisticadas na medida em que o que lhes interessa são as infinitas variações-sobre-um-mesmo-tema. Quer dizer, se não fosse por isso, como seria possível ler um milhão dessas coisas (os verdadeiros fãs da literatura de gênero não são pessoas necessariamente estúpidas)? A minha questão é que as pessoas que realmente pensam nas questões formais — os escritores e leitores sérios de ficção — não querem ver todas as formas *rompidas*, eles querem uma variação que permita que a essência emerja de maneiras novas. Os fãs de blues podiam amar Hendrix porque ele ainda estava tocando blues. Acho que você está vendo um respeito maior pelas regras e limites da ficção entre os escritores pós-modernos de todas as gerações. É quase um alívio perceber que todos os bebês *não* foram jogados com a água do banho lá nos anos sessenta.

D.F.W.: Você provavelmente tem razão quanto a isso de respeitar os limites. O movimento dos anos sessenta, rumo ao verso livre radical na poesia e, na ficção, rumo a formas recursivas radicalmente experimentais — o legado que ele deixou para a minha geração de futuros artistas é no mínimo um incentivo para se perguntar com muita seriedade qual deveria ser a verdadeira relação da arte com a ideia de limites. Já vimos que é possível quebrar qualquer regra, quebrar todas as regras sem virar motivo de chacota, mas nós também vimos a toxicidade que a anarquia pela anarquia pode gerar. Muitas vezes é útil abrir mão de fórmulas padrão, claro, mas em muitas outras vezes é valioso e corajoso ver o que se pode fazer dentro de um determinado conjunto de regras — é por isso que a poesia formal me interessa muito mais do que o verso livre. Talvez a nossa pedra de toque agora devesse ser G. M. Hopkins, que criou seu *próprio* conjunto de constrições formais e aí pirou o cabeção de todo mundo a partir dessa posição. Tem alguma coisa na brincadeira livre dentro de uma estrutura organizada e disciplinada que ressoa com os leitores. E tem alguma coisa na fantasia e no fluxo completos que é mortal.

L.M.: Desconfio que é por isso que tantos membros da geração mais antiga do pós-modernismo — Federman, Sukenick, Steve Katz e outros (talvez até Pynchon caiba aqui) — recentemente escreveram livros que se baseiam em formas mais tradicionais. É por isso que parece importante neste momento que a sua geração retorne às formas tradicionais e reexamine e retrabalhe aquelas estruturas e aquelas fórmulas. Isso já está acontecendo com alguns dos melhores escritores jovens do Japão. Você reconhece que se simplesmente dissesse «Foda-se, vamos jogar tudo fora!» não fica nada na banheira que faça o esforço ter valido a pena.

D.F.W.: Para mim, esses últimos anos da era pós-moderna pareceram mais ou menos como aquela situação em que você está no ensino médio e os seus pais vão viajar e você dá uma festa. Por um tempo aquilo é genial, é livre e é libertador, a autoridade parental se foi, está derrubada, um festim dionisíaco do tipo o-gato-foi-embora-vamos-brincar. Mas aí o tempo passa, e a festa vai ficando cada vez mais ruidosa, e as drogas acabam, e ninguém mais tem dinheiro para comprar drogas, e coisas foram quebradas e derramadas, e tem uma queimadura de cigarro no sofá, e você é o anfitrião, e aquela casa também é sua, e você gradualmente começa a desejar que os seus pais voltem e restaurem um pouco de ordem na porra da sua casa. Não é uma analogia perfeita, mas a sensação que a minha geração de escritores e intelectuais ou sei lá o quê anda me dando é de que

UMA ENTREVISTA EXPANDIDA COM DAVID FOSTER WALLACE 117

são três da manhã e o sofá está com vários buracos de queimadura e alguém vomitou no porta-guarda-chuvas e nós estamos querendo que a festa acabe. O trabalho parricida dos fundadores do pós-modernismo foi maravilhoso, mas o parricídio produz órfãos, e não há festim que compense o fato de que os escritores da minha idade foram órfãos literários durante os nossos anos formativos. Nós estamos meio que desejando que uns pais apareçam de novo. E claro que a gente não fica muito à vontade com esse desejo — quer dizer, o que é que a gente tem na cabeça? Somos assim tão covardes? Será que tem alguma coisa na autoridade e nos limites que nos seja realmente *necessária*? E aí vem o sentimento que nos deixa ainda menos à vontade, na medida em que vamos gradualmente percebendo que na verdade os pais nunca mais vão voltar — o que significa que *nós* teremos de ser esses pais.

A PRÓXIMA GRANDE FIGURA:
SERÁ QUE UM AUTOR DE UMA CIDADE PEQUENA DÁ CONTA DO IMPACTO CAUSADO POR SEU ROMANCE DE 1.079 PÁGINAS?

Mark Caro, 1996

Do *Chicago Tribune*, 23 de fevereiro de 1996.
Reimpresso com autorização do Chicago Tribune;
© Chicago Tribune; todos os direitos reservados.

O novo romance de David Foster Wallace, *Graça infinita*, pesa cerca de dois quilos e chega a 1.079 páginas, sendo que quase cem são de notas, numa letrinha microscópica.

Não é o tipo de livro, em outras palavras, que você arrisca encontrar na praia, a não ser que seja um dia de vento muito forte e um par de sandálias mais uma sacola de algodão se revelem insuficientes para ancorar a toalha.

E no entanto o romance se tornou aquilo que os antenados gostam de chamar de sensação literária deste princípio de ano. Chamou atenção por toda a mídia impressa da nação — *Time, Newsweek, Spin, Esquire, Elle, GQ*... — e as resenhas foram do tipo que os autores compõem mentalmente como exercícios de realização de fantasias.

Na revista *Details*, David Streitfeld: «*Graça infinita* é maior, mais ambicioso e melhor do que tudo que se tem publicado nos Estados Unidos de hoje».

Na *New York Magazine*, Walter Kirn: «Os prêmios literários do ano que vem foram decididos. As placas de bronze já podem ser depositadas em juízo. Com *Graça infinita*, de David Foster Wallace [...], a concorrência foi obliterada. É como se Paul Bunyan tivesse entrado para a NFL ou como se Wittgenstein estivesse inscrito em *Jeopardy!* O romance é um colosso que vai mudar tudo. Tão espetacularmente bom ele é».

Wallace — sentado em seu espartano escritório de três-paredes--e-uma-porta na Illinois State University, onde leciona literatura de língua inglesa e escrita criativa — disse na sexta-feira passada que não tinha lido a resenha da *New York Magazine* (reação imediata: «Uau») e várias das outras. Ele escolhe olhar desconfiado para as figurativas luzes dos holofotes.

«Parte de mim fica extremamente satisfeita e recompensada, e parte de mim suspeita de uma armadilha — suspeita que de alguma maneira houve muita empolgação, mas que ninguém leu de verdade o romance e que as pessoas vão descobrir que aquilo ali na verdade é bem complicado», disse o romancista, que completou 34 anos na quarta-feira. «Aí essa baderna toda vai decorrer de uma desleitura.»

Mesmo assim, Wallace preparava-se relutantemente para ingressar no mecanismo. No domingo ele saiu de sua casa térrea em Bloomington, deixando seus dois cães pretos, cruzas de labrador, para embarcar em uma turnê de publicidade de duas semanas, de costa a costa.

Ele vai ler trechos de *Graça infinita* (incluindo uma leitura na próxima quinta, às 19h, na Barbara's Bookstore, 3130 N. Broadway) e participar de entrevistas onde espera — quixotescamente — desviar os holofotes de sua figura.

Seu constrangimento angustiado com a viagem se reflete num aviso preso à porta do seu escritório: «D. F. Wallace não está na cidade, numa licença meio emergencial autorizada por motivos pessoais e esquisitos, entre 17/2/96 e 3/3/96, depois, entre 5/3/96 e 10/3/96».

Dividindo os holofotes

Seu grande amigo Jonathan Franzen, radicado em Nova York e autor de *The Twenty-Seventh City* e *Strong Motion*, disse que entende bem a tensão inerente à promoção de *Graça infinita*. Franzen, que se refere ao livro como uma análise da «cultura do entretenimento passivo», comentou que «a ideia de que esse livro receba toda essa atenção devido à personalidade do Dave tem múltiplas ironias.»

«Eu mesmo enxergo a ironia», concordou Wallace.

(O autor, aliás, estava usando uma bandana amarela na cabeça e uma camiseta branca, e fazia conviver a política anticigarros da universidade com seu vício em nicotina graças a um naco de tabaco guardado atrás do lábio inferior, que o fazia se inclinar ocasionalmente atrás da mesa para cuspir a saliva do tabaco num cesto de lixo.)

«Para mim o mais bacana de todos os mundos possíveis seria aquele em que um pouquinho dessa atenção toda pudesse meio que se espalhar um tanto, porque tem muita coisa boa, e bem séria, aparecendo todo ano, coisas que por um ou outro motivo não chamam a atenção do grande monstro», disse ele, citando outros escritores semijovens como Franzen, Richard Powers, William T. Vollmann, A. M. Homes, Jeffrey Eugenides e George Saunders.

Escrito em três anos, durante os quais Wallace morou em Syracuse, Nova York, e Bloomington (ele começou a trabalhar na ISU no outono de 1993), *Graça infinita*, em sua concepção grandiosa, executada de maneira atordoante, é uma visão negra e cômica de um futuro não-tão-distante nos Estados Unidos.

Os Estados Unidos, depois de ter transformado uma bela fatia da Nova Inglaterra num lixão tóxico que foi cedido ao Canadá, evoluiu para a Organização das Nações da América do Norte (ONAN, com todas as implicações lascivas devidamente intencionais). A ação pula amarelinha entre vários anos pós-milenares que são patrocinados por empresas e identificados não por números, mas por rótulos como Ano da Fralda Geriátrica Depend, Ano do Emplastro Medicinal Tucks e Ano dos Laticínios do Coração da América.

A trama não aceita um resumo claro que te permita fingir, numa festa, que leu o livro. Digamos apenas que o livro abre bem suas portas para um fenômeno tenístico colegial fumador de maconha que é leitor compulsivo do dicionário Oxford (características que também são de Wallace), programas para tratamento de abuso de drogas e o ex-ladrão e ex-junkie que dirige uma casa de recuperação, informação farmacêutica suficiente para ocupar a mesa de um médico, atividades terroristas de ativistas quebequenses e sua arma secreta: um filme (num cartucho) que tem o mesmo título do romance e é tão interessante que ou mata ou lobotomiza seus espectadores.

O humor abrangente do romance vai do sutil ao obscuro e ao pastelão declarado: a carta em que um pedreiro solicita o pagamento de seu seguro por causa de um acidente que envolve um balde de tijolos e uma roldana é um baixíssimo ponto alto. E no entanto a alienação, a solidão, a obsessão por guardar segredos, o vício e o desespero estão no ar como nuvens escuras num dia de inverno sem vento.

Wallace disse que, quando começou a escrever *Graça infinita*, não tinha percebido o quanto seu escopo seria grande. «Eu queria fazer um livro que fosse triste», disse ele. «Na verdade, era a única ideia que estava na minha cabeça.»

Sua visão da vida

O tom melancólico do romance nasceu de observações que Wallace ia fazendo ao olhar para fora e para dentro. «Eu fui achando que havia algo meio triste no país... que num momento em que a nossa vida é mais confortável e provavelmente mais cheia de prazer, de

A PRÓXIMA GRANDE FIGURA

123

puro prazer, do que em qualquer outro momento histórico, as pessoas são essencialmente infelizes», disse ele.

Ele se incluiu bem no topo da lista. Nascido e criado em Urbana, onde seu pai continua trabalhando como professor de filosofia na Universidade de Illinois, este ex-aluno do Amherst College atraiu a reputação de Escritor Jovem da Vez (e levianas comparações com Thomas Pynchon) quando tinha dois livros — o romance *The Broom of the System* (1987) e a coletânea de contos *Girl with Curious Hair* (1989) — publicados ainda antes de ele completar trinta anos.

Ele pode não ter sido um astro como os mais comerciais Jay McInerney e Bret Easton Ellis, mas recebeu atenção suficiente para «bagunçar o meu circuito interno».

«Passei uns três anos bem ferrados», diz ele a respeito do fim dos anos oitenta, começo dos noventa, quando morou em Boston (para uma breve passagem pelo programa de doutorado em filosofia de Harvard) e em Syracuse. Chegou a internar-se por conta própria num hospital para ficar em alerta de suicídio.

«De uma maneira estranha parecia que havia algo muito americano no que estava rolando, que as coisas estavam ficando cada vez melhores para mim em termos de tudo o que eu achava que queria, e eu estava ficando cada vez mais infeliz», disse ele.

Depois de alguns anos sem escrever, Wallace mergulhou em *Graça infinita*. Ele observou reuniões abertas dos Alcoólicos Anônimos em Boston e se transformou sozinho num especialista na história do cinema de arte, de várias alianças internacionais, de movimentos de recuperação, e em farmacologia.

A pesquisa gerou lucros pessoais, além dos profissionais. «Se eu não tivesse ido a um monte de reuniões do AA, eu não teria me livrado da minha televisão, porque comecei a perceber que a televisão não me fazia feliz, mas eu não conseguia parar de assistir», disse ele.

O tema do vício entrou no próprio processo de escrita, com alguns amigos achando que ele tinha sumido ou surtado. «Era difícil ser um bom amigo e entrar de verdade nos problemas dos outros porque eu estava tentando lembrar se alguém que apareceu 350 páginas atrás era canhoto ou alguma coisa assim», disse ele.

Wallace vendeu o livro à Little, Brown and Co. a partir das primeiras 250 páginas, que ele projetava que iriam representar um quinto do produto finalizado. Então, embora ele soubesse — e agradecesse — que o editor estava preparado para uma obra longa, teve receio de que os leitores pudessem ter certa resistência à suposta arrogância que ele estaria demonstrando ao esperar que atravessassem quase 1.100 páginas densas.

«Quando eu estava com vinte e poucos anos, achava que era superinteligente e esperto e que seria um privilégio para qualquer um ler o que eu tinha escrito», disse ele. «Não é que eu tenha superado completamente esse problema, mas acho que na medida em que você envelhece, você começa a perceber que precisa haver alguma espécie de compensação.»

Wallace tentou superar o abismo entre a ficção de vanguarda — que em geral ele considera «diabolicamente chata de ler» — e o escapismo comercial. Então ele vai ficar frustrado se *Graça infinita* vier a ser o sucessor de *Os versos satânicos*, de Salman Rushdie, ou *Uma breve história do tempo*, de Stephen Hawking, como livros que decoram muitas estantes sem serem lidos.

«Eu queria fazer alguma coisa que fosse difícil de verdade, mas sem deixar de ser divertido de verdade, e que fizesse valer o esforço e a atenção de se ler aquilo tudo», disse ele.

«A sensação de estar vivo»

Ainda assim, ele está fascinado com certas reações dos leitores, até aqui, inclusive algumas comparações entre seu estilo de cortes violentos e o bombardeio de informação ou o ato de navegar na

A PRÓXIMA GRANDE FIGURA 125

internet. «Eu nunca entrei na internet», disse ele. «Isso aqui é meio que a sensação de estar vivo. Você não precisa estar na internet para a vida parecer algo assim...

«A imagem que eu tinha na cabeça — e eu sonhava mesmo com isso, o tempo todo — era que esse livro no fundo era uma linda vidraça que foi derrubada do vigésimo andar de um prédio.»

A vida, aliás, agora parece melhor para Wallace. As aulas diminuem a pressão da atividade literária — financeira e emocionalmente — e ele está gostando de estar de volta a Illinois, apesar da paisagem plana, sem graça.

«Achei que ia ser muito chato aqui, e que eu só ia ficar uns anos, mas estou gostando muito mais daqui do que da Costa Leste», disse ele.

Victoria Harris, outra professora de letras na ISU, disse que os alunos e o corpo docente estão felizes com a presença de Wallace. «Ele, pessoalmente, é o sujeito mais engraçado que conheci na vida», disse ela. «Acho que ele é um tesouro. A fama local é uma coisa que todo mundo aqui adora, acho, mais até do que o próprio David.»

Quanto à sua reação a essa última onda de adulação e de publicidade, Wallace disse: «Eu seria um imbecil se não estivesse preocupado. Vou fazer duas semanas dessa turnê e aí acabou, e aí eu volto à minha vida. E eu fiquei bem melhor em dizer 'não'».

As coisas a que Wallace vem dizendo «não» incluem entrevistas na televisão (ainda que ele esteja considerando comparecer a um programa da PBS) e aquelas matérias do tipo «Mas como é o David da vida real?».

«Se você está tentando ser um escritor numa cultura que tem como uma de suas maiores religiões o culto à celebridade — e com tudo quanto é tipo de coisas estranhas, emocionais e espirituais e filosóficas acontecendo nisso de observar e ser observado, de celebridades, e de imagens —, então você sem dúvida precisa se afastar um pouco.

«Sendo observado, acho que você perde algo da sua integridade. Você agora tem acesso àquele mundo de um modo que o leitor comum não pode ter. Você não pode mais falar pelo leitor.»

A ENTREVISTA DA *SALON*:
DAVID FOSTER WALLACE

Laura Miller, 1996

Da *Salon*, 8 de março de 1996. © 1996, Salon Media Group.
Reimpresso com autorização.

A aparência discreta e acadêmica de David Foster Wallace contradiz totalmente a imagem apresentada por suas fotos de divulgação, de bandana e com a barba por fazer. Mas aí, também, mesmo um romancista hipster teria que ser um escritor sério e disciplinado para produzir um livro de 1.079 páginas em três anos. *Graça infinita*, o gigantesco segundo romance de Wallace, justapõe a vida numa academia de tênis de alto nível às dificuldades da vida dos residentes de uma casa de recuperação logo ao lado, tudo isso contra um pano de fundo quase-futuro em que os Estados Unidos, o Canadá e o México se fundiram, o norte da Nova Inglaterra se tornou um imenso depósito de lixo tóxico e tudo, de automóveis privados aos próprios anos do calendário, é patrocinado por publicidade empresarial. Cheio de gíria, ambicioso e vez por outra encantado demais com o intelecto prodigioso de seu autor, *Graça infinita* tem mesmo assim um lastro emocional sólido o suficiente para evitar que o livro aderne. E há algo de raro e de empolgante num autor contemporâneo que pretende captar o espírito de seu tempo.

Durante uma recente turnê de lançamento de *Graça infinita*, Wallace, 34 anos, que leciona na Illinois State University em Bloomington-Normal e exibe a cuidadosa modéstia de um espertinho em recuperação, discutiu a vida americana às vésperas do novo milênio, a influência dominante da cultura pop, o papel dos escritores de ficção numa sociedade saturada de entretenimento, como é lecionar literatura para calouros e sua própria criação enlouquecedora e inspirada.

MILLER: O que você pretendia fazer quando começou este livro?

WALLACE: Eu queria fazer uma coisa triste. Eu tinha feito coisas engraçadas e coisas pesadas, intelectuais, mas nunca tinha feito algo triste. E queria não ter um personagem central único. A outra banalidade seria: eu queria fazer algo americano mesmo, sobre como é viver nos Estados Unidos na virada do milênio.

MILLER: E como é?

WALLACE: Há algo particularmente triste na coisa toda, algo que não tem muito a ver com as circunstâncias físicas, ou com a economia, ou com tudo que fica sendo mencionado na imprensa. É mais uma tristeza do tipo estomacal. Vejo isso em mim e nos meus amigos, de maneiras diferentes. Ela se manifesta como uma espécie de sensação de estar perdido. Se ela é exclusiva da nossa geração eu já não sei.

MILLER: Pouco da repercussão de *Graça infinita* se refere ao papel que os Alcoólicos Anônimos têm na história. Como isso se liga ao tema geral do livro?

WALLACE: A tristeza de que o livro trata, e que eu estava vivendo, era um tipo muito americano de tristeza. Eu era branco, classe média alta, indecentemente bem-educado, tinha mais sucesso na minha carreira do que teria direito de ter esperado e estava meio

A ENTREVISTA DA *SALON*   129

vagando. Eu tinha vários amigos na mesma situação. Alguns estavam mergulhados nas drogas, outros era viciadíssimos no trabalho. Alguns iam a bares de solteiros toda noite. Dava para ver que a coisa tinha vinte facetas diferentes, mas era igual.

Alguns amigos meus entraram no AA. Eu não comecei querendo escrever muito sobre eles, mas sabia que queria lidar com viciados em drogas e sabia que queria ter uma casa de recuperação. Assisti a algumas reuniões dos caras e achei que aquilo era forte pacas. Aquela parte do livro supostamente teria um grau de vida que a tornaria realista, mas também deveria representar uma reação àquela sensação de estar perdido e ao que você faz quando as coisas que você achava que iam te deixar legal não te deixam legal. O fundo do poço com as drogas e a resposta que o AA apresenta àquilo foi a coisa mais impressionante que consegui encontrar para abordar.

Eu fico com a sensação de que muitos de nós, americanos privilegiados, quando chegamos aos trinta anos, temos de encontrar uma forma de abandonar as coisas infantis e confrontar o que diz respeito à espiritualidade e aos valores. Provavelmente o modelo do AA não é a única maneira de fazer isso tudo, mas me parece ser um dos mais vigorosos.

MILLER: Os personagens têm de lidar com o fato de que o sistema do AA está lhes ensinando coisas bem profundas através desses clichês que parecem simplórios.

WALLACE: É difícil para quem tem alguma formação, gente que, mercenariamente, é o público-alvo desse livro. Quer dizer, aquilo é caviar para o leitor geral de ficção literária. Pra mim havia uma repulsa bem real no começo. «Um dia de cada vez», certo? Estou pensando em 1977, Norman Lear, com Bonnie Franklin como estrela. Pode me trazer a almofadinha com a frase bordada. Mas aparentemente parte do vício é o fato de que você precisa tanto da droga que quando ela é retirada da sua vida você quer morrer. E é tão horroroso que a única forma de lidar com isso seja construir um muro à meia-noite e não espiar por cima dele. Algo tão banal e redutor quanto «Um dia de cada vez» permitia que aquelas pessoas atravessassem o inferno, que pelo que pude ver é o que os seis primeiros meses de desintoxicação parecem. Isso me tocou.

Me parece que a intelectualização e a estetização de princípios e valores neste país é uma das coisas que castraram a nossa geração. Aquelas coisas todas que os meus pais me diziam, tipo «é importante não mentir». O.k., beleza, saquei. Eu concordo com a cabeça mas não sinto aquilo de verdade. Até que chego lá pelos trinta e percebo que, se eu mentir para você, também não posso confiar em você. Eu sinto dor, estou nervoso, estou sozinho e não consigo entender por quê. Aí eu me dou conta, «Ah, de repente o jeito de lidar com isso aqui é não mentir mesmo.» A ideia de que algo tão simples e, a bem da verdade, tão desinteressante em termos estéticos — o que para mim significava que você podia passar direto para as coisas interessantes e complexas — na verdade pode ser revigorante de uma maneira inacessível para as coisas intelectuais, meta, irônicas e pós-modernas, isso me parece importante. Isso me parece algo que a minha geração precisa sentir.

MILLER: Você tenta encontrar sentidos similares no material da cultura pop que você emprega? Esse tipo de coisa pode ser visto como algo meramente esperto, ou raso.

WALLACE: Eu sempre me considerei um realista. Lembro de brigar com os meus professores na pós-graduação. O mundo em que eu vivo consiste em 250 propagandas por dia e diversas opções de entretenimento incrivelmente atraentes, quase todas subsidiadas por empresas que querem me vender coisas. Toda a interação do mundo com as minhas terminações nervosas está atada a coisas

A ENTREVISTA DA *SALON* 131

que sujeitos com remendos de couro nos cotovelos iam considerar pop, triviais ou efêmeras. Eu uso consideravelmente essas coisas do mundo pop na minha ficção, mas o sentido disso ali não é diferente do sentido que as árvores e parques e ter de caminhar até o rio para buscar água cem anos atrás tem para outros escritores. É só a textura do mundo em que vivo.

MILLER: Como é ser um escritor jovem nos dias de hoje, em termos de começar uma carreira, prosseguir com ela e tudo o mais?

WALLACE: Pessoalmente, acho que é um momento bem bacana. Eu tenho amigos que discordam. A ficção literária e a poesia hoje são bem marginalizadas. Tem uma falácia em que alguns dos meus amigos de vez em quando caem, aquela velha coisa de «O público é burro. O público não quer profundidade. Coitadinhos de nós, que somos marginalizados por causa da TV, aquele grande narcótico bla-blá». Você pode ficar morrendo de peninha de você mesmo. Claro que é bobagem. Se uma forma de arte está marginalizada é porque ela não está falando com as pessoas. Uma razão possível é que as pessoas com quem ela fala ficaram burras demais para apreciá-la. Isso me parece meio fácil.

Se você, escritor, sucumbe à ideia de que o público é burro demais, então há duas armadilhas. A primeira é a armadilha da vanguarda, onde você pensa que está escrevendo para outros escritores, então não se preocupa com a questão de se tornar acessível ou relevante. Você se preocupa em deixar o texto estrutural e tecnicamente radical: convoluto da maneira certa, fazendo as referências intertextuais adequadas, deixando aquilo com jeito de inteligente. Sem dar grandes bolas para saber se está se comunicando com um leitor que dá grandes bolas para aquela sensação no estômago que é o motivo que nos leva a ler. Aí, do outro lado tem essas obras de ficção bem grosseiras, cínicas e comerciais, que são feitas de uma maneira formulaica — essencialmente televisão impressa — e que manipulam o leitor, que encenam coisas grotescamente simplificadas de uma maneira puerilmente atraente.

O que é esquisito é que vejo esses dois lados lutarem um contra o outro e no fundo acho que os dois provêm da mesma coisa, que é desprezo pelo leitor, uma ideia de que a marginalização atual da literatura é culpa do leitor. O projeto que vale a pena tentar é usar algo da riqueza e do desafio e da dificuldade emocional e intelectual da literatura de vanguarda, coisas que fazem o leitor confrontar as coisas em vez de ignorá-las, mas fazer tudo isso de uma maneira que seja agradável de se ler. O leitor sente como se estivesse ouvindo alguém, e não vendo alguém fazer pose.

Parte disso tem a ver com a vida numa era em que há tanto entretenimento à disposição, entretenimento de verdade, e com a tentativa de entender como a ficção vai estabelecer seu território numa era assim. Você pode tentar confrontar o que torna a ficção encantadora de um jeito diferente de outras formas de arte e de entretenimento. E pode tentar entender como a ficção pode interessar um leitor cuja sensibilidade foi em grande medida formada pela cultura pop, sem se tornar simplesmente mais merda na máquina da cultura pop. É inacreditavelmente difícil e confuso e assustador, mas é bacana. Tem tanto entretenimento comercial de massa por aí que é tão bom e tão bem-feito, numa proporção que eu acho que nenhuma outra geração já confrontou. É essa a sensação de ser escritor hoje. Acho que é o melhor de todos os tempos para se viver e possivelmente o melhor tempo para ser escritor. Não sei se é o mais fácil.

MILLER: Qual você acha que é o encanto singular da ficção?

WALLACE: Ai, Jesus, essa leva um dia para responder! Bom, a primeira linha de ataque para essa pergunta é que existe uma solidão existencial no mundo real. Eu não sei o que você está pensando ou

A ENTREVISTA DA *SALON* 133

como é ser você por dentro e você não sabe como é ser eu por dentro. Na ficção acho que a gente pode pular esse muro, de certa maneira. Mas isso é só o primeiro nível, porque a ideia de uma intimidade mental ou emocional com uma personagem é uma ilusão ou um artifício criado pelo engenho do autor. Há um outro nível em que uma obra de ficção é uma conversa. Há um relacionamento que se estabelece entre o leitor e o escritor, que é muito estranho e muito difícil de abordar. Uma obra de ficção realmente boa, para mim, pode ou não me levar pela mão e me fazer esquecer que estou sentado numa cadeira. Tem coisas para lá de comerciais que conseguem isso, e um enredo emocionante consegue isso, mas não consegue me fazer sentir menos sozinho.

Tem um tipo de Ah-há! Alguém, pelo menos por um instante, sente alguma coisa ou vê alguma coisa como eu. Isso não acontece o tempo todo. São lampejos ou relances, mas isso me acontece de vez em quando. Eu me sinto não sozinho — intelectual, emocional e espiritualmente. Eu me sinto humano e não sozinho, e sinto que estou envolvido numa conversa profunda e significativa com outras consciências na ficção e na poesia, de uma maneira que outras artes não me oferecem.

MILLER: Quem são os escritores que fazem isso por você?

WALLACE: Olha só o que é complicado em falar disso aí: eu não estou querendo dizer que os meus livros são do nível dos deles. Eu estou falando das constelações que você usa para se orientar quando navega.

MILLER: Entendido.

WALLACE: Beleza. Historicamente, as coisas que me deram arrepios: a oração funeral de Sócrates, a poesia de John Donne, a poesia de Richard Crashaw, Shakespeare de vez em quando, ainda que não tanto, os poemas curtos de Keats, Schopenhauer, as *Meditações sobre filosofia primeira* e o *Discurso do método* de Descartes, os *Prolegômenos a qualquer metafísica futura* de Kant, ainda que as traduções sejam horrorosas, *As variedades da experiência religiosa* de William James, o *Tractatus* de Wittgenstein, o *Retrato do artista quando jovem* de Joyce, Hemingway — especialmente a parte italiana de *In Our Time*, que te dão aquele uau! —, Flannery O'Connor, Cormac McCarthy, Don DeLillo, A. S. Byatt, Cynthia Ozick — os contos, especialmente um que se chama «Levitations» —, cerca de 25 por cento do tempo Pynchon. Donald Barthelme, sobretudo um conto chamado «O balão», que foi o primeiro conto que me fez querer ser escritor, Tobias Wolff, os melhores contos de Raymond Carver — os famosos mesmo. Steinbeck quando ele não está muito cheio de si, 35 por cento de Stephen Crane, *Moby Dick*, *O grande Gatsby*.

E, Jesus amado, tem a poesia. Provavelmente Philip Larkin acima de todos, Louise Glück, Auden.

MILLER: E os colegas?

WALLACE: Tem aquilo tudo do «grande macho branco» e tal. Acho que uns cinco de nós, abaixo dos quarenta, são brancos, têm mais de um metro e oitenta e usam óculos. Tem o Richard Powers, que mora a coisa de 45 minutos de distância de mim e que eu vi uma vez na vida. William Vollmann, Jonathan Franzen, Donald Antrim, Jeffrey Eugenides, Rick Moody. A pessoa que eu mais estou curtindo agora é George Saunders, cujo livro *Civilwarland in Bad Decline* acabou de sair, e bem vale toda a atenção. A. M. Homes: os textos mais longos dela eu não acho que sejam perfeitos, mas de tantas em tantas páginas tem alguma coisa que simplesmente te derruba. Kathryn Harrison, Mary Karr, que é mais conhecida por *The Liars' Club*, mas que também é poeta e eu considero a melhor poeta com

A ENTREVISTA DA SALON 135

menos de cinquenta anos. Uma mulher chamada Cris Mazza. Rikki Ducornet, Carole Maso. *Ava*, da Carole Maso, é simplesmente — um amigo meu leu e disse que o livro lhe deu uma ereção no coração.

MILLER: E a experiência de dar aula, como é?

WALLACE: Fui contratado para dar aula de escrita criativa, coisa que não gosto de fazer.

Tem umas duas semanas de aula que você pode dar a alguém que ainda não escreveu cinquenta textos e está meio que aprendendo. Aí a coisa se torna mais uma questão de lidar com as impressões subjetivas de pessoas diferentes sobre como dizer a verdade *versus* obliterar o ego de alguém.

Gosto de dar aula de literatura para os calouros porque a ISU recebe muitos estudantes da zona rural que não têm a melhor formação e não gostam de ler. Eles cresceram achando que literatura significa coisas secas, irrelevantes e chatas, tipo óleo de fígado de bacalhau. Poder mostrar umas coisas mais contemporâneas para eles — o que a gente sempre lê na segunda semana é um conto chamado «A Real Doll», da A. M. Homes, do livro *The Safety of Objects*, sobre um menino que tem um caso com uma boneca Barbie. É bem inteligente, mas na superfície, é bem esquisito e meio doente e fascinante e super-relevante para pessoas que estão com dezoito anos de idade e que cinco ou seis anos atrás estavam ou brincando com bonecas ou sendo sádicos com as irmãs. Ver essa garotada perceber que ler esse material mais literário pode te dar coisas que de outro jeito você não consegue; vê-los acordarem para isso é legal demais.

MILLER: O que você acha da reação à extensão do seu livro? Ele simplesmente acabou ficando daquele tamanho ou você sente que está em busca de um efeito ou de uma atitude especiais?

WALLACE: Eu sei que é arriscado porque faz parte dessa equação de exigir coisas do leitor — que começam com a questão financeira. O outro lado da questão é que as editoras odeiam porque ganham menos dinheiro. Papel é uma coisa cara demais. Se a extensão parece desmotivada, como pareceu para uma japonesa simpaticíssima no *New York Times*, aí a ira surge. E eu tenho consciência disso. O manuscrito que entreguei tinha 1.700 páginas, das quais quase quinhentas foram cortadas. Então esse editor não comprou o livro simplesmente e o levou ao público. Ele editou a coisa linha a linha, duas vezes. Eu fui até Nova York e tudo o mais. Se parecer caótico, beleza, mas tudo que ficou está ali com algum objetivo. Estou numa boa posição emocional para apanhar por causa da extensão porque a extensão parece gratuita para as pessoas, aí o livro fracassa. Não é gratuita porque eu não estava a fim de trabalhar o texto ou de fazer os cortes.

É um livro estranho. Ele não caminha como os livros normais. Tem uma porrada de personagens. Eu acho que o livro pelo menos tenta, do fundo do coração, ser divertido e fascinante o suficiente a cada página para não parecer que estou te marretando a cabeça, sabe, «Ei, olha aqui esse treco difícil pacas e inteligente demais. Vá se foder. Tenta ler isso aqui se puder». Eu conheço livros que são assim, e eles me deixam puto.

MILLER: O que te fez escolher uma academia de tênis, que ecoa a casa de recuperação no livro?

WALLACE: Eu queria fazer alguma coisa com o esporte e a ideia de que a dedicação a um objetivo é meio parecida com um vício.

MILLER: Alguns personagens se perguntam se vale a pena, essa obsessão competitiva.

A ENTREVISTA DA *SALON* 137

WALLACE: Provavelmente é assim em tudo quanto é área. Eu vejo os meus alunos fazerem isso comigo. Você é um jovem autor. Você admira um autor mais velho e quer chegar ao lugar em que aquele escritor mais velho está. Você imagina que toda a energia gerada pela sua inveja está de alguma maneira sendo transferida para ele, que a coisa tem um lado positivo, uma sensação de ser invejado que é uma sensação tão boa quanto é ruim a sensação de invejar. Dá pra ver isso na ideia de estar em algo motivado por algum objetivo imaginário que envolve prestígio, e não pela própria busca do objetivo. É uma doença muito americana, isso de se entregar completamente à ideia de trabalhar para atingir algum tipo de troféu que normalmente envolve ter as pessoas sentindo certas coisas em relação a você — quer dizer, e as pessoas ainda se perguntam por que a gente anda se sentindo alienado, solitário e estressado?

Tênis é o único esporte que conheço a ponto de achar lindo, a ponto de achar que aquilo tem algum significado. A parte legal é que agora a revista *Tennis* quer fazer um texto sobre mim. Para mim, pessoalmente, é ótimo. Pode ser que um dia eu troque umas bolas com os profissionais. Tem essa vantagem.

A TERRA DESPERDIÇADA

David Streitfeld, 1996

De *Details*, março de 1996. © de David Streitfeld.
Reimpresso com autorização.

América: terra dos bravos, terra dos surtados. Em Graça infinita,
*David Foster Wallace examina os Estados Unidos da depressão, do vício
e da obsessão.*

A cidade de Normal, em Illinois, transformou seu nome em
seu destino. Ela conta com uma região central que se estende por
dois quarteirões e é tão discreta que ninguém a frequenta, com uma
avenida que contém toda e qualquer cadeia de fast-food conhecida
pela humanidade, e com 19 mil alunos da Illinois State que provavelmente preferiam estar na Universidade de Illinois. A paisagem
é anódina, o clima é duro, seu fascínio, obscuro.

David Foster Wallace mora aqui. Ele comprou uma casa na peri-
feria da cidade, dá aula na universidade, arranjou dois grandes cães
e gosta da ideia de ter filhos. Um dos maiores desejos de Wallace é
ser normal em Normal.

Não vai dar certo. O escritor de 34 anos de idade acaba de publicar *Graça infinita*, uma maravilha de mil páginas sobre um grupo
disparatado de pessoas que tentam se livrar de seus vários vícios e
se tornar membros produtivos da sociedade, capazes de viver em
lugares como Normal. Little, Brown lançou o romance com o barulho
publicitário de sempre, que desta vez é justificado: *Graça infinita* é

maior, mais ambicioso e melhor do que tudo que se tem publicado nos Estados Unidos de hoje.

O cenário principal é Boston, cerca de doze anos no futuro. Os Estados Unidos, o Canadá e o México são governados pela Organização das Nações da América do Norte, uma união que recebe violenta oposição de terroristas quebequenses. A comercialização chegou a um ponto em que os anos não têm mais números, mas nomes oferecidos por patrocinadores empresariais, como o Ano da Fralda Geriátrica Depend.

Uma das linhas da trama se desenrola numa casa de recuperação para viciados em drogas; outra gira em torno de três irmãos e seu pai, que dirige uma academia de tênis até se matar colocando a cabeça num forno de micro-ondas. Para os leitores que vão até o fim, há dúzias de personagens ricamente elaborados, e subtramas maravilhosas, mas até a leitura mais superficial vai logo perceber que se trata de um escritor que conhece bem três temas: vício, depressão e tênis.

Este último, pelo menos, tem uma explicação fácil. Quando Wallace, que cresceu na cidade vizinha de Champaign-Urbana, pegou pela primeira vez uma raquete de tênis, relativamente tarde, aos doze anos de idade, ele descobriu uma afinidade natural pelo esporte. A bem da verdade, ele vinha competir nas mesmas quadras cobertas em que estamos agora. «Ainda dá pra ver as lágrimas secas no chão», brinca ele. O adversário desta noite é John, um amigo de 25 anos de idade que quer relaxar um pouco antes de prestar o exame GRE. Em *Graça infinita*, um professor de tênis aconselha um neófito a «aprender a não fazer nada, com a cabeça e o corpo todos, e tudo vai ser feito pelo que está à sua volta», mas Wallace não joga exatamente assim. Ele corre de um lado para o outro, sua em bicas. John, enquanto isso, não chega nem a bagunçar o cabelo dividido.

A literatura é um jogo mais fácil para Wallace. No Amherst College ele se autodescrevia como um «nerd matemático», mas

A TERRA DESPERDIÇADA

141

seus professores frequentemente comentavam que seus trabalhos pareciam mais contos. Aí um amigo escreveu um romance como monografia de fim de curso, então Wallace fez o mesmo. Depois de se formar, ele se inscreveu no programa de escrita criativa da Universidade do Arizona. No fim do primeiro ano ele já tinha um contrato para um romance. O garoto era talentoso.

Lá pela metade dos anos oitenta, estava na moda virar escritor mal você tinha saído da puberdade. O dito Brat Pack, liderado por Jay McInerney e Bret Easton Ellis, estava no auge da fama. A publicidade que cercava um escritor muitas vezes era mais importante que sua obra. Dúzias de pretensos seguidores do movimento publicaram seus primeiros romances, receberam uma breve onda de atenção e nunca mais deram as caras.

Mas acabou que *The Broom of the System*, de Wallace, a exuberante narrativa de uma telefonista em busca do amor, era bom mesmo. Resenhistas usaram palavras como «hilário» e «maravilhoso» e fizeram as tradicionais comparações com Thomas Pynchon, o deus em exercício no que se refere a metaficções hilárias. Um livro de contos veio logo depois, *Girl with Curious Hair*, que também atraiu elogios.

Foi tudo tão rápido, tão fácil, que Wallace começou a vacilar. «Eu não tomei um copão inteiro dessa coisa de ser celebridade, mas dei um golinho», disse ele. «Usei muitas drogas, fui pra cama com meio mundo, fiz tudo o que nunca tinha podido fazer, tudo o que eu achava que as pessoas bacanas faziam.»

Não demorou muito para Wallace abandonar o doutorado em filosofia em Harvard e parar de publicar ficção. Morando numa série de apartamentos vagabundos em Boston, ele começou a degenerar. «O que me assombrava era a ideia de que eu era falso, uma putinha, uma fraude.»

Ele não quer que *Graça infinita* seja visto como uma biografia, o que o livro não é. Por outro lado, se Wallace não tivesse sido hospitalizado em 1988 e colocado em alerta de suicídio, talvez não tivesse escrito de maneira tão precisa sobre Kate, um personagem de *Graça infinita* que fica tentando morrer: «É como se uma coisa horrorosa estivesse para acontecer», explica ela ao médico, «a sensação é de que tem alguma coisa que você precisa fazer tipo já pra parar tudo isso, mas você não sabe o que é que você tem que fazer, e aí está acontecendo, também, o tempo todo, horroroso, está pra acontecer e também está acontecendo.»

Kate encontra a origem de seus problemas em uma ligação muito forte com a maconha, que para seu criador também parece muito familiar.

«Neste país», diz ele, «estamos seguros, confortáveis e bem nutridos como nunca, com oportunidades mais numerosas e melhores de estimulação. E, no entanto, se alguém te perguntasse 'Este é um país feliz ou infeliz?', você ia marcar o quadradinho 'infeliz'. Estamos vivendo uma era de pobreza emocional, que é algo que os viciados com problemas sérios sentem melhor que ninguém.»

O escritor declara que «o vício em drogas na verdade é uma forma de religião, ainda que seja uma forma torta. Um viciado se entrega totalmente a seu vício. Ele acredita na droga e confia nela, e seu amor por ela é mais importante que seu lugar na comunidade, seu trabalho, seus amigos.»

Ao contrário de alguns de seus personagens, Wallace conseguiu escapar da queda livre antes que os danos fossem permanentes — hoje, ele nem bebe cerveja. Mais ainda, ele conseguiu o ímpeto bruto para começar um novo livro. A essa altura, Wallace estava morando no norte do estado de Nova York, num apartamento tão pequeno que ele tinha de colocar tudo em cima da cama quando queria escrever. «Foi como passar dois anos num submarino», diz.

Mary Karr, que no ano passado também se tornou uma escritora algo conhecida depois da publicação de sua lúgubre memória dos tempos de infância, *The Liars' Club*, foi o snorkel que ligava Wallace

A TERRA DESPERDIÇADA

à atmosfera. A relação não durou, apesar da tatuagem em formato de coração no braço de Wallace que diz MARY. É um gesto que hoje ele lamenta, comentando, «Uma relação baseada em tatuagens provavelmente tem problemas de base».

Se Wallace se sentisse inclinado a fazer uma tatuagem para combinar com aquela no outro braço, ela provavelmente diria JEEVES & DRONE, em homenagem a seus adorados cães, que ele chama de «meninos». «Eu fico com receio de ser um desses caras solitários de trinta e poucos anos que adoram cachorro», confidencia ele, descrevendo exatamente o que já é.

Apesar de estarmos nas festas de fim de ano, sua modesta casa térrea, que fica no rastro dos cheiros de um matadouro, não tinha uma única lâmpada pisca-pisca até eu fazê-lo ficar com vergonha e comprar umas no Walmart. «É meio triste», confessa ele. «Não sou bom nessas coisinhas domésticas.» Sua geladeira ostenta cupons de desconto de todas as pizzarias num raio de cinquenta quilômetros.

É uma vida delimitada, mas, afinal, normal — e Wallace planeja se manter fiel a ela, mesmo que 1996 acabe sendo o Ano de *Graça infinita*. O que bem pode ser o caso. Ler o romance pode exigir um grande empenho de tempo, mas *Graça infinita* põe o dedo exatamente nas formas que os americanos usaram para transformar a busca do prazer em um vício, e faz isso de uma maneira divertida e até tocante. Pode contar que o mundo literário vai se dobrar perante ele.

Infelizmente, ele não quer ser parte da cena. «Não que tenha nada errado com isso tudo. Só que eu não encaro.» Muito mais fácil ser o único escritor em Normal. «Ninguém é mais tolerante do que aquela pessoa que nem tem ideia de que porra você está fazendo.»

Ele vai passar ainda mais despercebido quando começar a frequentar a igreja. Criado como ateu, desistiu duas vezes de passar pelo Rito da Iniciação Cristã de Adultos, o primeiro passo para alguém se tornar católico. Na última vez, cometeu o erro de se referir ao «culto da personalidade em torno de Jesus». O padre não gostou muito da tirada e suspeitou, com razão, que Wallace podia ter um tanto a mais de ceticismo do que se deseja em um católico obediente. «Eu sou um americano típico», diz Wallace. «Metade de mim morre de vontade de se entregar, e a outra metade não para de se rebelar.»

Recentemente ele descobriu um templo menonita, que acha simpático, apesar de os hinos serem impossíveis de se cantar. «Quanto mais eu acredito em alguma coisa, e quanto mais eu levo a sério algo que não seja eu, menos entediado eu fico, menos eu me odeio. Eu fico com menos medo. Quando tive uns tempos difíceis uns anos atrás, eu vivia com medo.» Não é uma viagem em que ele pretenda embarcar de novo.

DAVID FOSTER WALLACE ESTREMECE DIANTE DA SUGESTÃO DE QUE SEU LIVRO SEJA SEQUER REMOTAMENTE DESLEIXADO

Anne Marie Donahue, 1996

Do *Boston Phoenix*, 21-28 de março de 1996. © 1996, Phoenix Media/ Communications Group. Reimpresso com autorização.

«Pode ser uma zona, mas é uma zona pra lá de cuidadosa», diz ele. «Deu muito trabalho fazer o livro ter aquela aparência. Isso pode parecer uma mentira patética, mas não é. Agora, como você já percebeu, estou perdendo a linha.»

Mas não dá para ver que linha Wallace estaria perdendo. Sentado em seu quarto de hotel no Copley Plaza, logo depois de participar do programa de rádio de Christopher Lydon e antes de sair para uma leitura, Wallace parece cansado, mas completamente calmo. E continua assim, a não ser quando acha que pode estar parecendo pretensioso e marqueteiro, quando forçado a encarar um fotógrafo, e quando lhe pedem que fale de si próprio. «Quando menos eu estiver sendo observado, melhor eu posso observar, e melhor para mim e para o meu trabalho», explica. «Se as pessoas realmente querem saber o que almocei, acho que tudo bem. Mas é meio tóxico.»

Seja qual for o custo da celebridade, Wallace, aos 34 anos de idade, é hoje tão famoso quanto um escritor sério pode chegar a ser neste país antes de estar morto já há algum tempo. Ainda que ele agradeça que *Graça infinita* tenha gerado atenção, parece legitimamente perplexo com o barulho à sua volta. «Sou uma pessoa que passa boa parte da vida em bibliotecas», diz ele. «Eu simplesmente não sou tão interessante.»

Se lhe perguntam por que decidiu se tornar escritor, Wallace se esquiva, dizendo: «Não tem grandes outras coisas que eu queira fazer», e acaba falando de escritores em geral: «Quase todos os escritores que conheço são umas criaturas híbridas. Rola um intenso veio egomaníaco, junto com uma timidez extrema. Escrever é meio um exibicionismo entre quatro paredes. E também rola um tipo estranho de solidão, e um desejo de ter alguma espécie de conversa com as pessoas, mas não uma grande habilidade de fazer isso pessoalmente.

«Quando eu era mais novo», continua, «eu via a minha relação com o leitor como uma coisa meio sexual. Mas agora parece mais uma conversa de fim de noite com amigos dos bons, quando a brincadeira acabou e as máscaras caem.»

Por que a conversa adotou esse formato e seguiu a direção de *Graça infinita* não é algo que Wallace esteja ansioso em explicar. «Você faz o que você faz, e aí depois você pensa em por que fez aquilo, então tem um tanto de enrolação em toda análise», diz ele. «Eu não vou mandar uma coisa tipo crítica literária pra cima de você», diz Wallace, que dá aula de literatura inglesa na Illinois State University. «Mas o livro não funciona como os romances normalmente funcionam.» Ele respira fundo e então solta o ar por entre os dentes em jatos curtos, fazendo um barulho como o de uma criança que imita o passo de uma locomotiva. «Ele na verdade é montado mais como uma peça de música do que como um livro, então boa parte dele são leitmotifs e coisas que se dobram para trás. E tem tudo isso de movimento dentro de certos limites e de se você consegue ou não romper esses limites.»

Quando a erudição de Wallace começa a aparecer, ele parece sentir-se obrigado a explicar, como se ela fosse uma perna quebrada. «Eu venho de uma família esquisita. Os meus pais são acadêmicos e leem muito. E eu leio muito», diz ele, deixando de mencionar que

DAVID FOSTER WALLACE ESTREMECE 147

também estudou filosofia em Harvard. «Então cheguei à literatura vindo de uma posição bem dura, bem abstrata. Isso vem da filosofia técnica e da teoria continental europeia, e de umas paradas super de vanguarda. Não estou só falando de Pynchon e Gaddis. Isso é vanguarda comercial. Estou falando tipo Beckett, e editoras como Fiction Collective 2 e Dalkey Archive.» De repente ele bate na testa, solta um palavrão, e faz de novo o barulho de trenzinho.

«Por outro lado», continua ele, «sou um cara que nem pode mais ter televisão, porque eu ia simplesmente ficar ali sentado, de boca mole, consumindo quantidades gigantescas de coisas que, em termos de arte, são pura merda. Mas uma merda pra lá de agradável.

«Se você é levado a essas duas direções opostas», diz ele, «é bem estranho. O projeto, pelo menos com esse livro, era fazer alguma coisa longa e difícil que também fosse divertida. Não estou dizendo que deu certo. Eu queria escrever alguma coisa que fizesse alguém dizer: 'Cacete, eu tenho que ler esse negócio', e aí usar uns mecanismos de sedução para convencer as pessoas a trabalhar um pouco. E isso — se eu me der o direito de ser pretensioso — é o que a arte deveria fazer.»

Uma tarefa que ele exige que seus leitores cumpram: «lembrar quantidades gigantescas de informação». Outras incluem «precisar prestar atenção em algumas das estratégias que o entretenimento normal emprega» e «ver certas expectativas formulaicas que acompanham a leitura de livros comerciais sendo sacaneadas. Não apenas desdenhadas. Sacaneadas».

Um caso específico: o fim. «Acho que parte dessa literatura comercial demonstra um verdadeiro desprezo pelo leitor, ao ter uma ideia tão redutora do que o leitor deseja. Como se os leitores fossem crianças e precisassem ter suas fantasias alimentadas e ganhar um final feliz», diz Wallace. «Em termos de enredo, o livro não chega a uma resolução. Mas se os leitores perceberem esse fato como se eu estivesse mandando eles se foderem, é porque eu não fiz o meu trabalho direito. Na superfície, pode parecer que a coisa simplesmente se interrompe. No entanto, a ideia é que tudo pare, mas fique zumbindo e gerando projeções. Musical e emocionalmente, é uma estratégia que me pareceu correta.»

ESCRITORES JOVENS
E A REALIDADE DA TELEVISÃO

Donn Fry, 1997

Do *Seattle Times*, 6 de março de 1997. © 1997, The Seattle Times Co.
Reimpresso com autorização.

Não há como fingir mais, no que se refere a David Foster Wallace: a Realidade já não é como antigamente.

Afinal, os escritores da sua geração — Wallace tem 35 anos — foram criados num ambiente em que a família americana média passa seis horas por dia na frente da televisão. Ele vê isso se refletir de inúmeras maneiras: as conversas inseguras e pouco articuladas dos jovens — ou a ausência de conversa; sua preferência por imagens visuais em relação à página impressa; sua aceitação de técnicas narrativas fraturadas, em bocados, no lugar das lentas narrativas de uma geração anterior de escritores.

«Nasci em 1962, e a primeira encrenca disciplinar séria em que eu me meti com os meus pais foi motivada pelo tempo que passava vendo televisão», disse Wallace, escolhendo coisas de um café da manhã servido no quarto de seu hotel de Seattle enquanto contemplava o estado da ficção americana.

Ele tinha chegado exausto às 3 da manhã e, admitia, viu um pouco de televisão «para relaxar».

«Estamos imersos em narrativas: cada programa de televisão, cada filme, cada comercial», disse Wallace. «Todos eles têm um objetivo muito claro — não um objetivo que eu compartilhe —, mas eu absorvi literalmente centenas de milhares de horas de uma manipulação muito competente.

«Como resultado disso, confio muito menos em técnicas narrativas padrão.»

Ele quer dizer que o veio principal do realismo americano, aquilo de «churrasquinho no quintal e três martínis», explorado por uma geração anterior de autores — autores que vieram da Terra de Updike — simplesmente não lhe diz muito, como escritor ou como leitor.

Pelo contrário, Wallace é um descendente daquele ramo subversivo e anárquico da literatura americana («Os filhos de Nabokov», como ele diz) que começou a divergir do tronco principal nos anos sessenta: romancistas como Thomas Pynchon (*O arco-íris da gravidade*), John Barth (*The Sot-Weed Factor*), Robert Coover (*The Public Burning*), William Gaddis (*J R*, *The Recognitions*) e — o favorito de Wallace — Don DeLillo (*Ruído branco*, *Libra*).

A abordagem ficcional de Wallace, à vontade com o mundo da mídia e da tecnologia, tem seu melhor exemplo em sua imensa (1.079 páginas) obra-prima de caos, comédia e grandiosidade, *Graça infinita*, publicada no ano passado com generosíssimas críticas que acaba de sair em brochura (Back Bay/Little, Brown, 14,95 dólares). Trata-se de um tema que ele também aborda em seu novo volume de ensaios, *A Supposedly Fun Thing I'll Never Do Again* (Little, Brown, 23,95 dólares).

«Para os escritores mais jovens, hoje, a televisão é uma parte tão básica da realidade quanto os carros da Toyota e os engarrafamentos. Nós literalmente não conseguimos mais imaginar a vida sem ela», declara Wallace em um dos ensaios. Por mais que ele reconheça o lado negativo da fixação dos Estados Unidos pela televisão, ele se recusa a fazer parte do coro desdenhoso de detratores dessa mídia:

ESCRITORES JOVENS E A REALIDADE DA TELEVISÃO

Ainda que eu esteja convicto de que a televisão está hoje [...] por trás de uma verdadeira crise da cultura e da literatura nos Estados Unidos», escreve ele no estilo animado e irreverente que caracteriza tanto sua ficção quanto sua crítica, «não concordo com os reacionários que consideram a televisão um malefício infligido a uma população inocente, que suga pontos de QI e compromete notas do vestibular enquanto nós todos ficamos ali sentados em cima das nossas bundas cada vez mais gordas, com hipnóticas espiraizinhas girando nos olhos.

E no entanto, ironicamente, ele parece ver diariamente indícios que sustentam a «paranoia antitelevisão» que lamenta. Quando não está escrevendo ficção ou ensaios, Wallace dá aula de literatura e de escrita criativa na Illinois State University — e tenta compreender uma geração ainda mais jovem, que muitas vezes parece ter abandonado de vez a palavra escrita.

«Os meus alunos não gostam de ler», reconheceu Wallace, que tem ele próprio o ar de um pós-graduando intelectual, sério mas bem-humorado, com jeans amassado, óculos de aro de metal e cabelo longo avesso a facilitar sua vida. «Eles dizem que é chato, mas no fundo eles querem dizer que é difícil demais, que a proporção entre trabalho e prazer é grande demais.»

Alunos que não gostam de ler também não gostam de escrever. Há que se temer pela próxima geração de autores de ficção nos Estados Unidos — e Wallace não oferece consolo, ao detectar «uma hostilidade inerente» à composição bem realizada.

«O maior problema com os universitários é que no ensino médio eles aprenderam um negócio chamado 'escrita expressiva' — em que tudo quanto é ideia é considerada boa e válida —, e você tem que convencer o pessoal de que só porque é a opinião deles não significa que seja interessante, nem que alguém vá querer ler.

«O maior problema que eu tenho é converter os alunos da 'escrita expressiva' para a escrita comunicativa.»

Apesar da compreensão aprofundada que Wallace demonstra da «verdadeira crise para a cultura e a literatura americana» criada pelo poder de sedução da televisão — uma linha da trama de *Graça infinita* envolve um vídeo que é tão deliciosamente hipnótico que chega a imobilizar quem o assiste —, o jovem romancista tem preferido a companhia de seus dois cães e a solidão de sua «casinha de tijolos no interior», que fica na região rural do centro de Illinois.

«Eu não tenho mais televisão», disse Wallace, que desistiu da sua cerca de cinco anos atrás, quando *Graça infinita* estava começando a tomar forma. «O motivo é bem simples: estou ocupado demais; tenho muita coisa para fazer.»

A «HISTÓRIA INFINITA»: HERÓI CULT POR TRÁS DE ROMANCE DE 1.079 PÁGINAS CURTE O HYPE QUE ELE MESMO ATACOU

Matthew Gilbert, 1997

Do *Boston Globe*, 9 de abril de 1997.
© 1997, The New York Times Co. Reimpresso com autorização.

Existe A Coisa, largada no coliseu da nossa consciência. Existe O Espectador dessa Coisa, sentado na arquibancada, queixo apoiado na mão. E existe O Espectador d'O Espectador d'A Coisa — o metafísico pós-moderno que paira acima de tudo em seu helicóptero, analisando como as pessoas assistem.

E aí, em algum ponto do cosmos, observando o observador observar-se enquanto observa, falando sobre falar sobre falar, existe David Foster Wallace, romancista, ensaísta, ironista em recuperação, e mago da vertiginosa autoconsciência.

Wallace é mais conhecido como autor de um romance em múltiplas camadas, chamado *Graça infinita*, que pesa 1.079 páginas, sendo que 96 delas são de notas de rodapé que ficam no fim do livro. Quando *Graça infinita* foi lançado, no ano passado, os críticos o declararam pynchoniano, obra de gênio, e «O *Grunge* do Romance Americano», e escritores da moda disseram que Wallace era o Jay McInerney pré-milênio e pós-Brat-Pack, a voz da Geração X, apesar de sua idade, de 35 anos. Ele se tornou herói de pós-graduandos e leitores alternativos por toda parte, inclusive na internet, onde há sites inteiros devotados a ele.

Agora a versão mais barata, em brochura, de *Graça infinita* chegou às livrarias, junto com um empolgante novo volume de ensaios, *A Supposedly Fun Thing I'll Never Do Again*, e o impresso-fóbico Wallace está de novo no circuito promocional, expondo-se a mais generalizações, imprecisões e oba-oba da mídia, movido por uma lealdade a sua editora, a Little, Brown.

Wallace é um robusto nativo de Illinois cujo cabelo castanho escapa de um rabo de cavalo frouxo. Como sua prosa, seu estilo de entrevistado é maximalista e pleno de subcomentários, com Wallace repetidamente relativizando suas afirmações e simultaneamente conduzindo uma resenha do estilo de entrevista adotado por seu entrevistador, que ele chama de «psiquiátrico». Nada é simples para Wallace, e uma pergunta a respeito de suas impressões decorrentes do ano que passou preso na máquina publicitária americana rende de início uma pré-resposta e depois uma sequência de respostas. «Você quer uma resposta unívoca?», ele pergunta. «Porque eu posso fingir que acho uma única coisa disso tudo. Mas claro que na verdade eu achava umas 53 coisas diferentes na última vez que eu contei.» Em benefício da concisão do jornalismo diário, concedo-lhe quatro ideias sobre ficar famoso.

— Ideia nº 1, editada: «Acho que o livro é a melhor coisa que eu fiz, e isso me deixa orgulhoso, e foi uma surpresa extremamente agradável ver a imensa atenção que ele recebeu, e uma parte disso tudo é mesmo ótima».

— Ideia nº 2: «Eu sou também uma pessoa que tem problemas com a autoconsciência. Tem uma parte de mim que quer atenção, mas é uma parte que vai ficando cada vez menor. Eu vi a atenção [ferrar] com escritores que eu admiro. Eu fico ressabiado, e boa parte da festa em torno do livro ocorreu num momento em que a aritmética mais básica confirmava que as pessoas em geral não

A «HISTÓRIA INFINITA»

tinham lido o livro. Então é difícil levar a sério, e ao mesmo tempo
é recompensador».

— Ideia nº 3: «Eu nunca tinha sido entrevistado antes. Na primeira entrevista que eu dei, estava falando de namoradas antigas de
que eu não gostava. E o cara desligou o gravador no meio do caminho
e disse, 'deixa eu te explicar umas coisas'. Ele pôs uma ou outra coisa
constrangedora no texto final, mas 90 por cento das coisas horrorosas ele não colocou, movido pela sua própria decência. Então a
grande ideia número três: Isso», seu dedo aponta alternadamente
para cada um de nós dois, «é duro».

— Ideia nº 4: «Deliciosa ironia, porque boa parte do livro é sobre
hype e distorção de informação e posicionamento de mercado. Então
acaba sendo uma imensa piada cósmica. É uma coisa tipo, Beleza,
garoto, quer aprender umas coisinhas sobre hype? Vem tomar um gole
no bebedouro dos mais velhos. E não vá com muita sede, porque eu sei
muito bem o lugar onde os livros existem na consciência cultural. Eu
achava que era muito sofisticado e tinha aprendido bastante de hype
com a televisão. Mas é totalmente outra coisa. O clichê de que receber
muita atenção não é a mesma coisa que receber muito afeto ganha
novas dimensões quando você aprendeu por experiência própria».

Um dos milagres de *Graça infinita* é a campanha de marketing,
que transformou as dimensões do livro numa vantagem — aquela
abordagem tipo «você-é-leitor-o-suficiente-para-isso?». «Eles conseguiram pegar o tamanho e a dificuldade, que não são coisas particularmente atraentes, e dar um jeito de fazer parecer que elas eram
atraentes», diz ele. «Perguntas sobre o tamanho do livro são muito
chatas para mim — 'Como foi que você conseguiu escrever um livro
tão longo?' 'Eu usei uma caneta bem comprida, próxima pergunta' —
mas virou um gancho, tipo 'Ah, é aquele livrão'.»

Mas o romance, com seu atordoante desespero cômico, iria
indubitavelmente encontrar leitores devotados por seus próprios
méritos. Sua história se passa na próxima década, com os Estados

Unidos ocupando quase todo o Canadá, formando a Organização das Nações da América do Norte (ONAN) e com os anos sendo patrocinados por empresas e recebendo seus nomes — Ano do Whopper, por exemplo, ou Ano do Emplastro Medicinal Tucks. Situado no que antes era Boston, o enredo se divide por várias estradas, quase todas ligadas às personagens da Academia de Tênis Enfield e de um centro de tratamento de viciados que fica logo ao lado, a Casa Ennet. As páginas são cheias de uma especificidade obsessiva — alguém encara doze páginas da lembrança do processo de se desmontar uma cama? — e de sátira descarada, que conta inclusive com um filme, chamado *Graça infinita*, que é tão interessante que imobiliza fatalmente seus espectadores.

O estilo da prosa de Wallace, especialmente com seu número chocante de notas de rodapé, inspirou muitas comparações com o hipertexto computacional. É como se você tivesse a opção de clicar numa frase e ela agisse como um link para outro trecho relevante, de onde você depois retorna ao texto original. «A narrativa direta me parece falsa, tanto como leitor quanto como escritor», diz Wallace. «Com algo que se passa um pouco no futuro, e que tem elementos surreais, fico especialmente em busca de uma maneira de fraturar a narrativa... Você decide: Quer ler as notas de rodapé? Todas no fim? Quer ficar indo e voltando? Vai usar dois marcadores? Existem maneiras de [brincar] com o leitor que são benignas, e parece ser extremamente útil [brincar] um pouco com o leitor.» Ele compara as notas de rodapé às perguntas e respostas de um espetáculo de Teatro de Revista, e diz que são um bom veículo para o humor.

Mas as notas se tornaram uma espécie de vício para David Foster Wallace, um fato que ele percebeu quando uma revista o procurou com a proposta de uma coluna regular chamada «Notas de Rodapé», em que se esperaria que ele fizesse Aquela Coisa David Foster Wallace de usar notas. «Chegou a um ponto em que eu não conseguia parar de usar», diz ele. «Foi ficando cada vez pior.» Depois

A «HISTÓRIA INFINITA» 157

de escrever um texto cheio de notas para a revista *Premiere*, a respeito do cineasta David Lynch, republicado aliás em *A Supposedly Fun Thing*, ele passou por uma desintoxicação de notas de rodapé. «Eu simplesmente não posso mais para usar», diz, com convicção.

O vício é um tema que acaba penetrando quase todos os perfis de Wallace. A publicidade de *Graça infinita* envolveu muita conversa em torno da luta do próprio autor com as drogas e o álcool, apresentando Wallace como um menino prodígio casca-grossa mas frágil, que se recupera de anos de vida louca. (Um jornalista chegou até a espreitar o armário de remédios da casa de Wallace em Normal, Illinois.) A história midiatizada é a seguinte:

No Amherst College, no começo dos anos oitenta, o jovem David recusou um futuro como filósofo para escrever ficção. Sua monografia de fim de curso se tornou uma primeira versão de seu romance de estreia, *The Broom of the System*, que foi publicado em 1987. Morando em Brighton, depois que o sucesso lhe subiu à cabeça, Wallace caiu em maus hábitos, inclusive álcool, drogas e uma visita à ala de suicidas de um hospital local. Mudou seu estilo de vida, escreveu *Graça infinita* e voltou para Illinois, onde cresceu, para dar aula na Illinois State University. Ele testou a religiosidade. Viveu feliz para sempre.

Ao ver esse resumo, Wallace ri. «O novo mito americano, não é?... Eu vou te contar a verdade.»

— «Eu usei drogas, usei bastante na adolescência e houve uma certa ressurgência depois que o meu primeiro livro foi comprado. E o maior motivo foi que de repente eu estava em festas com os grandes escritores, e alguns desses escritores levam umas vidas bem doidas. Eu estava com 23 anos e tinha uma ideia de que aquilo era como usar terno e gravata quando você é banqueiro, que se você é escritor é assim que deve viver. O meu perfil neurológico simplesmente não dava conta daquilo.»

— «Uma parte imensa daquilo tudo era não dormir muito, uma tendência de pensar em loop que nem um chapado enquanto eu não estava chapado. Não sei se aquilo pode ser chamado de colapso. Eu estava na afortunada posição de ter algo como uma crise de meia- -idade antes dos trinta. Quando você está começando a escrever ficção, o ego é uma força tremenda, e uma parte bem grande de você fica sonhando com um certo nível de sucesso, e eu tive um pouco, e aquilo não me fez feliz.»

— «Eu me internei no [Hospital] Newton-Wellesley. Estava me sentindo tão mal, com tanta raiva de mim mesmo, que fiquei com medo de me fazer mal, então eu me internei lá para não ter mais que me preocupar com isso. Eu não estaria falando sobre isso com você se a coisa não tivesse vazado para a imprensa no ano passado. No fundo não é problema dos outros... Foi uma vergonha para mim, mas também foi um momento em que desisti de várias ideias sobre os meus motivos para virar escritor, e sobre o que eu queria.»

— «Eu me interesso pela religião, só porque certas igrejas parecem ser lugares em que você pode falar das coisas. O que significa a sua vida? Você acredita em algo maior que você? Há algo de danoso na ideia de ceder a todo e qualquer desejo que você sinta?... Mas eu não consegui completar minha iniciação em nenhuma igreja, e não sei se me considero uma pessoa religiosa.»

— «Um lugar em que descobri que essas coisas eram assunto foram as reuniões do AA. Eu não estou no AA, mas participei de reuniões abertas... Tem uma certa melosidade, e tem uma certa quantidade de coisas sérias. Tipo o fato de que você precisa ter uma coragem gigante para parecer fraco. Nunca tinha ouvido essa. Eu estava apenas começando a brincar com a ideia de que isso podia ser verdade.»

Enquanto Wallace fala, ele segura um copo que lentamente vai se enchendo de um líquido marrom e espumoso que lembra cerveja. Ele está mascando tabaco, primeiro distorcendo seu lábio superior

A «HISTÓRIA INFINITA»

com uma pelota de fumo, depois passando a atividade oculta para uma cavidade posterior, cuspindo sem parar no copo. Esse processo transcorre sem grandes dramas durante toda a entrevista, em contraste com a conversa de Wallace, que é empolgada e cavalheiresca, como cabe a um ex-aluno de filosofia. «Deixa eu ficar na defensiva um momento», diz ele a certa altura, falando de seu uso da ironia.

Ironia. É o estilo dos anos noventa, e muitos leitores de *Graça infinita* usaram essa palavra para descrever a sensibilidade de Wallace. Wallace pensou intensamente a respeito do tema, incluindo parte de suas conclusões em «E Unibus Pluram», um ensaio sobre televisão e ficção que aparece em *A Supposedly Fun Thing*. A ironia e o ridículo, ele escreve, «são agentes de um grande desespero e de uma grande estase na cultura americana», e a ironia, que um dia foi a arma dos rebeldes, foi cooptada e emasculada pela cultura pop. «A ironia nos tiraniza», escreve ele. «Toda a ironia americana se baseia numa implícita declaração de 'Eu não quis dizer de verdade o que eu disse'.»

O núcleo da nossa entrevista é o espetáculo pirotécnico de 45 minutos que Wallace oferece ao falar dos perigos da ironia nos Estados Unidos. Suas fascinantes teorias vão de Sócrates a David Letterman, que Wallace chama de «arcanjo» da ironia contemporânea. «O tipo específico de ironia de que estou falando», diz ele, «quando Letterman vem e fala: 'Mas que bela plateia', e todo mundo se racha de rir, apareceu nos anos sessenta.» Naquela época, com escritores como Ken Kesey, diz ele, a ironia era uma resposta adequada a um mundo *Leave It to Beaver* que precisava ser derrubado.

Mas a ironia de hoje simplesmente mascara «o pavor de parecer sentimental ou melodramático ou manipulativo daqueles jeitos antiquados», diz Wallace, «ao mesmo tempo em que se finge que a ironia não é manipuladora por si própria». Ela é rigorosamente empregada para vender produtos, e Wallace diz que ele mesmo se pega «vendendo-se» com ironia para seus alunos na Illinois State.

«A única coisa que preciso fazer para eles gostarem de mim é começar a fazer a chamada e, no meio, eu paro e digo, 'Bueller? Bueller?'.» A referência ao filme *Curtindo a vida adoidado*, de 1986, diz ele, «mostra que eu tenho consciência do fato de que, como professor, eu sou a murcha voz da autoridade, e que estou rindo disso.

«Tudo bem, é bacana e é descolado e é a língua que a gente fala. E no entanto eu também acho apavorante que os meus alunos não tenham ideia do quanto são tiranizados pela cultura empresarial. Eles são tão tiranizados que não têm consciência de que são tiranizados. É como ser vítima do fascismo e acreditar que se está numa democracia.»

Wallace diz que odeia a ideia de ver *Graça infinita* colocado no mesmo pacote da cultura da ironia sarcástica e da indiferença moderna. «Eu queria fazer uma coisa triste... Existem, espero, formas que revelam que a ironia presente no livro tem pelo menos um grau suficiente de consciência de si própria e de sua relação íntima com o desespero, para que ela não seja só mais um comercial da Isuzu. Sabe, 'tudo é só uma piada, não me leve a sério', que é tão incrivelmente fácil, e vende como sexo.»

Com sua repercussão amplamente positiva, *Graça infinita* parecia uma vitória fácil no National Book Award de 1996. O fato de o livro não ter nem sido indicado se tornou foco de uma controvérsia no ano passado, e escritores e críticos usaram a desconsideração a *Graça infinita* para manifestar publicamente sua preocupação quanto aos prêmios e à literatura nos Estados Unidos.

«Eu vou te dizer a verdade, e vai soar um pouco como uma evasiva nixoniana», diz Wallace. «Eu teria adorado uma indicação para o National Book Award. Eu também ia adorar ganhar a loteria de Illinois.» Ele diz que todo o hype pode ter provocado uma reação negativa, e que o comitê que cuidou das indicações pode ter sido composto de pessoas que não gostam de ficção de «vanguarda».

A «HISTÓRIA INFINITA»

A controvérsia, diz ele, teve mais a ver com esse cisma na ficção americana do que com *Graça infinita*.

Surpreendentemente, os direitos de adaptação de *Graça infinita* para o cinema foram vendidos, diz ele. «Eu estou na estranha posição de ter recebido o dinheiro e ficar torcendo para o filme não sair. E estou confiante de que não vai sair, já que as oportunidades para filmes de dezoito horas são pequenas, a não ser que eles queiram distribuir cateteres na entrada do cinema.»

No que Wallace está trabalhando agora? «Agora mesmo? Tentando dar um jeito de ser sincero sem me expor ao ridículo.» Não, sério, como é que um escritor supera um romance como *Graça infinita*? Wallace dá a resposta mais concisa do dia: «Está aí uma coisa de que eu não posso falar mesmo», diz ele.

DAVID FOSTER WALLACE

Tom Scocca, 1998

Do *Boston Phoenix*, 23 de fevereiro de 1998. © 1998, Phoenix Media/ Communications Group. Reimpresso com autorização.

23 DE FEVEREIRO de 1998: «Nunca fui considerado Imprensa na vida», escreve David Foster Wallace no começo de seu ensaio «Ficando longe do fato de já estar meio que longe de tudo», de 1993. Isso pode ser tecnicamente verdade; quando a *Harper's* enviou Wallace para escrever a matéria que lhe garantiu credencias de imprensa e que lhe serviu para explorar a Feira Estadual de Illinois, ele foi como romancista que se diverte. Ainda assim, ler aquela afirmação hoje parece um pouco como ver alguém que se faz de bobo se atrapalhar com um taco de sinuca antes de limpar a mesa: o texto de 55 páginas, como quase todos os outros seis ensaios reunidos em *A Supposedly Fun Thing I'll Never Do Again*, é um exemplo magistral de não ficção.

A reputação de Wallace ainda depende principalmente de sua ficção, especialmente das 1.079 páginas de *Graça infinita* (Little, Brown, 1996). Mas o humor e a destreza intelectual que transformaram esse autor de 35 anos numa preciosidade do mundo da ficção literária — ele ganhou uma bolsa «gênio» da fundação MacArthur no ano passado, e as palavras *virtuosismo* e *brilhantismo* tendem a dar as caras nos comentários a seus livros — também o tornam um repórter cativante. A prosa de *A Supposedly Fun Thing*, volume de 1997 que agora é relançado em brochura, tem o tipo de vigor conceitual e estilístico que faz um escritor virar ícone de uma geração. O ensaio que dá título ao volume, narrativa de 96 páginas (que incluem 137 das típicas notas de rodapé de Wallace) de um cruzeiro de luxo de sete dias pelo Caribe, ganhou proporções míticas; Jordan Ellenberg, crítico do *Phoenix*, chamou um outro ensaio — o perfil esportivo «Tennis Player Michael Joyce's Professional Artistry as a Paradigm of Certain Stuff about Choice, Freedom, Discipline, Joy, Grotesquerie, and Human Completeness» — de «o melhor texto sobre esportes que eu li na vida.»

Antes da leitura que fará em Boston como parte da turnê de lançamento da brochura de *A Supposedly Fun Thing*, ele conversou com o *Phoenix* por telefone, de sua casa em Bloomington, Illinois.

P: Bem, só para o leitor se localizar, você está falando de Bloomington?

R: Sim, senhor.

P: Você está animado com a viagem para Boston?

R: Ah, sim. Estive lá no ano passado e fiz uma leitura no Brattle Theatre. Ontem à noite fui assistir *Gênio indomável*, que se passa não exatamente onde eu vivia, em Boston, mas bem perto, então fiquei todo nostálgico por causa disso. Morei em Boston do verão de 1989 até a primavera de 1992.

P: E o que você achou de *Gênio indomável*?

R: Acho que é o suprassumo do filme nerd de fantasia. Tem um quê de conto de fadas, mas gostei bastante. Minnie Driver realmente é de te fazer cair pra trás. E tem um monte de coisas legais. Na verdade, é um filme que tem cálculo. A história acontece em Boston.

Um cara com quem eu falei descreveu o filme como uma mistura de *Gente como a gente* com *O computador de tênis*. Se você assistir,

DAVID FOSTER WALLACE

vai ver que a comparação não é descabida. Você lembra de *O computador de tênis*? Com Kurt Russell. Há um acidente elétrico na sala de computadores quando ele era estudante em alguma faculdade. É tipo aquele velho lance de ficção científica acidente-tóxico-transforma-o-sujeito-no-Homem-Aranha. São uns computadores antigos incríveis, com aquelas fitas do tipo bobina rodando, e aparentemente aquilo injeta nele tudo que é dado já conhecido pelo homem, e ele vai para a televisão competir no College Bowl. Você devia ver. Da Disney, acho que de 1969, 1970.

P: Como diferentes tipos de escrita diferem para você, ficção *versus* não ficção?

R: Ulalá. Sabe, eu não sou jornalista nem finjo ser, e a maioria dos textos no livro me foram encomendados com umas instruções doidas do tipo: «É só ir até tal lugar e dar uns giros de 360 graus algumas vezes e depois você conta pra gente o que viu».

Vou ser franco: eu me vejo como escritor de ficção. A ficção é mais importante pra mim, então fico mais assustado e tenso em relação à ficção, mais preocupado se sou minimamente bom ou não nisso. O bizarro é que, depois que um ou outro texto de não ficção recebeu algum destaque, outras revistas começaram a me chamar. E aí eu passo a me ver fazendo isso também, e o sr. Ego entra em ação e eu começo a me preocupar e a suar por causa disso.

P: À medida que você recebe mais propostas, há coisas sobre as quais você não quer escrever?

R: Bem, decidi que vou parar de escrever não ficção por um tempo, porque senão vou usar isso como desculpa para não trabalhar na ficção. O engraçado é que eu acho que as revistas estão tão desesperadas por coisas que — quando é que foi? Eu escrevi aquele texto bem longo sobre o cruzeiro, e uma versão dele apareceu na *Harper's*, e acho que durante uns seis dias fiquei bem em alta com os editores. Sugeriram que eu fosse a uma colônia nudista e escrevesse sobre como era estar numa colônia nudista, e outra proposta foi — a Elizabeth Taylor estava lançando algum perfume novo, e o lançamento bizarramente ia acontecer numa base da Força Aérea. Me ofereceram de entrevistar o David Bowie. Eu não sei nada sobre o David Bowie. Por um tempo recebi essas propostas todas e foi bem bacana. Aceitei umas duas que achei que seriam interessantes para mim, mas na maioria dos casos eu meio que ri e disse: Valeu, de qualquer forma.

P: Em vários momentos do livro você lança um desafio aos editores — você diz que eles provavelmente não vão gostar disso, ou vão cortar aquilo. Houve trechos desse tipo que não entraram nos artigos originais das revistas?

R: Bem, a razão para fazer o livro — além do fato de a Little, Brown dizer que ia publicar, e de eu ser, claro, uma putinha — é que ele permitiria trazer as longas versões originais destes textos, que tinham passado por moedores de carne em diferentes revistas.

Eu realmente tinha dado duro para escrever essas coisas, só que as revistas cortaram e dilaceraram os textos, e aí veio essa oportunidade de eu fazer meio que uma espécie de versão do diretor. [Risos.] Você não precisa publicar a parte de eu ser uma putinha — com o que eu simplesmente queria dizer que é só megaemocionante ter uma editora disposta a publicar um dos seus livros.

P: Quão longa era a versão inicial do texto que dá título ao livro [sobre o cruzeiro], e quanto tempo de escrita ele representou?

R: Eu sempre tento enganar os editores das revistas mandando as coisas com espaçamento simples, fonte tamanho oito. O que, claro, é um insulto pra eles, tipo, eu acho que eles são idiotas? Então eles me ligam e ficam putos e eu mando de volta com fonte tamanho doze e espaçamento duplo. Acho que o texto do cruzeiro tinha umas

DAVID FOSTER WALLACE

110 páginas, e no fim acabou sendo cortado pela metade. E toda vez que eu enchia o saco e chiava para a *Harper's* eles diziam: Bem, ainda assim vai ser o maior texto que a gente já publicou na *Harper's*. E aí eu ou tinha que calar a boca ou tentar parecer uma prima donna ainda maior do que eu já sou.

Mas levei quase três meses pra fazer o texto do cruzeiro, e depois foram mais duas semanas — tive que ir pra Nova York e sentar numa sala com o editor. Foi bem empolgante. Reescrevi o final tipo uma hora antes de eles terem de despachar a revista. Foi como aquela cena de *Nos bastidores da notícia* em que Joan Cusack precisa sair correndo pelo corredor para levar a fita para o Jack Nicholson a tempo de colocarem no ar. Foi meio que o meu auge na indústria de revistas, e é algo de que sempre vou lembrar.

P: Como você lida com ter de ser responsável por fatos — depois de escrever ficção, trabalhar com um gênero em que as coisas que você diz devem ter algum nível verificável de verdade?

R: A questão é que, sério, aqui entre nós dois e os leitores compreensivos do *Boston Phoenix*, se você contrata um escritor de ficção para escrever não ficção, vai haver um ou outro enfeite. Sem contar o fato de que, quando as pessoas te contam algo, com muita frequência a coisa sai bem artificial se você escrever exatamente o que elas disseram. Você meio que tem de reescrever para que soe mais audível, o que eu acho que significa pôr uns *tipo* ou tirar a pontuação que a pessoa possa ter originalmente usado. E eu de fato não me desculpo por isso.

P: Você teve notícias das pessoas sobre quem escreveu? Penso especialmente em Trudy [em «A Supposedly Fun Thing»] —

R: [gemido]

P: — que você descreve como alguém que parecia —

R: Esse foi um episódio muito, muito ruim, porque as pessoas foram realmente muito simpáticas comigo no cruzeiro e chegaram a me mandar um e outro cartão, e elas estavam ansiosas com o resultado, e aí o texto foi publicado e eu nunca mais tive notícias delas.

A questão é, dizer que alguém parece o Jackie Gleason travestido — talvez não seja lá muito gentil, mas, se você pudesse tê-la visto, era *verdade*. Era a mais pura verdade.

Uma das razões que me levam a não fazer muito isso é que há um equilíbrio bem delicado entre foder com alguém e falar a verdade para o leitor. O ensaio sobre Michael Joyce foi bem, bem perturbador. Ele tinha sido inicialmente encomendado por outra revista, e eu estraguei tudo, porque realmente passei a gostar do garoto. Ele me disse umas coisas e então pediu para eu não publicar, e eu não publiquei. Mas, idiota como sou, cometi o erro de contar isso pra revista, e eles acabaram cancelando a publicação.

Uma das razões que me levaram a colocar umas coisas que talvez não sejam particularmente gentis no texto do cruzeiro foi que senti que tinha aprendido a lição. Eu não ia fazer mal a ninguém, mas ia dizer a verdade. Então eu não podia me preocupar tanto com os sentimentos de Trudy a ponto de não dizer a verdade, que era — sabe, que ela era uma senhora fantástica, muito simpática e não sem atrativos e que por acaso parecia exatamente o Jackie Gleason travestido.

P: As suas notas de rodapé têm certa tendência de fazer o leitor interromper o passo ou ser obrigado a seguir em frente e depois voltar. O quão duro você quer que o leitor tenha de trabalhar?

R: Eu realmente não penso assim, porque não quero seguir essa trilha de tentar antecipar, feito um jogador de xadrez, cada reação do leitor. Para falar a verdade, as notas de rodapé eram uma parte intencional e programática de *Graça infinita*, e você fica meio que viciado nelas. Muitos desses textos foram escritos mais ou menos na época em que eu estava datilografando e trabalhando no *Graça infinita*. É um jeito um tanto torto de pensar que, em alguns aspectos, me parece mimético.

Não sei quanto a você, mas com certeza o modo como eu penso e vivo as coisas não é particularmente linear, e não é ordenado, nem piramidal, e há muitas voltas no meio.

A maior parte dos textos de não ficção é basicamente um: Olha, não sou um grande jornalista, e não sou capaz de entrevistar ninguém. Mas o que posso fazer é abrir a minha cabeça pra você e deixar você ver um corte transversal da cabeça de uma pessoa medianamente brilhante. E de certa forma, as notas de rodapé representam melhor, acho, padrões de pensamento e situações-tipo.

O complicado com as notas de rodapé é que elas são um fator de irritação e exigem certo trabalho extra, então ou elas têm de ser bem pertinentes ou têm de ser divertidas de ler. Mas acaba mesmo sendo um problema quando, a cada piada que me ocorre, eu penso que dá para enfiar como nota de rodapé. O texto que mais sofreu cortes no livro foi o ensaio sobre David Lynch. O editor me fez cortar tipo um terço dele, e boa parte foram notas de rodapé que eram só piadas. E acho que ele tinha alguma razão.

P: Quanto de comédia você escreve? Até que ponto você tenta ser deliberadamente engraçado?

R: [Suspiros.] Vou te falar, acho que outra razão que me leva a parar de fazer isso por um tempo é que, no fim das contas, já havia de fato uma espécie de persona surgindo: o sujeito um tanto neurótico e hiperconsciente te mostrando como é esquisito esse negócio que nem todo mundo acha que é esquisito. Acho que é mais uma tentativa de perceber coisas que todo mundo percebe, mas que no fundo as pessoas não percebem que estão percebendo. Que é o que um bom número de comediantes também faz, acho eu.

P: Bem, quando você diz algo como as torres de perfuração de petróleo estão «boiando em felação»...

R: É, só que era assim mesmo que parecia.

P: Era assim mesmo que parecia, mas é engraçado o bastante pra...

R: Mas essa foi outra grande briga, porque de início eu tinha colocado *felaticamente*, que eu achava que soava melhor e que tinha um som felatório mais áspero e glótico, e aí o preparador vem com um: «Essa palavra não existe, temos que dizer *em felação*», que eu acho que faz pensar em *falação*, e eu não gosto, e assim passamos 48 horas numa guerra de polegares por causa dessa bobagem.

P: Você disse que durante um tempo, uns seis dias, você esteve realmente em alta com os editores de revistas. Como tem estado o pêndulo da fama?

R: O grau de fama de que estamos falando aqui — ficar em alta como escritor por seis dias é equivalente a uma base de fãs, digamos, de um homem do tempo de um noticiário local, certo? Com certeza as revistas não estão mais ligando todos os dias para me pedir textos, o que sinceramente é um alívio, porque eu ando trabalhando em outras coisas.

Já estou nisso desde meados dos anos oitenta, o que significa que desde meados dos anos oitenta já vi não sei quantos escritores ficarem em alta e depois não ficarem mais, e aí ficarem de novo em alta e depois não ficarem mais. Muito disso é resultado só do peristaltismo da indústria. A indústria, me parece, é tão pressionada e fica tão ansiosa em criar um oba-oba em torno de pessoas específicas. É assim com os filmes, é assim com a música, embora, com os livros, a quantidade de dinheiro em jogo seja absurdamente pequena. É legal quando o telefone já não toca tanto, e não é muito bom pra mim quando as pessoas me tratam como um figurão, porque

DAVID FOSTER WALLACE

aí eu fico inchado por dentro. Mas fora isso, realmente não faz muita diferença.

P: Qual é a dimensão do tratamento de figurão?

R: Eu me lembro de uma leitura numa livraria na Harvard Square. Foi em dezembro de 1991, e a *Harper's* teve a ideia de organizar essas leituras. O relações públicas da *Harper's* veio até Boston, e fui fazer a tal leitura, mas ninguém apareceu. Havia uma tempestade de neve, mas a questão simplesmente é que ninguém apareceu. No fim, eu e o cara das relações públicas saímos e comemos, tipo, três fatias de bolo cada um e passamos três horas pedindo desculpas um pro outro.

Então, estando acostumado com esse tipo de coisa, é bizarro fazer uma leitura em Nova York e ver que algumas pessoas não conseguem entrar, e isso faz você sentir que é um figurão. Temporariamente. O olho de Sauron da cultura passa por você, como em *Senhor dos anéis*. Você tem idade o bastante para conhecer *Senhor dos anéis*. Uma puta leitura boa, na minha opinião.

P: Algum escritor de não ficção inspirou seu trabalho?

R: Desde quando eu estava na faculdade, sou um grande fã tanto de Joan Didion quanto de Pauline Kael. E, não sei... Acho que em termos de prosa, ninguém se compara a Pauline Kael. Talvez John McPhee, nos seus melhores momentos, seja tão bom quanto. Não sei que influência eles têm, mas em termos de ser apenas um fã baba-ovo de eu diria... o primeiro livro de Frank Conroy; *A vida deste rapaz*, de Tobias Wolff. Ah, Jesus, tem um livro de um matemático de nome Hardy, de Oxford, chamado *Em defesa de um matemático*. Aliás, Hardy chega a ser mencionado em *Gênio indomável*. Enfim. Alguns são muito, muito, muito, muito bons. Mas eu diria que Pauline Kael é a melhor. Annie Dillard é muito boa, mas ela é, digamos, muito mais contida.

P: Há outra coisa que eu queria perguntar, sobre a relação entre as notas de rodapé e o hipertexto.

R: Já ouvi as pessoas falarem disso, e eu adoraria que elas pensassem que há alguma teoria grandiosa. Às vezes eu uso um computador pra digitar quando tenho muitas correções a fazer, mas não tenho um modem, nunca usei internet. Há um cara no meu departamento que ensina sobre hipertexto, mas realmente não sei nada a respeito.

P: Você escreve as suas coisas na máquina de escrever?

R: Na maior parte do tempo eu escrevo à máquina. Alguns dos textos das revistas eu fiz no computador, porque você aprende que com muita frequência as revistas vão pedir um disquete. E eles usam uma expressão ótima, eles dizem: «Bem, a gente vai só pegar o disquete e dar uma geral». Ainda não consegui que eles me explicassem exatamente o que significa «dar uma geral». Acho que significa, sabe, mudar o formato ou algo assim. Acho que é um ótimo termo para um disquete.

Mas, basicamente, sou capaz de digitar e salvar coisas num disquete, e fica por isso mesmo, em termos de computador. Me sinto um velhote.

Boa sorte com isso aqui. Aposto que você vai ultrapassar o limite de palavras.

P: Pois é. Bem, a gente vai só pegar a fita toda e, sabe, cortar até obter algo que —

R: É só dar uma geral na fita.

P: Vamos dar uma geral na fita.

R: Legal.

DAVID FOSTER WALLACE:
ENTRE GENTE SINISTRA

Lorin Stein, 1999

Da *Publishers Weekly*, 3 de maio de 1999. © 1999, PWxyz.
Reimpresso com autorização.

«*Foi só quando eu vi as provas finais que percebi o quanto o negócio era horripilante.*» Fim de tarde de domingo em Normal, Illinois, David Foster Wallace e a PW estão perdidos em algum lugar próximo do departamento de lingerie do Kmart local, à procura de fitas cassete, e Wallace está aproveitando esse atraso imprevisto antes da entrevista para expressar algumas reservas de último minuto sobre o processo de entrevista da PW. «Vocês esperam que eu tenha insights ou opiniões sobre o mercado editorial?» Wallace detém-se no meio do corredor, pelo que talvez seja a terceira vez em dois minutos, como se estivesse prestes a fugir para o caixa. «Porque o que eu sei sobre o mercado editorial daria pra escrever com um pincel atômico na boca de uma garrafa de Coca-Cola.»

O autor de *Graça infinita* (Little, Brown, 1996) — tomo de 1.079 páginas cheias de notas que já fez o que qualquer livro desta década poderia ter feito para mudar a sonoridade e os propósitos da ficção americana — veste coturnos que chegam na altura da panturrilha (o jeans enfiado dentro), uma mochila de nylon e uma tiara padrão tartaruga pequena demais para a sua cabeça. A combinação de coturno e tiara, sem contar a barba por fazer e os óculos de vovó, e também o físico grandalhão de Wallace (ele mede cerca de 1,88), lhe dá um aspecto que é ao mesmo tempo de garotinha fofa e difícil de definir. Ele parece um homem que precisa de um grampo de cabelo.

Pessoalmente, Wallace não lembra suas fotos de autor — e o sujeito de ar nervoso mas basicamente alegre ao lado do estande de artigos para casa Martha Stewart simplesmente não parece alguém que poderia ter escrito seu último livro, *Breves entrevistas com homens hediondos*, que acabou de sair pela Little, Brown, uma coletânea de contos de humor sombrio, povoados por predadores sexuais e gente falida espiritualmente, em que estupro e masturbação zombam do amor romântico; vínculos familiares são medidos pelo estrago que provocam; e em que mesmo os títulos dos contos («Mundo adulto», «Uma história radicalmente condensada da vida pós-industrial») desafiam os leitores a se eximirem do pesadelo que é a visão de Wallace.

Nos breves contos de perguntas e respostas que dão título ao livro, espalhados pela coletânea, uma entrevistadora interroga vários homens sinistros sobre sua relação com mulheres. Embora jamais escutemos as perguntas dela, apenas as respostas deles, Wallace a vê como a protagonista do livro. «Algo ruim acontece com ela ao longo do livro», diz Wallace, sentado diante de um hambúrguer pós-Kmart numa lanchonete ali perto, «tipo, algo *realmente* ruim».

Mastigando em pedacinhos um palito de dente após o outro (ele parou de fumar em meados de fevereiro), Wallace não hesita em concordar que *Breves entrevistas* é seu trabalho mais perturbador. «Eu não fazia ideia do quanto o livro seria desconcertante, ou de que amigos veriam nele um reflexo de coisas que estavam acontecendo comigo — o que significa que, se isso for verdade, então eu sou o equivalente literário da pessoa que escreve 'Me ajude' no espelho sem se dar conta.»

Wallace diz que nunca planejou escrever as entrevistas ficcionais que emprestam seu título e seu tom ao livro. Ele apenas sentou uma semana e «quatro ou cinco delas saíram». O desafio de escrever no formato perguntas e respostas o divertiu de início. Era um artifício que ele tinha tentado usar, sem sucesso, em *Graça infinita*. Logo ele se viu revisitando outras coisas inacabadas do romance.

Essas coisas não eram formais, mas temáticas. Situado em Boston e arredores num futuro próximo, *Graça infinita* se passa sobretudo numa academia de tênis de alto nível e, a algumas quadras de distância, numa casa de recuperação para viciados em drogas. Ao longo do romance, à medida que o caminho de garotos e adultos vai se cruzando, Wallace pinta o diorama de um país em que cada forma de prazer e desejo, de esportes à televisão e a relacionamentos humanos, ameaça se transformar em uma necessidade, em que a busca pela felicidade mascara um desespero quase universal.

Wallace alega que o «lance de tristeza e vício» do romance provém de suas observações da cultura do AA quando ele morava em Boston, antes dos trinta. «Boston tem reuniões abertas do AA e essas coisas são fascinantes. Você vê em geral pessoas privilegiadas que, pela própria incapacidade de preservar sua autonomia diante do prazer à disposição, arruinaram a vida e agora parecem sobreviventes de Dachau. É disso que trata *Graça infinita*, em certo sentido, mas ao mesmo tempo só descobri isso depois, em entrevistas, quando estava tentando construir uma espécie de narrativa mais ou menos verdadeira sobre por que eu escrevi o que escrevi.»

Em retrospecto, Wallace diz, ele não ficou satisfeito com a personagem de Orin Incandenza, a versão mais próxima de um viciado em sexo no romance. Incandenza, um herói do futebol americano, vaga por *Graça infinita* seduzindo mulheres que lhe fazem lembrar sua mãe. «Muito se falou do comportamento sexual de Orin, mas no romance isso nunca chega a ser tratado de forma sistemática. Lembro de fazer essa relação e começar a escrever outras 'entrevistas' com isso em mente. Mas foi só quando vi as provas finais [do novo livro] que percebi o quanto o negócio era horripilante. O mais assustador é que esses últimos anos têm sido em geral bem bons e bem tranquilos, ainda que desconcertantes em alguns aspectos.» Wallace caracteriza a recepção do público tanto à *Graça infinita* quanto a uma coletânea de ensaios que se seguiu, *A Supposedly Fun Thing I'll Never Do Again* (Little, Brown, 1997), de uma «esquizofrenia da atenção». E embora «esquizofrenia» seja uma palavra forte, aos 37 anos Wallace claramente mantém sua carreira como um dos experimentadores literários mais reverenciados de sua geração separada de sua vida privada como professor de letras-inglês na Illinois State, a uma curta viagem de autoestrada até a casa de seus pais, em Urbana. Detalhes de sua vida privada são em grande parte desconhecidos, embora ele admita um «bom relacionamento sólido e monogâmico» com uma «pessoa muito bacana» e ser dono de um cachorro que está «bem próximo de uma depressão clínica». (Desde que a *New York Times Magazine* publicou o conteúdo do armário de remédios de Wallace ele declarou sua casa proibida para a imprensa.)

Wallace é particularmente reticente sobre a época da virada dos trinta, quando, após a publicação de seus dois primeiros livros, ele lutou contra a depressão e o abuso de drogas, anos em que nada que escrevia dava frutos, mas durante os quais *Graça infinita* («um romance de seis anos que foi escrito em três») foi tomando forma. Ele alega não entender a atenção que os repórteres deram a seus problemas pessoais pós-adolescentes: «É um milagre a Little, Brown ter encontrado gente que desse a mínima para essas coisas». Nos seus momentos mais engraçados, a ficção de Wallace satiriza a angústia e o isolamento como condições que são, essencialmente, entediantes, indignas do sujeito. Do mesmo modo, Wallace parece sinceramente achar que não só é mais fácil como mais interessante falar de sua carreira como escritor do que de seus demônios.

Filho de uma mãe gramática e de um pai que estudou com o aluno e biógrafo de Wittgenstein, Norman Malcolm, Wallace planejava seguir os passos do pai como filósofo. Porém, em seu terceiro ano no Amherst College, ele fez uma pausa para «basicamente dirigir

DAVID FOSTER WALLACE: ENTRE GENTE SINISTRA 177

um ônibus escolar em Urbana»; quando voltou para Amherst, no ano seguinte, seus melhores amigos já estavam prestes a se formar. Um deles tinha convencido a administração a deixá-lo escrever uma obra de ficção como parte de sua monografia de conclusão de curso. Sem amigos em seu último ano na faculdade, Wallace fez o mesmo.

O resultado foi a primeira versão de *The Broom of the System* — um romance sofisticado e irreverente sobre amor não correspondido, um psiquiatra corrupto e cidadãos idosos que desaparecem, que incorpora o tom pastelão de Thomas Pynchon e um bocado da filosofia da linguagem de Wittgenstein, e que rendeu a Wallace uma generosa bolsa de estudos no programa de escrita da Universidade do Arizona. Wallace aceitou a bolsa, mas não sem olhar para trás, para a lógica e a semântica. (Em 1989, ele se matriculou no programa de doutorado em filosofia de Harvard, mas desistiu depois de um semestre.)

No Arizona, Wallace quase foi expulso por realistas linha-dura que «agressivamente desgostavam» de sua escrita e do seu jeito combativo em sala de aula («eu era um babaca»), mas foi aceito pela agente de San Francisco Bonnie Nadell. Hoje Nadell é um dos quatro leitores com quem Wallace compartilha seus novos trabalhos. «Bonnie e eu temos gostos muito diferentes, mas quando uma coisa realmente fica uma merda, ela me diz de um jeito que não faz eu querer me jogar de uma ponte.»

Wallace atribui a Nadell um instinto de «Phil Spector» para associá-lo aos editores certos. O primeiro deles foi Gerry Howard, que comprou *Broom* para a Viking em 1986 e «sob cuja tutela rigorosa (graças a Deus) o romance foi reescrito». Segundo Wallace, ele nem sempre foi alguém fácil de editar. «Aprendi algumas coisas com Gerry, mas não lhe dei ouvidos, e *Girl*» — a primeira coletânea de contos de Wallace, *Girl with Curious Hair* — «foi a minha punição.»

Essa punição não foi puramente artística (embora Wallace diga que certos contos dessa coletânea hoje lhe pareçam «brutalmente narcisistas»); ela também foi jurídica. Wallace baseou um dos contos da coletânea, sobre o *The Letterman Show*, em uma entrevista real do apresentador com a atriz Susan Saint James — e esqueceu de mencionar esse fato a Howard ou ao departamento jurídico da *New American Library*. («Não sei por que. Eu tinha 26 anos, pelo amor de Deus, eu devia ter tido alguma noção. Eu simplesmente não achei que fosse importante.») Quando por acaso a NBC retransmitiu a entrevista com Saint James, duas semanas antes de a *Playboy* fechar a edição em que o conto deveria aparecer, a *Playboy* entrou em pânico. Os advogados da Viking então começaram a examinar a coletânea e encontraram ainda mais razões para se preocupar em outro conto, envolvendo os apresentadores de game show da vida real Merv Griffin, Pat Sajak e Alex Trebek. Já na fase final de provas, *Girl* foi riscado da lista da Viking. Enquanto isso, diz Wallace, ele estava mandando para os advogados «essas cartas filosóficas intrincadas. Eu estava perdidinho e com medo, porque achava que era o melhor trabalho que eu seria capaz de fazer. Devo tudo a Gerry por ter trazido o livro para a Norton».

Que foi o que Howard (juntando-se a um êxodo de editores da Viking sob a gestão da NAL) fez. Wallace diz que poderia ter continuado com Howard na Norton, mas, «infelizmente, a Norton não o autorizava a pagar adiantamentos suficientes para a subsistência das pessoas», e assim, quando Wallace já tinha escrito metade de *Graça infinita*, Nadell vendeu o livro para Michael Pietsch, na Little, Brown.

O trabalho de Pietsch em *Graça infinita* já foi muito louvado. Wallace elogia não apenas a proeza de cirurgia a laser no corte de «duzentas ou trezentas páginas» de um romance cheio de subenredos microscópicos e referências cruzadas, mas também a diplomacia de Pietsch no trato simultâneo com os profissionais do marketing, preocupados com o tamanho do romance, e com Wallace, cuja «grande esperança era que umas 2 mil ou 3 mil pessoas lessem o livro.

DAVID FOSTER WALLACE: ENTRE GENTE SINISTRA

«Não era uma questão de gostar do meu editor. A gente não frequenta os mesmos círculos: fico nervoso perto do Michael; ele é uma figura de autoridade pra mim. Mas sinto que o conheço, e confio nele, e isso não tem preço.»

Breves entrevistas também tem uma dívida para com Pietsch, que ajudou a organizar o restante do material do livro de modo a enfatizar o arco das «entrevistas» e a ecoar a descida de P. no que Wallace — um filho de ateístas que «reprovou» duas vezes na instrução católica — chamou, num tom de semibrincadeira, de «o vazio espiritual das interações heterossexuais na América pós-moderna». Mas ainda que Wallace insista que *Breves entrevistas* é mais do que apenas uma coletânea, e admita que certas histórias dali tenham sido difíceis de escrever, ele diz que foi mais fácil superar este livro do que *Graça infinita*.

«Romances são como casamentos», diz Wallace, pegando outro palito de dente da caixinha que carrega na mochila. «Você tem que estar no clima para escrevê-los — não só pelo modo como a escrita em si vai se desenvolver, mas porque é muito triste terminá-los. Quando terminei o meu primeiro livro, eu realmente sentia que tinha me apaixonado pela minha protagonista e que ela havia morrido. Você tem que entender, escrever um romance é bem esquisito e tem um quê de amigo-invisível-de-infância, e aí você mata aquilo, algo que na verdade nunca esteve vivo a não ser em sua imaginação, e você tem que sair e fazer compras e conversar com as pessoas em festas e tal. Personagens em histórias são diferentes. Elas ganham vida pelo canto dos seus olhos.

«Você não tem de viver com elas.»

DAVID FOSTER WALLACE SE AQUECE

Patrick Arden, 1999

Da *Book*, julho-agosto de 1999. © 1999 de Patrick Arden.
Reimpresso com autorização.

Em que uma (não tão) breve entrevista com o escritor acaba com ele pedindo um camarão para o fotógrafo inicialmente barrado.

Depois de toda a atenção que David Foster Wallace recebeu após o surpreendente sucesso de seu romance de 1996, *Graça infinita*, ele está decidido a proteger sua privacidade. As reações às 1.079 páginas de sátira social e tragédia humana — que incluíam famosas 388 notas — foram esmagadoramente positivas. Ele foi descrito como «brilhante» (*Kirkus Reviews*), «um gênio» (*Chicago Tribune*) e como «o escritor mais engraçado da sua geração» (*Village Voice*). Após o seu celebrado épico, Wallace publicou em 1997 uma coletânea de não ficção de «ensaios e argumentos», *A Supposedly Fun Thing I'll Never Do Again*, e ao longo dos dois anos seguintes ele continuou a aparecer regularmente em revistas populares como a *Elle* e a *Spin*. Jornalistas chegaram mesmo a elogiar repetidas vezes a sua foto publicitária, como se ela fosse a própria fotografia de sua era — um jovem com a barba por fazer perdido em pensamentos, uma bandana em torno do cabelo comprido feito um curativo protegendo um ferimento na cabeça.

Não perturbe

Agora com 37 anos, Wallace, um professor na Illinois State University, em Bloomington-Normal, me avisou que seu número de telefone não listado só deve funcionar mais um mês, quando será trocado. «Meu número tem uma validade de um ano», diz ele. «Nisso alguma coisa estranha acontece e eu começo a receber ligações de gente de quem não quero receber ligações. Aí você tem que fechar o círculo de novo.» Sua namorada acabou de se mudar para a casa dele, mas eles fizeram um pacto de não discutir o trabalho um do outro. Ele defende esse acordo como uma medida necessária para proteger a intimidade deles.

Na primeira vez em que liguei, ele atendeu enquanto eu estava deixando uma mensagem na secretária eletrônica e imediatamente começou a listar regras básicas para a entrevista. Primeiro, nada de fotos. «A Little, Brown tem uma dúzia de fotos diferentes minhas — não dá pra usar uma delas?», implora ele. «Estou cansado de ser fotografado.» E ele não quer que o encontro seja na sua casa; em vez disso, me orienta a ir ao restaurante Cracker Barrel, na saída da I-55 para Bloomington. Suas instruções são meticulosamente detalhadas.

Breves entrevistas com homens hediondos, o livro que vamos discutir, é uma coleção de contos de Wallace. O título provém de uma série de conversas unilaterais em que homens discutem seus problemas com o sexo oposto. As perguntas da entrevistadora não aparecem.

Os problemas dos homens vão do cômico ao assustador. Um deles não consegue parar de gritar «Vitória para as forças da liberdade democrática!» enquanto ejacula durante o sexo. Um agressor busca aconselhamento, pelo bem da sua própria autoestima. Outro argumenta que uma mulher pode na verdade se beneficiar de um estupro ou de incesto («A ideia que ela tem dela mesma e daquilo que ela pode viver e do que pode sobreviver é maior agora»). Um

DAVID FOSTER WALLACE SE AQUECE 183

homem com um braço desfigurado conta como usa a deformação para convencer mulheres a ir pra cama com ele. Ele tira proveito da culpa delas («Às vezes elas também me fazem chorar»), e se refere ao seu apêndice murcho como a «Vantagem».

Wallace diz que não se sente à vontade para discutir o livro. «Eu falei que aceitava de bom grado conversar com você, mas não faço ideia do que dizer, simplesmente porque este livro não tem de fato uma agenda, a não ser por umas coisas técnicas e formais que não sei se quero discutir e que não acho que as pessoas realmente queiram saber.»

Quando enfim nos encontramos, Wallace já tinha cedido na sua proibição de fotos. De modo que, quando chego ao Cracker Barrel, tenho um fotógrafo comigo. Wallace é imediatamente reconhecível: um sujeito robusto com a barba por fazer, com uma jaqueta de couro e uma camisa da Universidade de Iowa, está sentado numa cadeira de balanço na varanda da frente do restaurante. Wallace fica todo preocupado que o dono do restaurante se oponha a fotografias no interior e se recusa a posar ao lado de uma máquina antiga de Coca-Cola. «Ninguém vai acreditar nisso», diz ele. Depois que o fotógrafo tira algumas fotos, Wallace relaxa.

«Não sei se vocês já tiveram a chance de apreciar o Cracker Barrel antes», diz ele, guiando-nos restaurante adentro. O lugar tem uma loja de lembrancinhas na frente, com prateleiras cheias de estatuetas de cerâmica e potes de compota e condimentos. O ar é carregado do cheiro de sabonete e *pot-pourri*. Diferentes ferramentas agrícolas pendem do teto. Um porco mecânico de brinquedo grunhe: «Me tira daqui».

«É fácil tirar sarro», diz ele, «mas a comida realmente é muito boa.»

A nossa mesa fica no meio de um salão cheio, entre a cozinha e o banheiro. Wallace, cujo livro novo inclui um agradecimento «aos funcionários e à gerência do restaurante familiar 24 horas Denny's», sente-se em casa em lugares assim. Ele abre uma minúscula caixinha e põe uma pilha de palitos de dente na mesa. Ele explica que está tentando parar de fumar, e mastigar palitos de dente é melhor que a sua solução anterior — mascar tabaco.

«Estamos tentando um novo regime aqui», diz ele. «Se vocês ficarem a fim de mastigar palito, por favor fiquem à vontade para dividir. Acho que é fácil parar de fumar, o difícil é só não cometer um crime depois que você para. Eu tenho tipo um décimo da paciência que costumava ter. Tenho raiva do trânsito, raiva do telefone. Se fui estúpido com vocês, peço desculpas. Minha namorada disse que eu fui, e aí fui estúpido com ela por me dizer isso.»

Enquanto olhamos o cardápio, Wallace avisa: «É só pegar algo bom e genérico — não tem erro.» Ele diz que vai pedir o rocambole de carne, embora me impeça quando eu tento fazer o mesmo. «Se você pegar o rocambole e não gostar, poderia pôr a culpa em mim.»

Vida Normal

Filho de professores universitários, Wallace cresceu no interior de Illinois. Seu pai é professor de filosofia na Universidade de Illinois, em Champaign-Urbana; sua mãe é professora de inglês. Ele diz que tem uma irmã mais nova, mas hesita quando se trata de discutir sua própria história em detalhes: «Era bem o tipo de vida tranquila e seminerd numa cidade acadêmica de médio porte em Illinois. Não me importo em te falar a respeito. Só tenho plena consciência de que isso não é muito interessante ou dramático».

Formou-se com louvor e distinção no Amherst College em 1985, tendo estudado filosofia, a disciplina do pai. Ele se voltou para a ficção no último ano da faculdade, quando ajudou a publicar uma revista de humor e ganhou dinheiro fazendo trabalhos de conclusão de curso encomendados. «Foi realmente um bom treinamento

DAVID FOSTER WALLACE SE AQUECE   185

escrever em vozes e estilos diferentes — eles te expulsam se você
for pego», diz ele.

No fim, Wallace foi fazer seu mestrado na Universidade do Arizona. «Depois disso eu meio que fiquei vagueando por um tempo», diz ele. «Morei em Boston e Nova York por uns cinco anos antes de me mudar de volta pra cá.» Ele veio para Bloomington-Normal para trabalhar meio período na Dalkey Archive Press, que fizera sua reputação ressuscitando obras esgotadas de escritores do início do modernismo, incluindo Gertrude Stein e Louis-Ferdinand Céline.

«Não me dou bem com cidades grandes», diz Wallace. «A culpa não é das cidades — é minha. Não suporto barulho, e gosto de escolher quantas pessoas vão estar a menos de trinta metros de mim a qualquer momento. Muitos dos meus amigos da faculdade estão em Nova York, e quando eles vêm pra cá não conseguem ficar mais do que alguns dias. Eles ficam assustados — é chato demais. Mas eu estou assombrosamente feliz. Só quero ser deixado em paz pra comer meu rocambole de carne.

«Tenho muitas vantagens. Moro numa cidade pequena. Se alguém quiser falar comigo, tem que fazer uma longa viagem e vir a restaurantes de merda.»

Quando se mudou de volta para Illinois, Wallace já tinha publicado dois livros bem-recebidos pela crítica: o romance *The Broom of the System*, de 1987, e a coletânea de contos *Girl with Curious Hair*, de 1989. Mas, para o bem ou para o mal, sua reputação agora deve depender de seu grande livro — *Graça infinita*. Os fãs acharam que seu método digressivo representava perfeitamente um mundo saturado de dados, ao passo que seus detratores alegaram que o enredo é desleixado e que sua loquacidade é exagerada. No entanto, essa prolixidade é parte integrante de uma poderosa visão de mundo — a de que as novas realidades derivadas do bombardeio midiático e da sobrecarga de informação não fizeram com que as pessoas fossem exatamente mais felizes.

O editor de Wallace na Little, Brown, Michael Pietsch, disse que de início se sentiu intimidado com o tamanho todo do livro. «Eu não fazia ideia de qual era a ligação entre as personagens, a não ser pelo fato de que elas estavam ou usando drogas ou jogando tênis», admitiu ele em uma entrevista. No fim, Pietsch decidiu transformar o tamanho do livro em um desafio: «Você conseguiu terminar a colossal obra-prima de David Foster Wallace?». Um representante de vendas da Little, Brown me disse: «A gente nunca tinha investido tanto esforço e dinheiro antes no marketing de um livro... e valeu a pena.»

«É um bom livro», diz Wallace, um tanto na defensiva. «Mas é um livro longo e difícil e não há razão para ele ter recebido esse tipo de atenção. Muita dessa atenção foi midiática e não literária, então não fiquei lá muito impressionado. Parte do livro é sobre o fenômeno midiático e, digamos, as consequências espirituais desse fenômeno, e aí o livro em si se tornou um objeto midiático. Por um tempo, eu me diverti com a ironia da situação, mas depois isso meio que me fez sentir um grande vazio.»

Ele não espera receber a mesma atenção de *Breves entrevistas com homens hediondos*. «A minha esperança, digamos assim, é que este seja apenas um livro normal de vendagem razoável», diz ele. «Talvez você e umas duas outras pessoas vão querer falar sobre ele, e fica por isso mesmo. Não sei se estou muito a fim de outro circo.»

Breves entrevistas

Em *Breves entrevistas com homens hediondos*, Wallace obviamente estava preocupado com a forma. A arquitetura do livro pode parecer um tanto preciosista e melindrosa: títulos se repetem, personagens dissecam cuidadosamente suas próprias emoções, cada ideia ou sentimento é comentado à exaustão. («Tenho que me divertir», diz ele. «É tarde da noite quando estou digitando.»)

DAVID FOSTER WALLACE SE AQUECE 187

Uma história aparece dividida em duas partes: «Mundo adulto I» trata de uma jovem recém-casada que é sexualmente ingênua; «Mundo adulto II» continua a história dela, mas a narrativa se transforma em um diagrama à medida que a protagonista se torna mais sofisticada e alienada de suas paixões, e Wallace permite que o leitor tenha um vislumbre do próprio maquinário da narração. «Há um tanto de malabarismos formais no livro», explica. «Eu, como leitor, não gosto de malabarismos formais se eles não tiverem uma razão de ser. A grande razão para 'Mundo Adulto II' aparecer num formato esquemático é que eu, como leitor, já não engulo mais epifanias feitas de maneira dramática. Aquela coisa: 'Ela olhou pela janela. Subitamente, a revelação atingiu seu rosto em cheio': começo a fazer careta quando leio esse tipo de merda. Eu não acho que os leitores ainda engulam epifanias... Gosto de coisas que têm movimento, mas não quero ser visto como manipulador e não gosto de ser manipulador. Então algumas das histórias que parecem mais esquisitas pelo menos foram projetadas de modo a tentar lidar com coisas emocionais de maneira diferente. Talvez seja mais fácil de engolir. Ou, sendo mais sincero, é mais fácil pra mim escrever assim, quando não fico me sentindo, sabe, o cara de *As pontes de Madison*.

«A gente sabe reconhecer muito bem quando alguém está cutucando as nossas emoções como se elas fossem o fecho de um sutiã», diz ele, levando a mão até o peito, os dedos cerrados num aperto artrítico. Os clientes da mesa ao lado estão cantando «Parabéns pra você».

O garçom traz os nossos pratos — pedaços de carne com purê de batata coberto por molho marrom. Wallace pega ansioso um garfo e indaga sobre o camarão à milanesa do fotógrafo. «Nunca experimentei», diz ele. «Cheguei perto umas duas vezes.»

Wallace diz que ficou surpreso com a reação que o livro provocou até então. «Alguns amigos que leram vieram me dizer: 'Cara, deve haver uma parte sua que é um misógino grave porque você pinta a misoginia bem demais'. Eu não sei o que responder. Se você faz algo convincente sobre um assassino em série significa que você tem uma tara por assassinato? Bem, talvez, acho eu... Mais do que qualquer pessoa comum? Não sei.»

Ele suspira e balança a cabeça. «Não dá pra negar — é muito triste. Um dos meus amigos me disse: 'Tá todo mundo completamente fodido nisso', e é verdade. As pessoas têm uma noção razoável do que está acontecendo e elas estão bem autoconscientes. Deus sabe o quanto elas estão autoconscientes. E, no entanto, elas não sabem o que fazer.»

Ele rejeita a crítica de que seu trabalho é desnecessariamente complicado: «Não tenho lá uma grande opinião sobre isso, a não ser que alguém diga: 'Sabe, Dave, li o seu livro e me pareceu que ele exigiu todo esse trabalho duro só pra te dizer no final: Ei, foda-se, leitor, eu consigo te fazer trabalhar duro'. Nesse caso eu sei que falhei com esse leitor. Aí eu realmente sinto que esses leitores acham que eu sou um idiota. E eu odeio livros em que, sabe, aqueles livros em que você chega na metade e tem a sensação de que o autor é tão besta que acha que pode te enganar fazendo você achar que o livro é super sofisticado e profundo só porque é difícil. É uma epidemia na escrita acadêmica. E acontece, tipo, na metade do tempo na escrita vanguardista. E é o que eu mais temo como escritor, porque é o que mais odeio como leitor. E tenho certeza de que tenho culpa no cartório em alguns momentos».

Wallace diz que continua ensinando meio período não pelo dinheiro — ele ganha apenas 17 mil dólares por ano fazendo isso —, mas porque «é mesmo bom pro meu trabalho. Se eu fico sozinho, sei lá, por uma semana, fico esquisito. Ensinar me obriga a falar com outras pessoas». Ele dá uma olhada no camarão do fotógrafo. «Está bom? Não ficou um pouco pesado no empanado?»

A edição de 1991 de *Contemporary Authors* mostra um Wallace de vinte e poucos anos, com um ar sério, ou pelo menos de barba

DAVID FOSTER WALLACE SE AQUECE 189

feita. Na rubrica «religião», consta «católico», e em «política» aparece «Partido Comunista dos Estados Unidos». Sete anos depois, o verbete dele não indica nem religião nem filiação política.

Wallace explica que tentou ingressar na igreja católica duas vezes, uma em meados dos anos oitenta e outra no início dos anos noventa. «Eu passei pelo RICA (Rito da Iniciação Cristã de Adultos) umas duas vezes, mas sempre reprovo na parte das perguntas. Eles realmente não querem muitas perguntas. Eles querem apenas que você aprenda as respostas», diz. «Meus pais são ateístas raiz da geração de sessenta. Aquela coisa, a religião para eles equivale a uma repressão central da autoridade. Mas os pais deles — meus avós — eram bem, bem religiosos. Minha avó praticamente cresceu num convento... Acho que a religião meio que pula uma geração. A maioria dos meus melhores amigos é religiosa de um jeito bacana, em que durante anos você nem sabe que é religioso. Eles não são do tipo que vai aparecer na sua porta com um panfleto debaixo do braço. Sabe, eu gosto da igreja e gosto de fazer parte de algo maior. Acho só que não é o meu destino fazer parte de uma religião institucional, porque não é da minha natureza aceitar certas coisas sobre a fé.»

Ele lança outro olhar para o prato do fotógrafo. «Posso pegar só um camarão?», pede.

«Os Estados Unidos são uma grande demonstração do que acontece numa cultura rica e privilegiada que basicamente perdeu a religião ou a espiritualidade como uma presença realmente informadora. Ela continua sendo uma presença verbal — faz parte da etiqueta dos nossos líderes, mas não está mais dentro de nós, o que, por um lado, nos torna bem liberais e moderados, e a gente não é fanático nem tem o costume de sair por aí explodindo as coisas. Mas, por outro lado, é bem difícil achar que o objetivo da vida é duplicar seu salário para poder ir ao shopping com mais frequência. Mesmo quando você tira sarro e despreza a coisa, há um vazio bem sombrio nisso.»

Wallace endireita-se na cadeira e afasta seu prato. «Essa é apenas a minha opinião como um cidadão comum — não sei se isso tem tanta relação assim com as coisas sobre as quais eu escrevo.»

Uma coisa supostamente divertida

Wallace volta-se para o fotógrafo. «Isso deve ser uma chatice pra você», diz ele. «Tente esse jogo.» Ele pega uma peça triangular de madeira com pinos encaixados em vários buracos. É o restaurante que fornece, ao lado do saleiro e do pimenteiro. «Quero ver se alguém mais consegue fazer isso. É um pouco como jogar damas. Você tem que fazer um negócio saltar por cima do outro. Aqueles que você consegue capturar, você tira. O objetivo é ficar só com um no final.

«Não sou bom nisso. Até agora só entendi que você tem que manter os malditos juntos, se não a coisa fica bem complicada.» Ele percebe a nossa relutância. «Vai ser divertido.»

Em vez disso, pedimos sobremesa.

«Vamos falar sobre o trabalho de vocês agora?», pergunta Wallace.

Finalmente, a conta chega.

«Bem, até que não doeu nada», diz ele. «Foi fácil.»

De volta à loja de lembrancinhas, Wallace diz: «A questão é perceber o quanto isso vai passar rápido pelo cérebro de todo mundo, exceto o seu e o meu. Você vai se importar com a publicação, assim como eu. O resto do mundo, tipo as pessoas em consultórios de dentista...». Ele balança a cabeça, mas depois pensa duas vezes. «Isso não significa que você não tem um compromisso com a verdade.» Agradeço o conselho. É pra ser uma publicação curta.

«Quão curta?»

Umas 2 mil palavras.

«Ih, caramba! É só tirar todos os artigos.»

Caminhamos até o estacionamento e Wallace põe a mão no meu ombro.

«Vou querer ver o que você vai fazer com isso.» Ele sorri. «Resumir nunca foi o meu forte.»

TRAVESSURA:
UMA BREVE ENTREVISTA COM
DAVID FOSTER WALLACE

Chris Wright, 1999

Do *Boston Phoenix*, 3-10 de junho de 1999. © 1999, Phoenix Media/
Communications Group. Reimpresso com autorização.

Não espere encontrar nenhum Dom Juan devassamente encantador na nova coletânea ficcional de David Foster Wallace, *Breves entrevistas com homens hediondos*. Mais neurótico do que erótico, o livro investiga (com alguma alegria, podemos acrescentar) o atoleiro do romance moderno por meio de uma série de entrevistas fictícias. Com seu talento característico, Wallace subverte a forma omitindo as perguntas e marcando essa ausência com um P. Conseguimos falar com Wallace em Nova York, um dia depois de ele ter lido para um auditório cheio no Harvard Film Archive, e ele estava cansado e com a bexiga cheia, mas não pareceu nem um pouco hediondo. No espírito do livro, porém, adotamos o formato de *Breves entrevistas* em nossa discussão de dez minutos.

P:
R: Como assim?

P:

R: Não levar desaforo pra casa é um eufemismo pra alguém que é hostil e estúpido com as pessoas, e não me lembro de já ter feito isso.

P:

R: Sim, não. A questão é, às vezes você se preocupa que as entrevistas possam ser chatas, então é tentador tirar sarro das pessoas só pra manter a coisa interessante. Isso pode ser maldoso. Acho que talvez eu faça isso.

P:

R: Acho que, hum, o acidente de carro é menos importante do que se virar para os seus amigos e ver a expressão no rosto deles. E aí ver os seus amigos vendo a expressão no seu rosto. Sou mais alguém que reage do que alguém que assiste. Faz algum sentido?

P:

R: Não, fico contente que você esteja sendo honesto. A gente saiu [de Boston] hoje às seis da manhã. Acho que as pessoas estão fazendo perguntas perfeitamente razoáveis e eu estou apenas resmungando à toa. Fique à vontade para cortar grandes substantivos.

P:

R: Entre nós, está mais pra quinze, porque o próximo cara vai me ligar às cinco e meia. Na verdade, catorze, porque eu preciso mijar.

P:

R: Não acho que seja exatamente a mesma coisa que não conseguir andar na rua sem que garotas tentem arrancar a sua camisa.

P:

R: Não, o teste na verdade é quantos leram.

P:

R: É muito gentil da sua parte, parabenizo o seu discernimento e tudo o mais. O que me empolga mesmo, aquilo que eu realmente gosto de ler, me parece desafiador mas também divertido pra caramba. Acho que muitas das coisas vanguardistas nos Estados Unidos perderam esse lado divertido — só ficam, sabe, cheirando o próprio rabo.

P:

R: Leia a citação de novo.

P:

R: Ha!

P:

R: No início, quando as pessoas diziam isso sobre *Graça infinita*, eu ficava magoado. Todo escritor quer que todo mundo o ame. Mas, bom, pra mim, fazer o que faço e saber que algumas pessoas gostam disso — vai ter que bastar. Quando os resenhistas estruturam toda a resenha de modo a mostrar como ficaram cansados quando tentaram encarar o livro — sim, isso me magoa, e acho que eles estão sendo babacas.

P:

R: Ah, não, não estou falando de você.

P:

R: Atenção não é o mesmo que afeição. Eu finalmente entendi isso. Enfim, minha bexiga está estourando. Já é suficiente? Tá certo. Peço desculpas por qualquer incoerência. Fique à vontade para editar como quiser.

POR TRÁS DOS OLHOS ATENTOS
DO ESCRITOR DAVID FOSTER WALLACE

Mark Shechner, 2000

Do *Buffalo News*, 10 de setembro de 2000.
© 2000, Mark Shechner e *Buffalo News*. Reimpresso com autorização.

De um certo ponto de vista, aquele do puro virtuosismo mozartiano, Wallace poderia ser honestamente chamado de o melhor jovem escritor dos Estados Unidos. Pela frase pungente, estratégia performática, imprevisibilidade, força de furacão, bravata de quem arrisca a qualquer custo e improvisação ligeira, ele se destaca entre os seus contemporâneos. Jovem como os romancistas agora costumam ser, aos 38 anos Wallace já publicou cinco livros: *The Broom of the System* (romance, 1987), *Girl with Curious Hair* (contos, 1989), o maciço romance *Graça infinita* (1996), uma coleção de ensaios e artigos de viagem encomendados, *A Supposedly Fun Thing I'll Never Do Again* (1997), e uma miscelânea de histórias e entrevistas psiquiátricas, *Breves entrevistas com homens hediondos* (1999). Quando resenhei *Graça infinita*, em 1996, descrevi-o como «um romance Godzilla, com 1.079 páginas de erudição em drogas e reabilitação, aparato tecnológico, comédia social, alucinação, profecia milenarista, desordem terrorista, simulação paramilitar, disfunção psíquica e calamidade neural, e tênis». *Entrevistas* é uma mistura de contos estranhos e entrevistas aparentemente transcritas, relatórios de acompanhamento de homens com problemas românticos que podem estar sob os cuidados de um terapeuta ou sob custódia policial ou trancados a sete chaves.

Nascido em Ithaca, Nova York, e criado em Champaign-Urbana, Illinois, Wallace é filho de pais acadêmicos, o pai, um professor de filosofia na Universidade de Illinois. Ele já disse que não houve grandes acontecimentos na sua infância e escreve sobre ter sido um jovem prodígio do tênis. Mas houve anos perdidos, sobre os quais Wallace não fala, embora eles apareçam aqui e ali na sua escrita através do seu fascínio pelos mundos da dor mortal, da obsessão poderosa, do trauma neural e do vício.

Ler qualquer texto de Wallace é encontrar um embate febril e joyceano com a linguagem, uma profunda investigação psicológica em estados mentais extremos, um conhecimento doutoral da farmacologia arcana, uma consciência refinada de artifícios elaborados, uma sofisticação teórica em relação a filmes, televisão e vídeos, e um senso de humor ultrajante. (Quando o pai da personagem principal do romance *Graça infinita* comete suicídio colocando a cabeça no micro-ondas da família, seu filho mais velho chega em casa dizendo «Mas que cheiro bom é este».)

Falei com Wallace por telefone no dia 15 de agosto e expliquei a minha regra de que só falamos da escrita, e não de assuntos pessoais, e de que ele poderia conduzir a entrevista como desejasse.

WALLACE: A minha regra é de que nenhuma pergunta realmente interessante pode ser abordada e respondida num meio tão rápido, então, depois de já ter arrancado muitos cabelos por isso, o que faço é divagar quando respondo às perguntas e depois dou ao entrevistador a liberdade que ele de toda forma quer, que é editar minhas respostas do jeito que quiser. Concisão não é o meu forte.

SHECHNER: Uma coisa que eu admiro na sua escrita é o comentário à queima-roupa, o aspecto de observação e escuta. Você escreve

POR TRÁS DOS OLHOS ATENTOS DO ESCRITOR DAVID FOSTER WALLACE   199

no ensaio «E Unibus Pluram» (sobre televisão e sua criação da realidade, em *Fun Thing*): «Escritores tendem a ser aquelas pessoas que te comem com os olhos. Eles tendem a ficar à espreita e encarar. São observadores natos. São aquelas pessoas no metrô cujo olhar fixo e indiferente tem algo de bizarro, por alguma razão. Algo quase predatório. Isso acontece porque situações humanas são o alimento do escritor. Escritores de ficção observam outros humanos assim como curiosos desaceleram diante de acidentes de carro: eles cobiçam ocupar a posição de testemunha».

WALLACE: Isso não é exatamente novo. Há aquela anedota sobre os amigos de Jane Austen morrerem de medo de conversar perto dela porque sabiam que iam acabar num livro. Não tenho certeza de como a ficção e a poesia funcionam, mas parte da questão é que a gente realmente percebe muito mais coisas do que percebemos que percebemos. Um dos trabalhos específicos da ficção não é tanto observar as coisas pelas pessoas, mas sim despertar os leitores para o quanto eles já são observadores, e é por isso que pra mim, como leitor, as descrições ou apenas passagens aleatórias de que eu mais gosto não são as que parecem absolutamente novas, mas aquelas que provocam o arrepio de «santo Deus, também já tinha percebido mas nunca tinha parado pra elaborar isso».

SHECHNER: Me vem à mente uma personagem de *O livro de Daniel*, de E. L. Doctorow, que se refere a si mesmo como um «criminoso da percepção», como se observar pessoas fosse um ato de crueldade. Você me lembra os grandes espreitadores da literatura, como Vladimir Nabokov ou Saul Bellow. Você vê a sua observação como algo cruel?

WALLACE: Depende se ela é baseada em algo real e qual é o propósito dela. Desde meados dos anos setenta e início dos anos oitenta a cultura tem se tornado cada vez mais consciente do fenômeno da observação e dos acordos entre artistas e público. Embora nada tenha mudado no ato de observar, acho que o comportamento do público hoje indica que ele está muito mais consciente de que é observado, e há um elemento de exibição que muda a equação entre o observador e o observado, eliminando o que ainda havia do voyerismo que se costumava associar à observação estética.

SHECHNER: Em vários lugares, especialmente em *Homens hediondos*, você traz personagens envolvidas em situações eróticas e que estão ao mesmo tempo representando cenas de livros ou filmes. Há uma jovem num conto chamado «Pense». É uma cena de quarto, e o homem imagina que a expressão da moça saiu do catálogo da Victoria's Secret. «Ela é, ele pensa, o tipo de mulher que manteria o salto se ele pedisse. Mesmo se ela nunca tivesse ficado com o salto antes ela lhe daria um sorriso sabido, esfumaçado, página 18... A viradinha lânguida e o empurrãozinho na porta estão túmidos de algum tipo de significado; ele percebe que ela está reproduzindo uma cena de algum filme que adora.»

WALLACE: Essa é complicada, porque nesse caso é o cara observando e interpretando, mais ou menos adivinhando que ela está fazendo uma performance, então há um quê a mais de bizarrice. O lance todo de observar/ser observado, de exibição/recepção da exibição fica complicado e provavelmente mais sinistro quando você está numa situação sexual. *Breves entrevistas* é o único livro em que explorei esse tipo de sexualidade.

SHECHNER: Em *Breves entrevistas* e em outros lugares você revela um fascínio pela vida sintomática, pela vida involuntária, como o episódio em *Breves entrevistas* em que uma personagem, no momento do orgasmo, grita «Vitória para as forças da liberdade

POR TRÁS DOS OLHOS ATENTOS DO ESCRITOR DAVID FOSTER WALLACE   201

democrática», ou o homem que abandona a mulher alegando que quer acabar com o medo dela de que ele vai abandoná-la. Muitas dessas coisas parecem anotações tiradas do caderno de um terapeuta, ou como se uma mosca na parede do consultório de um analista tivesse escutado tudo e estivesse contando isso como uma comédia de neurose. Como esses cenários se desenvolveram na sua mente?

WALLACE: É difícil falar de maneira breve sobre esse ciclo de entrevistas, embora, tentando responder à sua pergunta, posso dizer que essas coisas não estão acontecendo, mas são acontecimentos sendo narrados para uma interlocutora, e uma interlocutora que de fato é hostil, então não se pode ter certeza sobre o quanto disso é involuntário e o quanto disso tem a ver com a retórica da apresentação, porque, até onde vejo, o que a maioria desses homens tem em comum é uma capacidade inconsciente de autoapresentação e autodefesa. Eles tentam antecipar como vão ser interpretados e evitar isso, o que a meu ver não é tão diferente do discurso comum entre os sexos.

SHECHNER: Muita gente já comentou sobre a autenticidade sombria do conto «A pessoa deprimida», que faz a terapeuta se suicidar de tédio, mas o conto — é uma entrevista, na verdade — que chama minha atenção é aquele do homem em Peoria Heights, Illinois, cujo pai era um atendente de banheiro num hotel chique, que, seis dias por semana, ficava ali de pé cercado pelos «utensílios rococó e pias em forma de concha» e pelos terríveis sons e cheiros, estendendo toalhas de maneira obediente e educada.

WALLACE: Não sei de onde isso veio, mas sei que tentei ler em voz alta uma vez e nunca mais vou fazer isso de novo.

202   DAVID FOSTER WALLACE

[Passamos momentaneamente a falar do romance *Graça infinita*, e comento com Wallace que o que aprecio são os elementos que remetem a um mundo reconhecível: reuniões do AA de Boston, por exemplo, várias personagens construídas com certo perfil psicológico que, por mais que tenham sido inventadas, também tiveram de ser observadas. Cito Kate Gompert, uma catatônica, e Tony Krause, um epiléptico que sofre uma convulsão visionária no livro.]

WALLACE: A bizarrice não é um problema. Desde que haja um evento neural que aplaque o medo do realismo, a pessoa aceita, porque essa cena da convulsão é extremamente bizarra e consiste basicamente de alucinações. Eu recebo respostas muito diferentes dos leitores. Algumas pessoas tendem, neurologicamente, a gostar de coisas bem pornô no estilo vanguardista vamos-só-jogar-um--jogo-aqui, e algumas pessoas tendem a precisar de coisas bem fundamentadas e plausíveis, e, depois que você consegue convencê-las de que é capaz de fazer isso, você meio que pode fazer o que quiser.

SHECHNER: Sobre o pornô e a vanguarda ficcional dos anos setenta, em algumas entrevistas você indicou uma dupla relação com esse tema. Por um lado, parece ter sido uma fonte de influência, mas por outro você quer marcar certa distância entre você e escritores como Barth, Pynchon, Barthelme, Burroughs.

WALLACE: Não sei se é uma questão de distância. O que eu sei é que meus pais liam muito e eu lia muito quando era criança, e o que a gente gostava provavelmente não era assim tão diferente daquilo que você gostava. Gostamos de ser tocados, e no entanto, para alguém que está tentando ser escritor de ficção nos anos 2000, as convenções do que se chamava de Realismo não parecem mais tão reais, ou são mais difíceis de engolir. Algumas coisas dos escritores que você mencionou parecem mais «reais» do que Dickens ou Anne Tyler ou seja lá qual

POR TRÁS DOS OLHOS ATENTOS DO ESCRITOR DAVID FOSTER WALLACE   203

for o realista. Por outro lado, parte do que é designado pornô às vezes é tão oculto e consciente de si próprio como texto ou como corredor de espelhos que o seu único apelo acaba sendo intelectual ou cerebral. Não descarto a ideia de que haja algum valor nisso; a questão é só que isso não me excita. Eu particularmente não me considero membro de nenhum dos campos, embora seja interessante observar membros de diferentes campos que falam sobre você contorcerem as coisas de modo que você acaba se tornando uma força amiga.

SHECHNER: Quais são os autores que você lê hoje em dia com gosto? Quem, entre os seus contemporâneos, é alguém que você gostaria que todos nós também lêssemos?

WALLACE: A resposta, antes de mais, depende de quanto tempo você tem, mas dando um palpite bem grande, as três pessoas que estão no topo da cadeia alimentar agora são Don DeLillo, Cynthia Ozick e Cormac McCarthy, todos os três na casa dos cinquenta ou sessenta. Entre as pessoas da minha idade de quem eu sou um grande fã posso citar George Saunders, que escreve bastante para a *New Yorker*, e Richard Powers — o modo como ele consegue combinar e transfigurar dados é simplesmente incrível —, Joana Scott [que mora perto dele, em Rochester, conforme lembrei Wallace], Denis Johnson, embora mais em seus primeiros trabalhos poéticos do que as obras posteriores, que têm recebido tanta atenção agora. Há um escritor de San Francisco chamado William T. Vollmann, que é bem prolífico. Ele tem um livro de contos chamado *The Rainbow Stories* que vai causar arrepios em partes do seu corpo que não sentem arrepios.

SHECHNER: Eu já tinha lido antes que você era fã de Cynthia Ozick. Fico surpreso; vocês parecem tão diferentes.

WALLACE: Somos ambas mulheres judias politicamente ativas. Não vejo o problema. [Risos dos dois lados.] Quando eu estava no ensino médio eu lia muito Malamud, porque era isso que os meus pais tinham em casa, e mais tarde fui ler Ozick, incluindo aquilo de Ozick escrito na esteira de Malamud, e fiquei maluco. Acho que Ozick é uma escritora de prosa imortalmente boa, mas acho que é também o fato de eu ser o maior gentil gói que já se viu, e eu consigo sentir nas minhas terminações nervosas o tipo de coisa sobre a qual ela escreve. Quando a leio, sinto um apagamento absoluto da diferença, coisa que não me acontece com muitos outros escritores de meios culturais diferentes. Eu consigo apreciar o vislumbre através do abismo que separa a outra cultura, mas no caso de Ozick esse abismo simplesmente desaparece. *Bloodshed and Three Novellas*, se você ainda não leu, é ótimo.

SHECHNER: Você quer falar algo sobre aquilo em que está trabalhando agora? E você vai ler alguma coisa nova quando estiver aqui?

WALLACE: Vou ler o que quer que me disserem pra ler.

[Digo a Wallace que a sua densidade verbal me toca, e que obtenho do trabalho dele um raro prazer frase-a-frase que normalmente só sinto com música. Ele responde:]

WALLACE: Acho que as pessoas escrevem como as vozes no cérebro delas soam pra elas.

SHECHNER: Sempre pensei na escrita como uma espécie de disciplina artificial, em que você escreve uma frase dez vezes antes de ela soar como a sua voz natural.

POR TRÁS DOS OLHOS ATENTOS DO ESCRITOR DAVID FOSTER WALLACE 205

WALLACE: Mas com frequência essas dez vezes procuram servir a uma espécie de mimese. Não acho que a ficção seja feita para ser lida em voz alta. A ficção é feita para ser lida interiormente, acompanhando o circuito mental das pessoas, e a voz que a gente ouve na nossa cabeça é bem diferente do som da nossa laringe.

Concordamos em encerrar a entrevista, ainda que eu continue querendo fazer de novo e de novo a pergunta que já descartei definitivamente: «De onde vem tudo isso?». Mas a invenção e a porção da vida que estão na origem são os segredos do escritor. Nós, leitores, temos que nos contentar com o produto, que no caso de David Foster Wallace é espetacular.

CONVERSA COM DAVID FOSTER WALLACE
E RICHARD POWERS

John O'Brien, 2000

© 2000, Fundação Lannan. Reimpresso com autorização.

O'BRIEN: A maior parte das perguntas é sobre relacionamentos, felizmente não os pessoais. Em primeiro lugar, o relacionamento com os leitores. O quanto vocês levam o leitor em consideração, o quanto vocês pensam no leitor de vocês enquanto estão escrevendo? Com que frequência vocês temem talvez ter ultrapassado os limites com os leitores, esperando demais ou exigindo demais deles? David, este é um assunto que você e eu já discutimos várias vezes, na verdade.

WALLACE: Uma das tantas razões que me fazem ficar apavorado com esse tipo de evento é que muitas coisas eu meio que sinto que não é bom pra mim pensar — tipo, pensar-pensar. Eu sei que, quando as coisas vão bem, é como se eu estivesse falando com alguém, ou como se houvesse alguém ali, e acho que esse alguém é estranhamente parecido comigo. E eu sei que esta é uma forma bem caridosa de colocar a questão: «Será que você está fazendo exigências altas demais?». Sei que tenho problemas com limites de irritação, relações custo-benefício e tudo que é tipo de coisa. Acho que o acordo que fiz comigo mesmo é que eu não penso demais nisso quando estou trabalhando, mas arranjei um grupinho de três ou quatro leitores — só um deles é um parente — que generosamente me leem há quinze anos e que são bem francos quando os limites de irritação ou de gratuidade estão passando do nível. Acho que eu conto com eles, no sentido de que isso me permite não pensar realmente demais nisso quando estou escrevendo, o que no fim das contas, claro, não é uma resposta muito interessante.

O'BRIEN: Voltarei à nossa discussão recorrente sobre isso.

WALLACE: Por isso a história dos leitores externos, que é a única pérola de sabedoria que eu realmente tenho a oferecer.

O'BRIEN: Rick?

POWERS: Hoje no café da manhã se falou disso. Michael Silverblatt disse uma frase sobre outro escritor — de que seus livros teriam sido muito melhores se ele tivesse desconsiderado completamente o efeito deles, ou parado de pensar no efeito que eles teriam em seus leitores. Foi um comentário tão estranho e maravilhoso que eu fiquei remoendo isso na minha cabeça o dia todo. Acho, enfim, que a meu ver é quase inconcebível você não avaliar o efeito do trabalho em algum receptor. A questão é: de quem se trata? Não é uma questão de se você está escrevendo sem se preocupar, ou criando uma transmissão sem recepção, a questão é: quem é o leitor ideal? Trata-se de uma configuração estável ou é algo que está sempre se reinventando à luz das muitas necessidades que um romance apresenta? Acho que é um bom exercício, em diferentes momentos do processo criativo, buscar algo que vai na contramão do seu próprio ideal de recepção. Quero dizer, eu concordo com o David, de certa forma o meu leitor ideal se parece mesmo comigo, pelo menos durante o primeiro rascunho, a parte de invenção do processo. Acho que, em momentos diferentes da revisão, vou trabalhar duro para ver como aquilo vai parecer para alguém que não tenha nada a ver comigo.

CONVERSA COM DAVID FOSTER WALLACE E RICHARD POWERS

O'BRIEN: Se é algo que te agrada, você supõe que vai agradar os outros?

POWERS: É horrível essa suposição! A própria ideia de que o prazer possa ser calculado antecipadamente é muito complicada.

WALLACE: Mas se é algo que te agrada o bastante você simplesmente não se importa. O que é legal. E aí se por acaso acontece de as pessoas gostarem, é como uma maravilhosa cereja do bolo.

POWERS: Você consegue fazer isso? Chegar a um nível de prazer pessoal em que basicamente...

WALLACE: Pra mim estava implícito que aqui estávamos falando dos primeiros rascunhos e tal, e depois vem aquele terrível banho de água fria quando você percebe que alguém mais vai ver isso.

O'BRIEN: Então o nível seguinte disso, ou talvez um pré-nível: o relacionamento com os editores. Até que ponto eles ajudam, atrapalham, ensinam algo...

POWERS: Olha, posso dizer com toda a sinceridade que eu realmente não penso no meu atual editor como um leitor. Não falo só por falar, porque eu sei que o que acontece com o livro até ele tentar chegar ao mundo tem tudo a ver com a leitura dele. E eu sempre me surpreendo com o que ele tem a dizer. Eu simplesmente não o concebo como uma presença ativa do processo criativo.

O'BRIEN: Ele tem muito a dizer e você lhe dá ouvidos?

POWERS: Sabe, John nos disse na van a caminho daqui que uma de suas técnicas pedagógicas favoritas quando um aluno faz uma pergunta que ele não quer responder é responder com outra coisa.

O'BRIEN: Eu mencionei isso, hein?

POWERS: Acho que varia muito de um livro para o outro. Acho que seria bem raro hoje em dia nas editoras comerciais você ter um editor literário que faz uma leitura bem vou-pôr-a-mão-na-massa, à la Max Perkins.

WALLACE: Somos muito diferentes nesse ponto. De novo, eu sei que isso vai parecer puro puxa-saquismo editorial. Mas tenho um editor que melhorou as últimas quatro coisas em que ele trabalhou comigo, e ele não é parte da primeira leva de leitores porque ele é uma figura de autoridade e blá-blá-blá... é estranho... Eu passo nove meses mandando cartas pra ele implorando que ele me ajude na edição, só que, quando ele recebe o manuscrito, pra mim já deu. O texto já vai ter passado pelos outros leitores, eu já vou ter respondido a eles. Ou seja, eu estou reptilianamente apegado ao texto que mando pra ele, e o pobre do sujeito recebeu todas aquelas cartas, que tenho certeza que ele simplesmente joga fora, e aí a gente começa a brigar por causa do manuscrito. Ele não foi o editor de todos os meus livros, mas editou os últimos quatro. O último livro de ficção — Rick e eu estávamos agora mesmo falando disso —, *Breves entrevistas com homens hediondos*, a ordem dos textos que eu mandei pra ele é totalmente diferente da que está no livro. Ele que propôs essa organização, que é 450 por cento melhor — será que eu já convenci vocês? — que a de antes. Eu apenas sou grato, e eu sei que sou excêntrico, e que o cara tem que aguentar um monte de neuroses e observações contraditórias, mas de fato passei a contar com ele. Coisa que eu não deveria dizer, porque se o editor souber que você caiu na dele, aí...

O'BRIEN: Bem, este tem sido um semidebate entre nós, e começou comigo insistindo que o escritor ou a escritora não devia nada ao leitor, a não ser escrever o melhor que ele ou ela era capaz e esquecer do leitor. Aí você me convenceu do contrário, usando, se não me engano, uma história do Michael Pietsch de que ninguém tinha a obrigação de comprar um livro. [As pessoas] podem pegar o livro numa prateleira de uma livraria, mas ninguém tem a obrigação de seguir em frente. Tendo então me convencido disso, quando voltamos a discutir o tema, você defendeu o argumento contrário, passando a me convencer do contrário...

WALLACE: E onde é que estamos agora?

O'BRIEN: Bem, eu já usei o seu primeiro argumento com muitos autores com que lidei — de que é muito mais uma conversa que você está tendo e nem o editor nem o leitor têm obrigação de continuar a ouvir, a não ser que você esteja sendo interessante.

WALLACE: Obviamente que falar tanto em *obrigação* quanto em *interessante* exigiria um bocado de desconstrução que eu não acho que vá interessar a alguém aqui.

POWERS: Eu não entendo o que isso poderia significar — um escritor não deve nada ao leitor.

O'BRIEN: O escritor faz o que ele ou ela acha que quer fazer, e qualquer que seja o grupo de leitores que venha a existir, pequeno ou grande, ou eles entendem ou eles não entendem.

WALLACE: Essa era a minha posição inicial?

O'BRIEN: Não — era a minha —, e você argumentou contra ela.

WALLACE: Que bom pra mim.

POWERS: Eu tentaria conciliar essas duas posições dizendo que «fazer o que quer que você acha que é necessário fazer» significa localizar, nesse processo, um leitor ideal ou uma série de leitores ideais.

WALLACE: Bem, há uma questão ainda mais básica — e isso provavelmente é... ah, e daí se é chato —, Rick e eu temos conversado bastante sobre ensinar e há essa diferença fundamental que surge já no curso de redação do primeiro ano e te assombra até o ensino na pós: há uma diferença fundamental entre escrita expressiva e escrita comunicativa. Um dos grandes problemas em termos de aprender a escrever, ou de ensinar quem quer que seja a escrever, é fazer as suas terminações nervosas entenderem que o leitor não é capaz de ler a sua mente. Que o que você diz não é interessante só porque é você quem diz. Se isso se traduz num sentimento de obrigação para com o leitor eu não sei, mas todos nós provavelmente já nos sentamos ao lado de alguém, num jantar ou num transporte público, que está produzindo sinais comunicativos, e o resultado não é uma expressão comunicativa. O que você tem é uma expressão expressiva, entende? E de fato é na conversa que você pode sentir de forma mais clara o quanto é alienante e desagradável sentir como se alguém estivesse fazendo toda a cena da comunicação contigo, mas no fim você sequer precisa estar ali. Esse poderia ser ainda um terceiro ponto...

O'BRIEN: Vou pensar nesse também. E quanto ao relacionamento com os críticos? A maioria dos escritores passa por várias fases — eles prestam atenção, leem as resenhas com a maior seriedade no início, passam a odiá-las, param de ler ou ficam malucos enquanto continuam lendo. Algum de vocês lê as críticas? Vocês leem tudo? Alguém faz uma seleção pra vocês?

POWERS: O Michael faz isso pra você?

WALLACE: Não — não chega a ser um serviço assim tão completo.

POWERS: Eu leio, sim. Não acredito nas resenhas boas, sofro com as ruins. Um crítico pode dizer: «Este é o livro mais impressionante que li em muitos anos. Eu só preferiria que ele tivesse umas montanhas a mais e uns vales a menos», e vou ficar preocupado com aquela queixazinha ali. Mas acho que, dito isso, também posso dizer que ao mesmo tempo fico completamente indiferente. São duas atitudes paradoxais: uma em que eu realmente quero uma espécie de retorno ao que estive fazendo nos últimos três anos; e a segunda é um tanto indiferente a isso e capaz, por bem ou por mal, de me convencer de que há outros diálogos mais interessantes ocorrendo por aí, eu apenas é que não estou ouvindo esse retorno.

O'BRIEN: Você se sente mais inclinado a acreditar na parte do «mas» das críticas?

POWERS: Eu não acho que a minha crença visceral no momento da leitura da crítica tenha qualquer influência no processo de escrita. Simplesmente não acho que seja possível escrever mais de um romance neste país sem ter que desenvolver uma impermeabilidade básica à recepção.

O'BRIEN: David?

WALLACE: Ah... bem... eu não tenho o hábito de ler as críticas. Eu sou bem disciplinado enquanto elas só estão aparecendo na imprensa. Se alguém me manda uma por e-mail, eu geralmente caio em tentação e leio, e não fico indiferente a elas, e elas são extremamente perturbadoras pra mim. Não é que elas não devessem existir — posso fazer uma analogia, mas é um pouco indecente: a gente teve de ir ouvir uma apresentação de pesquisa lá no Instituto de Santa Fé esta tarde, e depois houve uma pausa para o banheiro, e as pessoas foram usar o banheiro. Lá estava eu numa cabine quando escuto dois outros caras no banheiro e um deles diz: «quem eram aqueles caras?». «Sei lá, uns escritores...» E na hora eu tive a mesma sensação de quando eu cogito ler uma crítica, a de que é incrivelmente tentador querer ouvir, mas que isso te deixa mal toda vez porque é uma comunicação especial entre o crítico que está falando com compradores em potencial ou gente que comprou o livro e quer confirmar suas próprias reações, e não é uma comunicação que inclui o autor, não acho que seja.

POWERS: Ah, pode ser, sim. Existem críticos de boa-fé e existem críticos de má-fé.

WALLACE: É a minha opinião, e dá pra achar defeitos nela? — sim — eu preferiria que você não fizesse isso? — sim — porque é um mecanismo de proteção. Eu apenas decidi que isso equivale a outras pessoas falando de você, e você fica na posição de quem escuta escondido, e se você faz isso, sem problemas, vá em frente, mas todo mundo sabe o que acontece, não é? Episódios de séries de comédia giram em torno do que acontece. É uma ideia meia-boca? Sim. Eu preferiria ser impermeável às críticas? Sim — eu não sou. Isso simplesmente me ajuda a fingir que elas não estão acontecendo. Embora aquela crítica da japonesa assombre os meus sonhos.

O'BRIEN: Nenhum dos dois têm que responder a esta — alguém tem a sensação de que os críticos ficam espreitando na moita depois dos seus primeiros romances, prestes a sugerir que você não

CONVERSA COM DAVID FOSTER WALLACE E RICHARD POWERS

é tão bom quanto outros acharam que você era? Posso responder por vocês?

POWERS: Você quer dizer que o mesmo crítico que te avaliou bem antes decidiu que...

O'BRIEN: Não o mesmo, outros.

POWERS: Posso reformular a pergunta e dizer «o processo de crítica assume uma forma diferente em fases diferentes da carreira?», o que, eu acho, de alguma forma sugere que a crítica não é um processo de boa-fé porque o que está em jogo é uma narrativa sobre você e não sobre as palavras entre uma capa e outra.

WALLACE: O que você acha dos críticos, John?

O'BRIEN: De maneira geral? Burros. Autoindulgentes. Falam mais de si próprios...

POWERS: Não force a barra.

O'BRIEN: Eu não tenho que me preocupar com os críticos, então não sei nem dizer se o crítico literário do *New York Times* é quem melhor exemplifica essas coisas. E quanto aos artigos acadêmicos? Bem, tendo em vista o estado da academia, não houve um grande número de estudos sobre nenhum de vocês dois — vocês leem esses trabalhos, e como eles afetam vocês? Vocês levam esses críticos a sério? Aqueles que realmente estão se esforçando para fazer algo mais sério do que uma resenha de quinhentas, setecentas palavras é capaz de fazer.

WALLACE: Juro por Deus que é verdade: algumas pessoas me mandam seus trabalhos e eu já li alguns — não entendi. Não consigo acompanhar a discussão. Não sou capaz de ver na minha versão do texto nada das coisas que elas veem — às vezes eles são bem impressionantes naquele sentido de fico-me-perguntando-do-que--diabos-ele-está-falando. Então com essas críticas eu não tenho nenhum problema. E não é piada — é a mais pura verdade — eu não entendo esses textos.

O'BRIEN: Richard — você já recebeu trabalhos desse tipo.

POWERS: Sim, e gosto de ler esses textos como gosto de ler artigos acadêmicos sobre outros romances contemporâneos — eles parecem fazer parte de uma conversa que as resenhas de imprensa não podem se dar ao luxo de fazer ou não têm tempo ou o fôlego para fazer — parte de uma conversa em andamento sobre o que os livros fazem e o que já foi feito antes.

O'BRIEN: Esses textos parecem ser menos sobre você do que as resenhas às vezes são?

POWERS: Com certeza.

O'BRIEN: Por que vocês escrevem? Muita gente não escreve. Vocês dois escrevem. Algumas outras pessoas escrevem. Por quê? Por que não parar?

WALLACE: Não me parece mal.

POWERS: Pois é, nunca tinha pensado nisso...

WALLACE: John, daria para reformular a pergunta sendo menos cruel? É uma pergunta tão geral que é difícil não ficar só falando besteira.

O'BRIEN: Então é algo compulsivo? Não há escolha?

POWERS: De certo modo, qualquer resposta a essa pergunta vai ser uma sobreposição de narrativas. Vai ser uma fabricação, e vai ser uma tentativa de contribuir para a explicação narrativa do sujeito que, em todo caso, é próprio da escrita. Eu escrevo por prazer, e todo dia de manhã mal posso acreditar que estou me dando bem fazendo isso, e aquela sensação profundamente puritana de que sorte numa coisa significa azar em outra me leva a acreditar que os próximos vinte anos não serão nada fáceis. Mas você escreve para aumentar o seu prazer de viver e para aumentar a sua percepção do mundo, o lugar em que te largaram.

WALLACE: Você realmente acorda todo dia e se sente incrivelmente sortudo?

POWERS: Que outra carreira te dá essa vantagem?

WALLACE: Ah, não estou questionando. Só estou impressionado. Eu gostaria de ter essa disposição toda na minha cabeça. E não estou exagerando nem nada. Às vezes tenho, e às vezes, por Deus, é como se eu não tivesse cabelos suficientes pra arrancar.

POWERS: Você não está dizendo que seria melhor se eu ficasse empilhando caixas?

WALLACE: Não. E sabe que o Jon Franzen tem uma resposta ótima pra isso, porque lhe perguntam direto. Ele diz: «pois é, tem a enrolação toda da sobreposição de narrativas, mas no fundo a verdade é: não há mais nada que eu queira fazer». A minha própria narrativa é que há um lance de que sempre gostei que está no — só que isso vai fazer a coisa parecer mais nobre e mais compulsiva do que realmente é —, mas é um lance no Oliver Sacks. Deve estar em *O homem que confundiu sua mulher com um chapéu*, e tem a ver, se não me engano, com uma velhota que sofria de síndrome de Tourette, e aposto que mais gente lembra disso. Ela ficava numa esquina acho que em Nova York, LA, algum lugar assim, com milhares de pessoas passando, sabe, e ela simplesmente ficava ali parada sem fazer nada. Mas aí, coisa de cinco ou dez minutos, depois que um tanto de gente tinha passado, ela voltava pra um beco e de alguma forma imitava cada expressão, o que — segundo Sacks — era bizarro. Não era apenas a expressão do rosto, eram as pessoas que passavam, e aí ela voltava e ficava lá parada. E eu me identifico um pouco com isso, embora não arrisque fazer uma afirmação romântica do tipo «alguns são simplesmente levados a, e nasceram para, e são compelidos a fazer isso». Mas há uma espécie de...

POWERS: Digamos que como nota de rodapé a isso, e em resposta à formulação de Franzen, para mim há muitas outras coisas que eu adoraria passar o tempo fazendo. Escrever é o único lugar em que você pode fazer todas elas.

O'BRIEN: A sua questão tem a ver com aquela perspectiva — e já ouvi muitos escritores dizerem isso, David — de que era preferível não ter que fazer isso? De que é um processo doloroso.

WALLACE: Na metade do tempo, sim; mas na outra metade do tempo você fica tipo «como diabos eu poderia ter parado de agradecer aos céus por ser capaz de fazer isso». Eu quero, e aí de novo — aquilo da sobreposição de narrativas coisa e tal — eu estava num restaurante, faz anos isso, e ouvi dois caras conversando sobre como o trabalho deles era difícil e como eles tinham a impressão de que a parte criativa estava presente, mas aí havia aquela pressão constante. A indústria estava sempre mudando, e eles não podiam confiar no que achavam que a pessoa para quem estavam fabricando suas coisas ia pensar, e eles morriam de medo de serem despedidos mas ao mesmo tempo rezavam para serem despedidos porque já não aguentavam mais aquilo. E eu não costumo fazer isso, mas uma hora, porque imaginei que eles faziam parte dos poucos, dos orgulhosos — eles eram estofadores. Estofadores de móveis. E juro por Deus, a conversa foi, literalmente, sei lá. Então eu não acho que exista algo num certo domínio amplo que envolve certos tipos de trabalho — a gente estava falando sobre isso com os cientistas no Instituto de Santa Fé —, não acho que isso seja substancialmente diferente, pelo menos pra mim, do que a maioria dos outros trabalhos seria. Se você é o tipo de pessoa capaz de ser grata a qualquer que seja o tipo de trabalho, então eu queria ser como você.

POWERS: Já ouvi dizer que nisso da angústia há uma forte questão de gênero. Que as mulheres romancistas tendem a ficar cheias de uma gratidão religiosa, enquanto os homens costumam ficar resmungando sem parar.

O'BRIEN: Qual é o prazer da escrita? Que prazer há nela para vocês?

WALLACE: O estranho é que é as duas coisas ao mesmo tempo, e o estranho pra mim, já tendo feito isso há algum tempo, é que praticamente não posso imaginar uma sem a outra.

POWERS: Entrando em contato com o seu lado feminino interior...

WALLACE: Acho que nunca tive nenhum problema para entrar em contato com o meu lado feminino interior.

O'BRIEN: Me falem então do prazer de vocês.

POWERS: Para mim é uma conexão — o prazer de uma conversa de jantar longa e variada com gente que faz tudo que é tipo de coisa e conseguir voltar a isso, noite após noite, e retomar assuntos e continuá-los. Há um prazer voyeurístico, há um prazer artificial, mas acima de tudo é o prazer de poder viver numa dimensão do tempo que o resto da vida tenta aniquilar.

O'BRIEN: Então é no momento em que você está escrevendo?

POWERS: Idealmente sim, e naqueles melhores dias, não há momento algum, há simplesmente uma quebra das barreiras do tempo e do espaço.

WALLACE: É uma bela explicação. A minha experiência é só de que os dias bons são aqueles em que você ergue os olhos e percebe que já é bem mais tarde do que você achava.

POWERS: Bem mais tarde no relógio e em algum espaço interno...

WALLACE: Quando as coisas correm bem, você se sente cansado de um jeito que é realmente bom. É um tipo de cansaço realmente bom.

APROXIMANDO O INFINITO

Caleb Crain, 2003

Do *Boston Globe*, 26 de outubro de 2003.
© 2003 de Caleb Crain. Reimpresso com autorização.

Se ainda existisse alguma outra superpotência, ela provavelmente classificaria *Everything and More: A Compact History of Infinity* (W. W. Norton), de David Foster Wallace, como uma ameaça nível Sputnik à segurança nacional. Afinal, há que se temer o vigor intelectual da América se um editor está disposto a apostar que seus cidadãos vão ler de boa vontade, por prazer e em massa um livro com frases deste tipo:

> Cantor mostra que o primeiro conjunto derivado de P, P', pode ser «decomposto» ou dividido na união de dois subconjuntos diferentes, Q e R, onde Q é o conjunto de todos os pontos que pertencem aos conjuntos derivados da primeira espécie de P', e R é o conjunto de todos os pontos que estão contidos em *cada um* dos conjuntos derivados de P', o que significa que R é o conjunto apenas daqueles pontos que todos os conjuntos derivados de P' têm em comum.

Everything and More não é para os fracos. O livro tem um herói: o matemático alemão do século XIX Georg F. L. P. Cantor, que passou os últimos vinte anos de sua vida entrando e saindo de hospitais psiquiátricos. Mas o livro é menos sobre a história de Cantor do que sobre a história do problema que ele resolveu, que o tornou pioneiro da teoria dos conjuntos e o levou a descobrir as regras matemáticas que governam o infinito — que, ao que parece, tem vários tamanhos.

Wallace, aos 41 anos, é provavelmente o romancista mais importante da sua geração, e ele tem fãs que irão segui-lo até as equações diferenciais. É autor de duas coletâneas de contos, de um livro de ensaios e do romance com 1.079 páginas e 388 notas de rodapé, *Graça infinita*, que se passa na Grande Boston (em 1989 Wallace fez um semestre de doutorado em filosofia em Harvard)e trata de Alcoólicos Anônimos, de terroristas do Québec em cadeiras de rodas e de um prodígio do tênis cujo falecido pai dirigiu um filme tão divertido que faz os espectadores perderem a cabeça.

Um ano atrás, Wallace deixou a sua casa de longa data na região central de Illinois para se tornar professor na cátedra Roy Edward Disney de escrita criativa no Pomona College, na Califórnia. Na sexta-feira passada ele estava em Nova York e encontrou com a seção do *Ideas* em seu quarto de hotel para conversar sobre o infinito, sobre Whitey Bulger e sobre platonistas (gente que acredita que os conceitos matemáticos existem independentemente dos matemáticos que os concebem). Antes de a entrevista começar, Wallace, que acabou de parar de fumar, serviu ao *Ideas* uma água com gás e pegou um adesivo de nicotina para si.

IDEAS: Alguns anos atrás, você resenhou dois romances sobre matemática para a revista *Science* e criticou-os por não terem realmente levado em consideração quem era o seu público.

WALLACE: Eram uns livros muito ruins. Um deles passava um tempão definindo coisas muito simples como adição, mas depois soltava uns termos de matemática bem avançada.

IDEAS: Como você trata a questão do público no seu livro?

APROXIMANDO O INFINITO   223

WALLACE: Ah, é muito mais divertido criticar o modo como outras pessoas lidaram com isso. Há um livro do Amir Aczel que tratava da doença mental do Georg Cantor, e de umas supostas relações entre infinito e doença mental, e entre infinito e a cabala. Óbvio que eu queria fazer algo diferente, e a única coisa que me ocorreu foi falar sobre de onde a matemática realmente veio. A ideia é que, se o livro funcionar, você sai com uma ideia melhor não apenas de como a teoria dos conjuntos transfinitos de Cantor funciona, mas por que de fato isso foi tão importante e por que é algo lindo e fantástico. Umas duas pessoas já me disseram: «Caramba, é um bom livro, mas é realmente *difícil*», achando que era um elogio, mas não é. Ele pareceu suficientemente claro pra você?

IDEAS: Eu me perdi no teorema da singularidade.

WALLACE: É a parte mais difícil do livro. A ideia é que, se você consegue mostrar que todas as séries diferentes nas quais uma função se expande são equivalentes, então só há uma série.

IDEAS: O resto eu praticamente acompanhei.

WALLACE: A minha maior esperança é que o leitor médio tenha mais ou menos a sua experiência. Espero que mesmo um leitor que não tenha feito um semestre de matemática na faculdade consiga acompanhar o suficiente para entender por que essas coisas são tão importantes e por que são lindas, e isso de um jeito mais significativo do que «Um cara doido num hospital psiquiátrico elaborou esse conceito megaútil». A minha justificativa para as partes difíceis é que pelo menos elas não estão apenas enrolando o leitor e propagando certas ideias românticas mas capengas sobre loucura e genialidade e certos conceitos matemáticos que são tão tabus que deixam as pessoas malucas.

IDEAS: No seu livro, você estabelece uma distinção entre soluções que estão tecnicamente corretas e outras que são intelectualmente gratificantes. Por exemplo, você diz que a resposta ao paradoxo de Zenão estudada em cálculo no primeiro ano é correta, mas «algo pobre». [Zenão afirmava que era impossível atravessar, digamos, um quarto de hotel, porque primeiro você teria que atravessar metade do espaço, depois metade da metade restante e assim por diante, e que haveria sempre algum espaço entre você e o outro lado do quarto.]

WALLACE: Acho que estou elaborando um pouco a minha própria raiva. Eu fiquei muito frustrado nas aulas de matemática da faculdade, porque eles simplesmente não te *diziam* por que essas coisas eram importantes. Se você já viu a dicotomia de Zenão numa aula de cálculo e viu a solução do cálculo, você não sai verdadeiramente aliviado com a resolução do paradoxo, porque eles deixam pra lá todo o contexto interessante. Se apenas te dão um «a índice 1 menos r» numa aula de matemática, eu diria que isso é um tanto pobre. Tá bem, eu consigo resolver isso, mas ainda não entendo como foi que saí do tal quarto.

IDEAS: O seu livro me convenceu de que números irracionais não podem existir. Não sei o que eu estava pensando, aceitando que eles eram reais.

WALLACE: Como assim, matematicamente reais ou fisicamente reais?

IDEAS: Fisicamente reais.

WALLACE: Mas os números *são* fisicamente reais?

APROXIMANDO O INFINITO   225

IDEAS: Eu achava que eram, de alguma forma.

WALLACE: Então você é um pouquinho platonista.

IDEAS: Essa era a minha próxima pergunta para você.

WALLACE: Fazem uma lavagem cerebral que leva a gente a se tornar platonista já no ensino fundamental, porque é a forma mais fácil de se pensar os números. Ninguém quer falar para um aluno do quarto ano da metafísica do inteiro 3, então a gente fica com essa ideia de que o 3 é algo que existe. Essas coisas não existem. Mesmo que você seja um platonista — isto é, mesmo que você acredite que números são reais num sentido metafísico, como árvores e Calebs, em oposição a matematicamente reais —, o que te permite estar convencido disso é que a gente nunca pensa realmente a esse respeito. Bem, se eles existem, onde é que eles estão? Que aparência têm? O que é um 3? É o tipo de especulação que crianças pequenas fazem, ou adolescentes que fumam maconha demais às três da manhã.

IDEAS: Uma personagem de *Graça infinita* descreve o «Pensamento Maconheiro» de um jeito que me fez pensar no modo como você fala de um certo tipo de abismo filosófico-matemático neste livro.

WALLACE: O que deixa a gente maluco são aquelas coisas bem, bem, bem básicas. O que são números? O que exatamente são estas três dimensões em que vivemos? Coisas de que dá vergonha de falar em voz alta porque parece o «Uhhh, uhhh, uhhh» do barato da maconha, mas de certa forma é isso que os matemáticos — e no tempo dos gregos, os filósofos, porque não havia diferença —, é isso que eles faziam.

IDEAS: Então, mesmo tendo resistido à lavagem cerebral, você é um platonista? Você acha que conceitos matemáticos existem?

WALLACE: Pessoalmente, sim, sou um platonista. Acho que Deus tem línguas específicas, e uma delas é a música e outra é a matemática. Não é algo que sou capaz de defender. É só uma sensação no estômago que sempre tive desde criancinha, mas como exatamente dar sentido a isso e conciliá-lo com qualquer tipo de filosofia que funcione, menos ainda com a vida prática de quem atravessa a rua pra comprar pão, já é outra história.

IDEAS: Foi difícil escrever sobre o abstrato, sem enredos ou corpos?

WALLACE: Sabe, é estranho, mas no fundo só existe um problema básico em toda escrita — como obter alguma empatia do leitor. Esse problema é um diamante com muitas facetas. E esta talvez seja uma faceta diferente — como pegar essa coisa bem, bem abstrata, reduzi-la de modo a caber num livro pop e dar ao leitor uma história real o bastante sem mentir para ele, mas também tornando aquilo suficientemente claro para que esse conteúdo seja não apenas compreensível mas minimamente agradável para alguém que não estudou matemática durante vinte anos. Não é algo assim tão diferente da questão de como fazer um leitor entrar na consciência de uma personagem que, digamos, não é um herói ou não é um sujeito muito bom, e sentir a humanidade daquela pessoa e algo dos seus contornos tridimensionais sem fingir ao mesmo tempo que ele não é um monstro.

IDEAS: O que você está ensinando agora no Pomona?

WALLACE: Me contrataram para ensinar escrita criativa, mas também estão me deixando dar uns cursos de literatura. No semestre de primavera trabalhei com uma modernidade eclética — *O homem que amava crianças*, de Christina Stead, *Play It as It Lays*, de Joan Didion, e *Açúcar de melancia*, de Richard Brautigan. O tipo de livro que é grande, mas que você sabe que jamais vai entrar na ementa dos cursos dos estudantes universitários.

IDEAS: Você sente saudade de Boston?

WALLACE: Sinto muita saudade de algumas partes de Brighton e Allston e da Back Bay. Mas morei na cidade por apenas três anos e já faz uma década que me mudei de lá. Vou voltar em algum momento. Claro. Pegar a linha B do metrô.

IDEAS: Um amigo meu acha que *Graça infinita* deveria ser entendido como um romance de Boston.

WALLACE: Acho que muito do dialeto ali provavelmente não faz muito sentido se você não conhece Boston. Boston me impressionou muito, porque linguisticamente é muito diferente do lugar de onde eu venho.

IDEAS: A personagem do Whitey Sorkin foi inspirada no Whitey Bulger?

WALLACE: Não acho que o Whitey Sorkin era para ser um mapeamento isomorficamente único do Whitey Bulger, mas quando eu estava em Boston houve boatos de que Whitey tinha arranjado para que a sua turma ganhasse na loteria. Quero dizer, pelo menos nas partes de Boston que eu frequentava, Whitey era um mito.

IDEAS: A epígrafe grega de *Everything and More* — de onde ela saiu?

WALLACE: É inventada. «A questão não é o que está dentro da sua cabeça, mas dentro do que a sua cabeça está.» É uma piada. Acho que o editor pensou que fosse alguma coisa realmente esotérica em grego antigo. Eu me diverti pacas. Foi algo e tanto conseguir fazer ele pôr os diacríticos direitinho.

IDEAS: Em *Everything and More*, depois que algumas das questões mais técnicas sobre o infinito são respondidas, um novo abismo se abre com o teorema da incompletude de Gödel.

WALLACE: O infinito era o grande espinho na carne da matemática — sério, desde os primórdios do cálculo. [Os matemáticos do século XIX] Karl Weierstraß, Richard Dedekind e Cantor taparam todos esses buracos, o que é lindo, mas ao mesmo tempo eles abriram um outro buraco que no fim das contas é muito pior, como demonstrou [o matemático e lógico do século XX] Kurt Gödel. Gödel consegue inventar um teorema que diz «Eu não posso ser provado». E é um teorema, o que significa que, por definição, a matemática ou não é consistente ou não é completa. Fim da linha. Ele é o diabo, pra matemática. Depois de Gödel, a ideia de que a matemática não é apenas uma linguagem divina, mas uma linguagem que poderíamos decodificar para entender o universo e entender tudo — isso já não funciona mais. Faz parte da grande incerteza pós-moderna em que a gente vive.

IDEAS: Em que ficção você está trabalhando agora?

WALLACE: Hoje de manhã mesmo eu mandei o rascunho corrigido de um livro de contos. Só uns dois saíram em revistas, embora

APROXIMANDO O INFINITO

nem todos no meu nome. Acho que nenhum deles tem notas de rodapé, e estou muito orgulhoso disso. Tirei esse peso das costas. Acho que talvez um dos contos tenha umas duas notas de asterisco. Sabe como é, são tão poucas que dá até para usar asteriscos.

ATÉ ONDE POSSAMOS SABER: ENTREVISTA COM DAVID FOSTER WALLACE

Steve Paulson, 2004

© 2004, Conselho administrativo, Universidade de Wisconsin.
Reimpresso com autorização.

PAULSON: Gostaria de começar falando de um conto em especial, «The Soul Is Not a Smithy». Como você descreveria este conto?

WALLACE: Mais longo do que pretendi que ele fosse? Um garotinho com problemas de atenção na escola está distraído num dia muito dramático para ele, em que seu professor tem uma espécie de surto psicótico.

PAULSON: Seu professor substituto começa a escrever «Matar» de novo e de novo no quadro-negro, e quando essas crianças do quarto ano começam a perceber o que ele está fazendo — que ele basicamente enlouqueceu —, elas entram em pânico.

WALLACE: Sim.

PAULSON: Mas o seu narrador, que está recordando aquela época, ele estava na verdade com a cabeça em outro lugar, porque tinha ficado olhando para fora da janela e observando outras coisas estranhas.

WALLACE: Sim, é esquisito porque em parte o narrador está narrando como criança e em parte como adulto. Mas sua grande questão é sobretudo o quanto a sua vida tem sido tediosa e sem sentido e como ele perdeu a única coisa realmente dramática que chegou a acontecer com ele. É mais interessante do que isso, na verdade — não estou fazendo parecer muito...

PAULSON: É uma história fascinante, de fato, e acho que é fascinante também porque ela toma um outro rumo, já quase no fim, tornando-se algo sobre o medo infantil do mundo adulto e o que parece ser o medo deste garoto de se tornar como o pai, que é um atuário de seguros. Você poderia talvez ler um trecho do conto, começando por volta da página 103 mais ou menos.

WALLACE: Leio já?

PAULSON: Sim.

[Wallace lê uma seção das páginas 103-6 de *Oblivion*, começando em «For my own part...» e terminando em «... dreamed in the real world.»]

PAULSON: Maravilhoso, obrigado. Tão sugestivo, e devo dizer que quando li esse trecho pela primeira vez me pareceu como se ele tivesse saído de Kafka — o caráter de pesadelo do mundo ordinário —, você vê algum eco disso?

WALLACE: Bem, não. É uma história bizarra porque ela começa de um jeito bem surreal e partes disso [da seção lida] são na verdade o clímax, mas o clímax é bem mais normal, com o realismo do dia a dia, do que surreal, então pra mim ele termina como uma espécie de Kafka às avessas. É um conto muito estranho, acho.

ATÉ ONDE POSSAMOS SABER: ENTREVISTA COM DAVID FOSTER WALLACE 233

PAULSON: Você tinha esse tipo de medo quando era criança?

WALLACE: Acho que num país como este em que as coisas são tão fáceis, um dos nossos grandes vetores de medo é o tédio. Acho que pequenos sinaizinhos de desespero e de um tédio profundo aparecem em coisas como deveres de casa ou coisas particularmente monótonas da sala de aula. Lembro do alívio incrível e tremendo que eu sentia quando certos professores diziam que iríamos assistir a um filme no ensino fundamental. E não era só algo hedonístico «oba-vamos-nos-divertir». Era um alívio de algum tipo de fardo terrível, eu achava. Então, não sei. Talvez.

PAULSON: Você olhava para o que os seus pais faziam, para o seu pai, em especial, e pensava: «Ah, meu Deus, não quero ficar assim»?

WALLACE: Não sei, tanto o meu pai como a minha mãe eram professores, então eles sempre tinham um aspecto pálido e sofrido quando havia grandes pilhas de textos pra corrigir. Mas acho que muito disso tem a ver mais com os pais de amigos, e com amigos que meio que passaram a trabalhar em escritórios. Eu apenas me interessei pela realidade do tédio, que é algo que me parece ser um problema extremamente importante, mas ninguém fala disso porque todos nós agimos como se fosse algo que a gente precisasse superar, o que imagino que seja o caso.

PAULSON: É curioso porque enquanto eu estava lendo fiquei lembrando da minha própria infância, e o meu pai era professor, e depois do jantar ele geralmente subia para o escritório e fechava a porta. E não sei o que ele fazia, mas lembro de pensar, quando era bem pequeno, que não parecia ser muito divertido ter que fazer isso, noite após noite, e que eu não gostaria de ficar assim. Claro, de certa forma eu fiquei assim, porque volto pra casa e tenho o meu próprio dever de casa pra fazer também. Me pergunto se você chega a se identificar com esse sentimento?

WALLACE: Uma das historinhas de família que a minha mãe sempre conta é que um dia, no segundo ano, quando todo mundo tinha que dizer qual era o trabalho do pai, eu disse que meu pai não fazia nada. Ele apenas ficava em casa escrevendo num papel amarelo, porque ele também era professor. Sei que parte do que me interessou nesse conto foi tentar lembrar o que eu pensava sobre o que os meus pais faziam quando eu era criança. Porque quando você é criança eu não acho que você está ciente do quanto as coisas são incrivelmente fáceis pra você, não é? Você tem seus próprios problemas e tem seus próprios dramas e tarefas e coisas pra fazer, mas, sim, acho que minhas intuições eram muito parecidas com as suas. Quando eles iam para aqueles cômodos silenciosos e tinham que fazer coisas que não estava claro se eles queriam fazer, acho que uma parte de mim sentia que algo terrível me aguardava. Mas, claro, agora que nós supostamente crescemos também há muitas coisas bem, bem interessantes e às vezes você senta em cômodos silenciosos e rala um bocado e no final é uma surpresa ou algo muito gratificante ou um sentimento de realização.

PAULSON: Esta é a vida do escritor, não é mesmo?

WALLACE: É, mas provavelmente é também a vida de um apresentador de rádio e, em muitos casos, a vida de quem trabalha em escritórios, que a gente imagina que tem trabalhos muito chatos e monótonos. Provavelmente todos os trabalhos são iguais e cheios de um tédio horrível e de desespero e de pequenos momentos de realização que são bem difíceis de contar para outra pessoa. É só um palpite meu.

ATÉ ONDE POSSAMOS SABER: ENTREVISTA COM DAVID FOSTER WALLACE 235

PAULSON: Sabe o que eu acho interessante nisso que estamos discutindo, e também no trecho que você acabou de ler? A sua imagem pública como escritor — você costuma ser descrito como uma das principais figuras da geração pós-moderna de escritores irônicos da moda, na casa dos trinta e quarenta e poucos anos, mas li em algum lugar que você realmente se considera um realista.

WALLACE: Essas diversas classificações são importantes para os críticos, não é? Você tem que encaixar coisas diferentes em grupos ou então vai ter que falar de um trilhão de particularidades diferentes. Não conheço muitos escritores que não se considerem realistas, no sentido de tentar transmitir que gosto as coisas têm e como elas se parecem pra você. Quero dizer, muitas das coisas que são Realistas com R maiúsculo me parecem um tanto piegas, porque obviamente o realismo é uma ilusão de realismo, e a ideia de que pequenos detalhes banais são de alguma forma mais reais ou autênticos do que detalhes grandes ou estranhos sempre me pareceu um pouquinho tosca. Mas foi interessante escrever esse conto porque na parte do desfecho ele de fato se torna extremamente realista e pequeno e cheio de detalhes banais. A verdade é que, quando você está dando uma entrevista, você tem que falar sobre tudo que é tipo de coisa; eu não sei realmente o que sou e eu não acho que muitos escritores tenham ideia do que são. Você apenas tenta fazer coisas que parecem vivas pra você.

PAULSON: Me pergunto, especialmente para quem é da nossa geração — a gente deve ter mais ou menos a mesma idade, nós dois temos quarenta e poucos anos —, se você se sente mais incitado a escrever sobre uma determinada paisagem cultural.

WALLACE: Sei que quando estava na pós-graduação aqueles de nós que costumavam escrever sobre o que se costumava chamar de cultura pop ou publicidade ou televisão eram realmente desprezados pelos nossos professores mais velhos, que viam isso como coisas insípidas ou banais, sem certa atemporalidade platônica. E lembro que isso era realmente uma grande fonte de conflito, porque em muitos sentidos a gente simplesmente não entendia o que eles estavam dizendo. Afinal, esse era o nosso mundo e a nossa realidade, do mesmo modo que o mundo dos românticos era feito de árvores e riachos balbuciantes e montanhas e céus azuis. Então, sim, tenho 42 anos, e se há algo que é próprio da nossa geração é o fato de a gente estar imerso em mídia e publicidade desde quando éramos bem, bem pequenos. E esse é meio que um grande experimento, porque nenhuma outra geração da história do mundo foi assim tão influenciada pela mídia. Quais são as implicações disso, eu não sei, mas sei que isso afeta a minha percepção do que é urgente ou digno de ser escrito e o que parece real na minha cabeça quando estou trabalhando.

PAULSON: Mas também não é complicado, porque o perigo de escrever sobre cultura de massa ou cultura pop não é que isso vá parecer superficial? Você escreveu na verdade um ensaio sobre isso alguns anos atrás, sobre o risco de ser apenas inteligente e, fico me perguntando, como você diz algo original sobre esse mundo que em tantos aspectos é realmente bem superficial?

WALLACE: A resposta a dar é um lugar-comum, mas alguns lugares-comuns são bem profundos. Pra mim, a arte que é viva e urgente é a arte que se preocupa com o que significa ser um ser humano. E se você é um ser humano em tempos de enorme profundidade e reflexão e desafios, ou se você é alguém tentando ser um ser humano em tempos que parecem superficiais e comerciais e materialistas, isso realmente não é tão relevante para o projeto maior. O projeto maior é: o que é ser um ser humano? Há certos paradoxos e há certos perigos envolvidos na escrita deste mundo porque muito da cultura comercial é ela própria baseada em tipos de arte, pelo menos numa certa arte pop, e você corre o risco de ser sugado por isso, e de simplesmente tentar, por exemplo, fazer algo que parece muito descolado e inteligente e achar então que o trabalho acabou. Eu certamente fiz coisas assim, e só mais tarde percebi horrorizado que o que eu fiz foi, na verdade, apenas regurgitar a mesma coisa que tenho ouvido desde os quatro ou cinco anos de idade. Há, porém, um outro lado, acredito, pois parte dessa divisão entre experimentalistas pós-modernos e realistas é — pelo menos pra gente como eu, estou com 42 e cresci vendo não sei quantos episódios de *Afterschool Special* e coisas no Hallmark Channel —, muito do que é, entre aspas, convencionalmente realista no fim acaba parecendo piegas pra mim. As resoluções parecem forjadas, tudo parece um pouquinho conveniente e clichê demais, e o objetivo final de tudo é me vender alguma coisa. E tenho a impressão de que há uma parte de mim que recua diante disso, o que é um problema porque muita coisa realista realmente é viva e urgente, mas o modelo e a forma já foram minados de maneira tão exaustiva por razões comerciais que acho que, pra muitos da nossa idade, a gente está buscando formas diferentes, menos comerciais, que nos permitam falar de coisas urgentes e comoventes. Não tenho certeza se isso faz sentido, mas essa basicamente é a verdade a meu ver.

PAULSON: Acho que também se deve considerar que boa parte desse mundo comercial, sejam os filmes ou a publicidade, é muito atrativa — é divertida —, e imagino que, no caso do escritor, a pessoa pode achar que, se quiser escrever sobre essas coisas, também precisa ser divertida.

WALLACE: Há esse perigo, o outro perigo é, retomando uma questão da pintura do início do século XX, uma vez que existia a fotografia, o interesse da pintura pela mimese realmente desapareceu e tudo se tornou muito abstrato — é um verdadeiro problema. Eu não tenho mais TV, mas quando estou fazendo algo assim e estou numa turnê, assisto TV nos hotéis e fico chocado com a qualidade das propagandas de hoje. Elas são fascinantes, são engraçadas, são descoladas, elas tocam nas minhas ansiedades e desejos nível ensino médio de um jeito que as propagandas da minha adolescência nunca fizeram. O que aconteceu foi que aquelas pessoas descoladas, cínicas e bacanudas que me intimidavam na faculdade agora estão ganhando 2 milhões de dólares por ano, descobrindo como é que se faz isso. E essa gente ficou muito, muito boa no que faz.

PAULSON: Tenho que te perguntar sobre outro conto, «The Suffering Channel», que entre outras coisas trata de um novo tipo de reality show televisivo que mostra episódios da vida real de tortura e assassinato e estupro e aquilo tudo. Essa é mais ou menos a sua visão do que pode acontecer num futuro distópico?

WALLACE: Não sei se é isso, acho que, pelo que entendo dos realities shows, eles seguem uma lógica, e não é difícil levar esse tipo de lógica ao extremo. Penso que uma autópsia de celebridade, com amigos de infância da celebridade sentados em círculo discutindo se a tal celebridade foi ou não uma boa pessoa enquanto os órgãos dele ou dela são extraídos, esse seria o extremo dessa lógica. Mas a questão é: até onde vamos? A inibição do pudor da parte tanto dos competidores quanto de quem arquiteta o programa — em algum momento as pessoas descobriram que mesmo que os espectadores estejam rindo de desprezo ou falando sobre o mau gosto daquilo, eles continuam assistindo, e que o segredo é fazer as pessoas assistirem, e que isso é que é lucrativo. Uma vez que a gente perde esse embaraço do pudor, só o tempo dirá até onde a gente vai.

ATÉ ONDE POSSAMOS SABER: ENTREVISTA COM DAVID FOSTER WALLACE 239

PAULSON: Os seus ensaios e a sua ficção são famosos por diversas razões — pelas notas de rodapé, por diversas digressões sobre tudo que é tipo de informações estranhas, ou dados científicos e filosóficos obscuros —, você simplesmente se sente atraído por esse tipo de coisa, você tem uma fome de conhecer o mundo?

WALLACE: Não sei se é exatamente isso, pois no fim muito disso realmente é só uma tentativa de fazer algo que me pareça real. E — eu não sei de fato como é o interior das outras pessoas — geralmente me sinto bastante fragmentado, como se eu tivesse uma sinfonia de vozes diferentes, e vozes em off e informações, todas falando ao mesmo tempo, e digressões sobre digressões sobre digressões, e eu sei que quem não gosta do que eu faço vê muitas dessas coisas como se eu estivesse meramente vomitando isso tudo. A minha intenção pelo menos é a de reproduzir aquilo, o difícil é parecer bem digressivo e dobrado sobre si mesmo e difratado e ainda estabelecer padrões e sentidos, o que exige muitos rascunhos, mas provavelmente o resultado acaba parecendo apenas, sabe, um monólogo doido e maníaco ou algo assim. Não sei se me interesso mais por trivialidades ou curiosidades do que qualquer outra pessoa — só sei que essas coisas ficam meio que pulando adoidado na minha cabeça.

PAULSON: Eu li uma frase da romancista Zadie Smith, que disse: «Não é o trabalho do escritor nos dizer como alguém se sentiu sobre algo, mas nos dizer como o mundo funciona». Você concorda com isso?

WALLACE: Bem, o que você tem aí é uma declaração bem inteligente sobre um dos lados daquela divisão entre Realismo com R maiúsculo e algo mais experimental e pós-moderno com uma espécie de agenda social. Provavelmente se você me colocasse contra a parede eu diria que, em última instância, não há diferença entre essas duas coisas, embora elas sejam diferentes como filosofias de referência a seguir no projeto. Mas se você conseguir expressar bem o bastante como alguém sente algo, teria um modelo fantástico de como o mundo funciona. Talvez seja uma visão meio solipsista, mas acho que é a minha visão. Mas além disso, Zadie é muito inteligente e gosta de fazer provocações, e acho que ela diz isso em parte só pra despertar as pessoas.

PAULSON: Mas você também está sugerindo que esse é um pouco o rumo que a ciência está tomando, com o estudo da consciência ficando cada vez mais complicado, pois até certo ponto está tudo na nossa mente, isto é, o modo como percebemos o mundo, então talvez não exista de fato essa distinção entre o mundo lá fora e o modo como damos sentido a ele na nossa mente?

WALLACE: Sim, mas o outro ponto complicado é que a única forma que nos permite falar sobre isso é a linguagem, e na linguagem está incorporada essa ideia da distinção que você acabou de me apresentar, então talvez não exista nada fora da mente. Se não existe nada fora da mente, o fato de não haver nada não faz muita diferença. Mas quando falamos a respeito, isso automaticamente se torna importante. Então a linguagem, e o modo como temos que nos comunicar e processar o mundo pelas palavras, acho que esse é o fator imprevisível nisso tudo, e não tenho plena compreensão dele. Então acho que a resposta meio que esmoreceu, lamento dizer.

PAULSON: Você estudou filosofia em dado momento, não foi?

WALLACE: Sim.

PAULSON: Esse impulso continua presente em você?

ATÉ ONDE POSSAMOS SABER: ENTREVISTA COM DAVID FOSTER WALLACE   241

WALLACE: Ah, acho que eu estava estudando filosofia na época em que a desconstrução europeia começava a se infiltrar na filosofia analítica e o mundo era cheio de recursividade e involuções e coisas se curvando para trás sobre si mesmas, e várias encarnações da prova de Gödel, e eu acho que uma parte disso me marcou até a espinha. Eu realmente gosto de recursividade, e realmente gosto de contradições e paradoxos e declarações que meio que se negam no meio. Mas a essa altura da minha vida isso me parece mais um tique do que algo realmente importante.

PAULSON: Mencionei aquele ensaio que você escreveu, acho que em 1993, sobre a escrita e o que diferentes ficcionistas estavam fazendo, e em dado momento você diz que a ironia nos tiraniza. A mensagem implícita da ironia é «Eu não quero realmente dizer o que estou dizendo», e você então sugere que a próxima geração de escritores rebeldes talvez possa abandonar a ironia em favor da sinceridade e, aqui acho que estou te citando, «tratar de velhos problemas e emoções humanas já fora de moda... com reverência e convicção. Renunciar à autoconsciência e ao enfado descolado».

WALLACE: Sim?

PAULSON: É uma crítica ao seu próprio modo de escrever?

WALLACE: Não sei se é isso. A coisa já me soa até datada hoje. Acho que é menos isso do que uma reflexão sobre aquilo que você estava me perguntando antes: sabe, como é dar realmente duro trabalhando nessas coisas aos 42 tendo estado imerso em publicidade toda a sua vida. Porque você quer que a sua arte seja bem-vista e pareça boa para as pessoas, você quer que as pessoas gostem do que você faz, mas boa parte daquilo que passa por bom e da moda hoje é muito, muito motivado por razões comerciais. E algumas dessas coisas são importantes como arte. Acho que *Os Simpsons* são importantes como arte. Por outro lado, eles também — na minha opinião — corroem a alma sem piedade, e tudo é parodiado, tudo é ridículo. Talvez eu esteja velho, mas consigo aguentar mais ou menos uma hora disso, depois tenho que meio que me afastar e olhar pra uma flor ou algo assim. Se há algo que precisa ser discutido, é esse estranho conflito entre o que a minha namorada chama de «ingênuo interior» — aquela parte de nós que é capaz de derramar a alma chorando diante das coisas — e a parte de nós que tem que viver num mundo de gente inteligente, aborrecida e sofisticada e que quer ser levada a sério por essas pessoas. Não sei se é a ironia que nos tiraniza, ou se não são as modas tão fáceis de criticar, mas que são incrivelmente poderosas e que parecem autênticas quando estamos dentro delas. Não sei se algum dia já foi diferente. Isso provavelmente não faz nenhum sentido. Foi uma tentativa de dizer a verdade.

PAULSON: Faz todo o sentido. Mas é possível sustentar esses dois impulsos ao mesmo tempo?

WALLACE: Não, mas do modo como vejo — e o que digo aos meus alunos — é que, se há um sofrimento envolvido na arte, ou seja lá como você queira chamar isso, no momento atual esse sofrimento tem esta forma: ser o campo de batalha da guerra entre esses dois tipos de impulso. Nenhum dos dois é burro, nenhum dos dois está errado, mas pra mim não está nem um pouco claro como você pode conciliá-los e acho que desde os anos cinquenta isso não está claro. Só acho que este é o ponto em que estamos.

PAULSON: É isso que você tem tentado fazer na sua ficção — expressar esses dois impulsos na mesma obra, na mesma história?

WALLACE: Para os efeitos dessa conversa vou dizer que sim, mas quando você está sentado num quarto claro e silencioso na frente do papel é bem mais: uhhh será que isso me dá vontade de vomitar? Será que parece real? Esse é o tipo de coisa que as pessoas diriam? É algo bem mais cabeça-dura e pragmático. Você entende, não é? Há algo de muito artificial depois que o livro já passou pelas provas finais e agora eu me envolvo em um discurso crítico sobre ele — posso até estar certo, mas é muito diferente de quando se está realmente fazendo a coisa. Aquilo que passa pela minha cabeça quando estou escrevendo é bem menos sofisticado do que isso.

THE CONNECTION:
DAVID FOSTER WALLACE

Michael Goldfarb, 2004

© 2004, WBUR e The Connection. Reimpresso com autorização.

GOLDFARB: Eis algumas coisas que sabemos sobre o escritor David Foster Wallace. Ele vem do Meio-Oeste, mas agora vive no sul da Califórnia. Ele sabe mais de matemática do que a maioria de nós, e ele é um tenista com algum gabarito. E para o bem ou para o mal, na riqueza ou na pobreza, queira ou não, ele tem sido coroado com o título de escritor da sua geração, a pessoa entre os seus pares com a maior probabilidade de escrever o grande romance americano. Seu último romance foi *Graça infinita*, uma excursão de mil páginas em programas de doze passos, terrorismo e outras coisas, e foi publicado em 1996. Seu último trabalho é uma coletânea de contos, alguns curtos e outros nem tanto, intitulada *Oblivion*. Os contos revelam um interesse pelo mundo do trabalho da mídia, e também pelo mundo em pânico da vida cotidiana, em que professores substitutos ficam completamente pirados e bebês sofrem acidentes que causam uma neura na mente dos pais. Na próxima hora vamos falar do trabalho e da visão de mundo de David Foster Wallace. Aqui comigo no estúdio está David Foster Wallace. Olá.

WALLACE: Oi.

GOLDFARB: É um prazer conhecer você porque já há um tempo tenho te lido em diferentes lugares, e é legal ter você aqui frente a frente comigo. Em primeiro lugar, só por curiosidade, quando foi que você se mudou para o sul da Califórnia?

WALLACE: Mudei pra lá no verão de 2002. Consegui um trabalho de professor muito bom que era simplesmente irrecusável.

GOLDFARB: E você está morando em LA?

WALLACE: Eu moro entre Los Angeles e San Bernardino.

GOLDFARB: E é um lugar que já começou a influenciar a sua imaginação de um jeito diferente de quando você estava mais no sul?

WALLACE: Acho que eu estou tentando principalmente me adaptar. O lugar é ao mesmo tempo bem bonito em termos de clima e bem, bem urbano. O lugar em que moro é basicamente um gigantesco centro comercial.

GOLDFARB: O ambiente perfeito mesmo. Um centro comercial, em que cada item visível a olho nu já deve ter passado por testes e narrações preliminares de profissionais do marketing.

WALLACE: Estou sentindo que o assunto já mudou aqui.

GOLDFARB: Sim, obrigado, David, é muito prestativo da sua parte. O que me chamou a atenção no livro é o quanto você se interessa pelo mundo do trabalho, de um jeito que mais ninguém se interessa. Na última hora mesmo estávamos falando sobre desigualdade de gênero no local de trabalho, falando do Walmart. Mas você está interessado no modo como o trabalho da mídia, da publicidade funciona. É algo que se destaca no livro. De onde isso vem?

WALLACE: Não sei. Sei que estou com 42 anos e que cresci assistindo muita televisão e sendo parte de uma cultura que sofre uma influência pesada da mídia. Acho que uma das coisas que me interessa é o fato de que, embora isso realmente faça parte da realidade da nossa geração, nós não temos o hábito de pensar nisso como um produto humano — o resultado de escolhas humanas, de pensamento humano e de trabalho humano. E eu acho que você tem razão. Acho que muita gente não está interessada tanto quanto eu nisso dos bastidores da mídia, embora, por outro lado, eu não tenha nenhuma experiência específica com isso, e muitas das coisas de bastidores de que eu falo são inventadas.

GOLDFARB: É, bem, é o que a gente chama de ficção.

WALLACE: Pois é.

GOLDFARB: O primeiro conto desta coletânea, *Oblivion*, acontece num grupo focal, e é ficcional, obviamente. Por que você não conta um pouco da história e talvez lê um trecho pra nós?

WALLACE: Este é um conto longo, chamado «Mister Squishy», que eu tinha feito primeiro sob um pseudônimo como parte de um ciclo, mas o resto do ciclo meio que morreu. No início era pra ser um tipo de história de júri estilo doze-homens-e-uma-sentença — mas ambientada num grupo focal —, e aí comecei a ficar cada vez mais interessado no facilitador, o estatístico que é, digamos, responsável pelo grupo. O grupo focal está testando um bolinho inventado chamado *Crimes!©* [*Felonies!©*], que está prestes a entrar no mercado, e há muita nomenclatura de publicidade e dos grupos focais no conto.

Se há um movimento na história, eu diria que ela começa com coisas técnicas bem pesadas sobre o funcionamento de testes com grupos focais e sobre o funcionamento da publicidade e, conforme avança, passa a se interessar cada vez mais pelo facilitador em uma narrativa tradicional em terceira pessoa sobre um idiota.

GOLDFARB: Gosto de como o conto descreve, por exemplo, «os bolinhos escuros e excepcionalmente densos e molhadinhos» — os bolinhos estão numa mesa na sala do grupo focal —, «os pacotes continham *Crimes!*©, um nome de marca arriscado e polivalente que visa ao mesmo tempo conotar e parodiar a percepção de vício/indulgência/transgressão do consumidor moderno consciente da sua saúde». É exatamente assim que eles falam sobre essas coisas, as pessoas que estão lançando novos produtos no mercado, com toda a energia e intensidade e ideia de profundidade de quem escreve filosofia, como se estivessem fazendo uma grande descoberta sobre como sabemos o que sabemos.

WALLACE: É bem impressionante mesmo. Eu estudei, sabe, com gente que agora está ganhando salários estratosféricos atuando como uns estudiosos da demografia em Nova York, e isso pra agências de publicidade. E, sim, são pessoas muito inteligentes e instruídas que estão dando duro em tempo integral tentando entender coisas que aos nossos olhos são sem graça ou efêmeras.

GOLDFARB: Leia um trecho do conto, dê uma contextualizada antes.

WALLACE: Ih, caramba. Acho que esta é a parte da história em que estamos passando mais da mecânica do grupo focal para a vida e os dramas pessoais do facilitador, que se chama Terry Schmidt. Há um bocado de nomenclatura aqui, *Equipe* Δy é a empresa de grupos

THE CONNECTION: DAVID FOSTER WALLACE   249

focais que está sendo usada pela agência de publicidade RSB, que significa Reesemeyer Shannon Belt, que é um nome inventado, e TFG é a sigla de Targeted Focus Group. Essa é a parte que ela marcou. Ah, desculpe, GRDS significa Group Response Data Summary, que é o formulário de resposta que esse grupo focal está preenchendo.

[Wallace lê uma única frase longa das páginas 31-33 de *Oblivion*, começando em «At various intervals...»]

GOLDFARB: Bem, há todo um mundo nisso, e é uma única frase, uma das razões justamente que a levou — a nossa produtora sênior — a selecionar esse trecho para ser lido. Uma primeira pergunta rápida: o que você acabou de ler foi uma só frase. Você faz isso de propósito ou as palavras simplesmente foram saindo e você disse: «bom, vamos lá até o fim»?

WALLACE: Bem, parece um pouco mais diarreico lendo em voz alta do que provavelmente parecia no papel. Acho que uma questão simples é que esta é uma história bizarra porque ela alterna de um narrador mais onisciente em terceira pessoa para a consciência do tal Terry Schmidt. Quanto mais as coisas se aproximam de Terry Schmidt, mais extensas elas ficam, porque os pensamentos dele meio que tropeçam. A história não é toda assim, mas, de fato, há umas frases bem longas.

GOLDFARB: É uma questão do estilo da história, em outras palavras, quando você se depara com isso como leitor você continua lendo e depois de um tempo começa a se perguntar, porque estamos acostumados com frases de um certo tamanho, ou pontuadas de uma certa maneira. Isso tudo faz parte do processo, a interação entre a página e o leitor. Mas o outro ponto dessa história, e volto aqui ao tema do trabalho, talvez eu esteja generalizando demais, mas a maioria dos escritores americanos simplesmente evita falar disso. E aqui estamos nós, uma sociedade conhecida no mundo todo por viver para trabalhar e não por trabalhar para viver, por trabalhar para ganhar dinheiro o bastante para aproveitar a vida. E ao mesmo tempo não é algo que atrai as pessoas, e a minha própria teoria é de que isso se deve em parte porque as pessoas não querem pensar no que acontece em seminários de publicidade.

WALLACE: Por que você acha que elas não querem pensar nisso?

GOLDFARB: Não sei, eu que te pergunto. Pra mim é uma coisa assustadora. Eu só acho que muitos escritores não querem lidar com o mundo do trabalho, talvez porque não tenham experimentado isso em primeira mão, talvez porque seja horripilante demais pensar a respeito.

WALLACE: Eu prefiro a explicação horripilante porque é mais sexy do que pensar que as pessoas acham isso tedioso, ou, sabe, que elas trabalham o dia todo e aí a última coisa que querem fazer quando chegam em casa e põem os pés pra cima é ouvir sobre o trabalho de outra pessoa. Provavelmente isso é bem pouco preciso, mas quando você diz que a maioria dos textos evita o mundo do trabalho, pra mim parece que um tanto considerável da ficção comercial enfatiza o trabalho das pessoas, mas é sempre algo sexy e arriscado com policiais ou FBI ou esse tipo de trabalho. E a literatura talvez enfatize a vida mais doméstica e a vida interior e tal. Não está claro pra mim se os dois são assim tão diferentes. Estou ouvindo a música, imagino que eu deva encerrar aqui com uma frase profunda.

GOLDFARB: Você é tão culto.

WALLACE: Já estou expert em mídia!

GOLDFARB: É o que todas as resenhas dizem.

[breve intervalo]

GOLDFARB: Estávamos falando do trabalho e do seu lugar na ficção americana. Quando você não está escrevendo ficção, David, você chega a pensar sobre como a realidade entra no seu mundo? Você tenta elaborar jogos na sua cabeça para obter algum tipo de forma pura da ideia de um objeto, eliminando todo o condicionamento que vem de fora — você está com 42 anos — de assistir televisão, de qualquer outra coisa que aconteceu, para obter algum tipo de noção pura, quase matemática, do que é real?

WALLACE: A pergunta é se eu fico divagando feito um platonista? Não sei se considero a mídia ou a publicidade ou o nível de saturação que você e eu e todos nós temos dessas coisas como algo necessariamente mau. Sabe, uma das marcas do pós-modernismo é que definitivamente não está mais claro se há algum tipo de verdade platônica por trás das interpretações que as pessoas fazem da verdade, em especial as interpretações da verdade impostas por gente que é paga para fazer isso. Mas uma das coisas que me interessa é o quão pouco a gente pensa no fato de que muito do que voluntariamente consumimos e vemos e ouvimos e escutamos é, na verdade, um produto humano pensado por seres humanos. Não sou um Luddita. Não tenho nada específico contra a mídia. Só acho que é estranho a gente raramente falar ou pensar sobre as intenções por trás de muitas dessas coisas. Sabe, eu tenho toda uma historinha sobre isso se quiser ouvir, mas acho que vai levar uns dois minutos pra contar.

GOLDFARB: Sabe de uma coisa? Ainda temos um bom tempo da nossa hora, então manda bala.

WALLACE: Eu estava pensando nisso porque tivemos uma espécie de discussão pública sobre essa questão em San Francisco. Estava na pós estudando escrita criativa em meados dos anos oitenta, e havia alguns de nós que usavam elementos pop em certos contos — nomes de marcas, celebridades —, e nossos professores, que eram, sabe, vinte, trinta anos mais velhos que nós, se opunham muito, muito fortemente a isso. Eles acreditavam que a literatura, como a maior parte da arte séria, deveria ser atemporal, e que elementos pop eram fúteis e triviais. Contos literários deveriam fazer parte da alta cultura, que era realmente uma espécie de antídoto contra a baixa cultura. Tivemos uma discussão intergeracional bem interessante sobre isso na faculdade, porque os garotos da minha idade — eu estava com vinte e poucos anos na época —, a gente simplesmente não entendia. Coisas relacionadas a mídia e publicidade e grandes empresas e celebridades eram parte da nossa realidade tanto quanto carros e autoestradas e céus eram parte da realidade dos nossos professores. Mas com a idade passei a perceber, acho eu, que há uma grande diferença. Os românticos — céus e riachos balbuciantes e natureza e aquela coisa toda —, aquilo não é um produto humano. Muito do mundo da mídia em que vivemos é um produto humano, feito por seres humanos com objetivos e medos e desejos, e há uma estranha resistência a pensar nisso de um jeito que não seja extremamente redutor — estamos cercados de pessoas más tentando nos manipular —, mas sim em termos de como é a realidade humana por trás da criação disso tudo. Não sei se faz algum sentido.

GOLDFARB: Faz, sim. A questão é que você estava falando de uma diferença geracional e agora você está crescendo e entendendo, pelo menos, o ponto de partida dos seus professores. Também me pergunto se há uma diferença de formação: se já no ensino fundamental e médio, antes mesmo de entrar na faculdade, você tem acesso a um certo tipo de alta cultura, uma educação canônica, se

THE CONNECTION: DAVID FOSTER WALLACE 253

isso te permite de antemão ser mais cético em relação à questão pop e estabelecer essa distinção.

WALLACE: Acho que deve ser o caso, e provavelmente uma das razões que torna tão assustador o fato de se permitir que grandes empresas patrocinem materiais escolares ou levem sua publicidade para lanchonetes escolares de ensino médio, é porque elas estão educando as crianças de um jeito bem específico que é feito para servir aos interesses da empresa. Por outro lado, não sei se é preciso uma grande educação especial em artes liberais para se ficar cético diante da mídia, se com cético você quer dizer que isso não é a realidade, mas sim, de fato, uma certa versão apresentada por seres humanos que têm um interesse nisso. Acho que depende da disposição em prestar certo tipo de atenção, e acho que provavelmente se trata de um certo tipo de atenção que gente mais nova do que eu — com vinte, trinta anos — está mais acostumada a ter. Já tive leitores mais novos que não entendem bem qual é o grande problema, por que eu faço disso uma grande questão. Acho que é mais difícil para nós, que somos mais velhos, fazer isso.

WALLACE: Há que se prestar atenção. Como você veio do Meio-Oeste e ficou no Meio-Oeste mesmo depois de se tornar uma celebridade...

GOLDFARB: Entre aspas...

GOLDFARB: Tento fazer isso com a minha entonação, já que não estamos olhando para uma folha de papel. Mas você acha que esta é uma visão própria do Meio-Oeste: a de que a cultura midiática tornou a América homogênea — isso também é um clichê —, mas você acha que esta é a visão de alguém que cresceu no Meio-Oeste em oposição a alguém que cresceu em Manhattan?

WALLACE: Bem, acho que certamente é a visão de alguém que ao mesmo tempo leu e assistiu muita televisão, e que está bem acostumado a estar do outro lado da tela. O tipo de celebridade sobre quem escrevo e que tenho em mente tem muito mais energia cultural e muito mais dólares do que a celebridade que resulta de ser um escritor de literatura semi-bem-conhecido, não sei qual é o percentual de americanos que se interessam por literatura, mas não é alto.

GOLDFARB: De fato não é alto, ainda nesta semana fizemos uma emissão sobre o dado divulgado de que apenas 44 por cento dos homens leem ficção. Pra mim foi algo meio surpreendente, porque eu achava que todo mundo estava lendo pelo menos romances policiais, mas ao que parece os homens não estão lendo ficção. No mundo da rádio pública, você supõe que está falando para o grupo seleto de gente que realmente lê, então podemos ter esse tipo de conversa, mas no resto da América não dá para ter certeza. Quando você viaja pelo país em turnês como esta, que impressões você tem das pessoas que leem, do nível das conversas?

WALLACE: Ah, minha nossa, numa turnê de lançamento de ficção você vai ter o tanto de gente que cada local puder comportar, e esse não parece ser um reflexo muito bom da cultura como um todo. Além do mais, eu também não faço tantas turnês assim. Não falo diretamente com tantos leitores. A impressão que tenho é que, em termos do público que me interessa, ainda há muitos leitores inteligentes e sofisticados que estão dispostos a fazer um esforcinho a mais. Mas também acho que é compreensível, especialmente talvez no caso dos homens, que em geral passam o dia todo sentados fazendo tudo que é tipo de trabalho entediante... Ler exige certo isolamento e períodos longos de uma atenção algo atípica, e a maioria dos meus amigos não é escritor ou não tem aquela formação toda, e o que eles querem quando saem do trabalho é estímulo. Eles querem

THE CONNECTION: DAVID FOSTER WALLACE 255

entretenimento, e nesse sentido a televisão e o cinema e a internet se adequam muito mais do que a arte literária.

GOLDFARB: Diana está ligando de Raleigh, Carolina do Norte.

DIANA: O que eu queria perguntar, é verdade que a escrita desse autor é informativa, inteligente e rica em termos culturais, mas por que é tão difícil para as massas terem acesso a essas coisas? Pra mim fazia muito tempo.

GOLDFARB: Fazia tempo, aí em Raleigh, que você não ouvia uma conversa assim?

DIANA: Na verdade escuto a NPR fora de Raleigh, mas penso mais em termos de leitura...

GOLDFARB: Certo, vou passar a pergunta para David Foster Wallace, Diana.

WALLACE: Bem, não tenho plena certeza se entendi a sua pergunta, centenas de bons livros de literatura e poesia são publicados todo ano. É verdade que não há tanta propaganda e publicidade desses livros quanto de coisas mais comerciais, pela simples razão de que eles não geram tanto lucro, não há tanta gente interessada. Mas tenho a impressão de que as pessoas que estão interessadas, e estão dispostas a fuçar na internet ou ir a uma livraria e dar uma procurada, nunca se viram diante de uma escassez de textos literários de qualidade de tudo que é tipo. Estou respondendo à sua pergunta?

DIANA: Bem, concordo com tudo o que você disse. Acho que a questão é a variedade de temas sobre os quais você escreve. Não me expressei direito. É muito empolgante porque você trata disso e daquilo e de tantas coisas diferentes, e eu não conheço a sua escrita e estou ansiosa em ir à minha livraria independente e procurar seus livros.

WALLACE: Ou a uma biblioteca.

DIANA: Eu sou formada em letras e estou trabalhando como professora substituta agora, enquanto me preparo para obter minha certificação. Então estou bem curiosa com aquilo de professores substitutos enlouquecendo.

GOLDFARB: É um conto muito, muito interessante.

DIANA: Não vejo a hora de ler.

GOLDFARB: Está no livro *Oblivion*, obrigado, Diana. Amy está ligando de Chapel Hill, Carolina do Norte.

AMY: Oi. Tenho uma pergunta para David Foster Wallace. Eu li *Graça infinita* — fiz o tal esforço, por assim dizer —, e parte do que você vem dizendo nesta conversa hoje me fez pensar numa pergunta sobre a ideia daquilo que é criado pelo homem, falando da produção corporativa e a influência dos produtos e tal. O tipo de existência saturada pela mídia. E eu queria perguntar sobre a última frase daquele livro. Me ocorreu que foi preciso o livro todo para chegar àquele último momento. Foi como um último suspiro. Foi mesmo um certo momento de redenção, fiquei realmente chocada com ela.

WALLACE: Você está falando da última frase do texto principal?

AMY: Isso, de *Graça infinita*, não a última frase das notas de rodapé.

THE CONNECTION: DAVID FOSTER WALLACE 257

WALLACE: Eu gosto daquela última frase, então obviamente vou concordar com você.

GOLDFARB: Amy, você por acaso não a sabe de cabeça? Qual é a frase?

AMY: Não tenho o livro aqui na minha frente. É uma personagem — uma das inúmeras personagens que você acompanha —, e eu já estava na verdade ficando ressentida mais para o final do livro porque percebi que seria impossível você terminar todas as histórias que tinha começado. Eu não podia acreditar que tinha ido tão longe e não ia ter um desfecho bonitinho para aquilo tudo.

WALLACE: Pois é, recebi mensagens de ódio por causa disso.

AMY: Mas eu te perdoei no final, porque ficou claro que não era isso que você queria, e tudo bem, sabe. Mas na maior parte do tempo era tudo tão violento e surreal, tanto sofrimento, e com aquela última frase eu fiquei chocada, porque termina com — sei que vai soar um pouco brega — com um momento verdadeiramente humano. Foi preciso um livro de quase cinco quilos para chegar àquela frase específica.

GOLDFARB: David, Amy estava falando da experiência de leitura do livro. Como escritor, você gosta de ter esse tipo de retorno bem específico dos leitores?

WALLACE: Bem, claro. Aquele livro, algumas das coisas que eu faço envolvem um joguinho que é difícil, mas que tento tornar sedutor ou natural — como uma frase de duas páginas. Se eu faço isso bem, sim, é uma frase longa, mas você consegue acompanhá-la em termos gramaticais e sintáticos. Fico preocupado quando as pessoas chamam atenção para isso porque sinto que, se elas conseguem perceber, não estou fazendo o trabalho totalmente direito. Não sei se todo o texto de *Graça infinita* é uma estrutura de suporte para a última frase, mas eu também gosto da última frase. E não queria dar um desfecho ordenado a vários enredos que aparecem dentro do livro, e acho que sobretudo porque muito do entretenimento comercial que fez parte da minha infância e adolescência faz isso e não é algo totalmente real. É uma satisfação meio falsa essa de dar um fim a várias coisas que acontecem, e agora eu acho que só estou divagando.

GOLDFARB: Então você está consciente de que há um elemento no seu trabalho que responde à estrutura em três atos do filme Hollywoodiano de duas horas cuidadosamente costurado, ou mesmo à estrutura de seis episódios de *Família Soprano*. Como artista, o que você tenta fazer é evitar isso?

WALLACE: Bem, tenho uma resposta bem redondinha e na ponta da língua pois já me perguntaram muitas vezes por que, depois de fazer o leitor meio que escalar esta grande montanha, *Graça infinita* não termina. Pra mim, na verdade, o livro termina, mas o desfecho se dá, digamos, fora da moldura do quadro. Dá pra ter uma boa ideia do que acontece, na minha opinião. Acho que, de maneira geral, sou como todos os escritores. Quero fazer algo que me pareça real, então aquelas coisas que já foram exaustivamente exploradas pelo entretenimento comercial, que são muito redondinhas e cristalinas e sofisticadas, provavelmente não vão me parecer reais, e eu vou evitá-las. E é provável que em muitos casos isso seja um problema, porque há certos tipos de obras que devem ter um desfecho padrão. A reação visceral do tipo «ah, meu Deus, se isso já foi usado de forma comercial, eu não devo fazer» pode ser uma limitação, eu espero não ser assim o tempo todo.

GOLDFARB: Você estava falando dos seus amigos que não são escritores e que chegam em casa do trabalho e ficam assistindo histórias. Histórias, que é o que as pessoas costumavam ler há 150 anos, e agora você tem alguém que te conta a história e, como você disse, a pessoa fica passivamente assistindo isso na televisão.

WALLACE: Só que, antes desses 150 anos, histórias eram coisas que a gente contava uns pros outros. Então há um círculo que se fecha nessa coisa toda. No início elas não eram contadas pra gente por alguém que tinha como único objetivo obter a nossa atenção para poder nos transmitir mensagens em prol de alguém que estava lhe dando dinheiro. Então houve uma virada meio estranha nos dias de hoje.

GOLDFARB: E além disso as histórias ganham constantemente uma vida suplementar em outros lugares, porque as pessoas que aparecem nessas histórias também estão em outdoors, falando sobre alguma outra coisa, sem qualquer relação com a história em que você as viu. Mas, veja, quando você está escrevendo, há momentos em que você diz: 'Sabe, eu poderia resolver essa situação na maior facilidade, mas não vou porque é isso que fariam em Hollywood?»

WALLACE: Esta é a dificuldade de falar sobre essas coisas: a verdade — pelo menos pra mim — nem de longe é tão sofisticada ou interessante como o tipo de pergunta que você acabou de colocar. Geralmente é uma questão de estômago: isso parece real? Isso me dá vontade de vomitar? Isso soa falso ou artificial ou não? E pelo menos eu não fico quebrando muito a cabeça.

[breve intervalo]

GOLDFARB: Podemos falar sobre a sua escrita, David, ou você pode apenas ler algum texto seu, pode também ser uma boa.

WALLACE: Certo. Outra coisa que foi selecionada aqui é um trecho de um conto chamado «Good Old Neon», que é basicamente uma história sobre muitos tipos diferentes de solidão.

[Wallace lê parte de um parágrafo, das páginas 150-51 de *Oblivion*, começando em «Once again, I'm aware...» e terminando em «It's not really like that».]

WALLACE: A propósito, essa última parte é uma só frase curta.

GOLDFARB: É uma observação técnico-estilística interessante.

WALLACE: Digo isso porque ela escolheu as frases realmente longas e eternas para leitura em voz alta.

GOLDFARB: Mas esse trecho é particularmente bom, porque me parece tratar do processo da consciência antes mesmo de ela se transformar em linguagem. Você acha que a linguagem é o ponto final do processo de formulação de um pensamento?

WALLACE: Isso supõe trazer todo um debate bem pesado para a discussão aqui. Há escolas de pensamento, algumas das quais me parecem convincentes, que defendem que realmente não existe uma realidade significativa fora da linguagem. Que a linguagem cria, de maneira bastante complicada, aquilo que chamamos de realidade — esse seria o seu pós-estruturalismo...

THE CONNECTION: DAVID FOSTER WALLACE   261

GOLDFARB: Aí está um dos motivos para eu não ter feito um doutorado em filosofia — eu simplesmente não queria ter essa conversa por razões profissionais.

WALLACE: É algo incrivelmente abstrato e obscuro, em parte porque está lidando com o paradoxo de que estamos tentando falar de maneira metafísica sobre a linguagem usando apenas a linguagem, o que gera certos paradoxos que os seus leitores podem não achar tão interessantes, mas que são bem, bem complicados.

GOLDFARB: Bem, vamos desafiá-los. Fale pra gente de alguns desses paradoxos.

WALLACE: O paradoxo básico, que é tratado com mais leveza pela lógica matemática, é de que é muito, muito difícil falar sobre uma linguagem dentro daquela linguagem. O famoso paradoxo «Eu estou mentindo» de Kurt Gödel — lamento, mas não é nem de Gödel, vem da Grécia Antiga — é o primeiro exemplo desse fato. Isso está fazendo o conto que li agora há pouco parecer muito intelectual — na verdade era para ser, digamos, o conto mais triste do livro —, mas uma das questões do narrador é que ele já estudou o bastante pra enlouquecer só com a superfície desse tipo de paradoxo. A filosofia da coisa toda é muito interessante. Eu realmente não tenho tanto conhecimento assim disso.

GOLDFARB: David está ligando de Boston.

DAVID: Você mencionou antes no programa, bem de passagem, a questão da verdade na era pós-moderna. E acho que vivemos num momento bem, não sei como você chamaria isso, em que você pode escolher a verdade. Eu só gostaria que você falasse um pouco mais sobre o que tinha em mente quando falou disso.

GOLDFARB: Certo, David, é uma boa pergunta.

WALLACE: Acho que você estava falando da questão da verdade. Se fosse para eu me posicionar, acho que eu diria que até certo ponto concordo com você, e penso que esse é um legado interessante do ceticismo pós-moderno. A ideia de que nada é fixo. De que não existe verdade. De que você pode obter uma verdade até mesmo sobre os acontecimentos do dia, por exemplo, da Fox News, e outra da grande conspiração liberal do *New York Times* e da CNN — essa ideia, acho eu, é ao mesmo tempo libertadora e empolgante e extremamente assustadora.

GOLDFARB: David?

DAVID: Isso que você disse me deixa na mesma situação paradoxal, ambivalente. Também é algo que me assusta muito, e não sei se há uma saída fácil de conciliar.

GOLDFARB: Obrigado pela sua ligação.

WALLACE: Uma ligação inteligente, eu achei.

GOLDFARB: De fato. Mas no caso da verdade, no nível pessoal — o artista costumava dizer «Quero criar a verdade a partir da minha experiência de vida». Você também pensa assim ou esse é apenas um conceito que dá um peso a mais ao processo?

WALLACE: Bem, é uma questão um pouquinho romântica. A pergunta é: fala-se em verdade porque quando você está fazendo essas coisas tanto disso tem que ver uma verdade-do-estômago, em oposição a uma verdade-do-cérebro —, ou seja, eu sinto ou não que isso é verdade? Pra mim o interessante, essa é uma ideia bem

Romântica — com R maiúsculo — de verdade, que até onde eu sei vem de Nietzsche, de que toda verdade depende da perspectiva. Me parece que uma das coisas engenhosas que a direita da América particularmente conseguiu fazer foi injetar esse tipo de ceticismo no debate público. Se você ou eu dizemos algo que parece absolutamente verdade — de que, não sei, a justiça para os sem-teto seria algo imprescindível —, eles podem dizer: «Bem, isso parece verdade pra você só porque você foi condicionado a pensar assim por uma conspiração liberal dentro da academia e da imprensa». E em termos retóricos, é bem difícil dar uma resposta eficaz e concisa a isso, porque qualquer coisa que você disser pode ser vista como outro produto do condicionamento da sua perspectiva. É assustador, eu concordo com David. Mas é igualmente bem empolgante porque não sei se já houve antes uma retorização assim do debate na América, e acho que sempre que uma Autoridade com A maiúsculo é questionada isso é empolgante. Ao mesmo tempo também me parece haver um grande potencial de perigo nisso.

GOLDFARB: Jennifer está ligando de Durham, Carolina do Norte.

JENNIFER: Eu queria perguntar sobre a sua impressão de amadurecer como escritor. Você mencionou antes coisas que hoje vê de maneira diferente de quando estava na faculdade, e recentemente reli «A Supposedly Fun Thing I'll Never Do Again», que é um ensaio que eu amava. E ainda amo este texto, mas — não estando mais com trinta e poucos anos, mas já mais perto dos quarenta —, a minha experiência de leitura foi não exatamente de que era um texto sarcástico, mas de que em alguns momentos era engraçado à custa de pessoas ou coisas. E eu me pergunto se você acha que, para o escritor, há uma trajetória que vai de um certo sarcasmo para uma posição mais generosa, e — se esse é o caso — se você também perde algo com isso?

WALLACE: É uma pergunta desconfortavelmente boa. Você está se referindo a um longo ensaio que fiz sobre um cruzeiro que foi divertido, e de que gostei bastante na primeira vez que fiz. E agora, quase dez anos depois, especialmente em relação a algumas pessoas que conheci no cruzeiro, quando leio algumas partes eu estremeço, porque parece cruel. Sei que já não escrevo mais tantos textos não ficcionais quanto costumava fazer, e acho que em parte porque não tenho o coração ou o estômago para dizer mesmo coisas verdadeiras que podem magoar alguém. Duvido que em termos artísticos seja algo muito promissor, mas pode ser que isso talvez me torne um ser humano ligeiramente melhor. Acho que estou passando pelo ciclo tradicional que todo mundo vive, no sentido de que o meu interesse por coisas intelectuais e complexas e inteligentes — não é que eu não esteja mais interessado nisso, mas eu me interessava demais mesmo por essas coisas quando eu era um escritor bem jovem —, e quanto mais eu envelheço mais penso que o que há de mágico na arte pra mim é a ideia de coisas comoventes. E não estou falando necessariamente de coisas tristes, mas de algo que tem um impacto emocional muito complicado em oposição a um impacto intelectual ou meio que meta-artístico, o que, uhhh, parece uma resposta careta de intelectual. A bem da verdade eu achei que a sua pergunta foi direto ao ponto.

GOLDFARB: Jennifer?

JENNIFER: A sua resposta é praticamente o que eu esperava, e eu fico na verdade ansiosa para ler o seu novo livro. Acho que especialmente se a gente envelhece com os escritores de que gostamos, então eu devo estar mais ou menos no mesmo lugar que você está

THE CONNECTION: DAVID FOSTER WALLACE 265

agora, e eu estava no mesmo lugar que você quando li pela primeira vez algo que talvez era mais ácido.

WALLACE: Mas imagine então como é para o escritor. Da perspectiva do escritor eu me saio muito bem no papel do sabichão, mas e se essas coisas novas que me afetam muito mais, e se eu não puder fazer isso tão bem? E provavelmente esse é o mesmo conflito que terei aos cinquenta ou sessenta anos, no fim acaba sendo meio assustador.

JENNIFER: Bem, é o que todos os artistas precisam enfrentar, se crescem.

WALLACE: Bem, você é uma pessoa inteligente.

GOLDFARB: David, você é professor agora — estávamos falando antes da sua experiência como estudante —, você acha que os alunos para quem ensina hoje são diferentes de quando você estava com vinte e poucos anos fazendo uma formação em escrita criativa?

WALLACE: Bem, eu ensino na graduação, e sim. Embora eu não tenha filhos, estou passando pela minha versão daquilo de «quanto mais você envelhece, mais inteligentes os seus pais ficam», porque eu me pego dizendo certas coisas que os professores me diziam e que eu achava que eram só um sinal de que eles não reconheciam, sabe, o meu gênio, e que eu podia transcender aquilo tudo. Então, parece um clichê, mas a verdade é que o bom de ensinar é que você é a pessoa que mais aprende na sala de aula.

GOLDFARB: Fizemos uma emissão com Evan Wright esses dias, de *Generation Kill*, e ele acha que há uma diferença fundamental entre os soldados que estavam lutando no Iraque e, por exemplo, os soldados que lutaram no Vietnam, e isso teria a ver com o modo como os garotos que ele estava observando tiveram contato com videogames e toda aquela coisa da mídia de que falamos antes. Você tem essa impressão quando conversa com os escritores jovens? Se você lutou para que referências pop fossem respeitadas no âmbito da alta cultura, eles acham que essa é uma luta que vale a pena encarar ou eles simplesmente estão acostumados com o jeito como as coisas são?

WALLACE: Bom, nesse sentido ainda há uma grande divisão na literatura, e há muita ficção Realista com R maiúsculo realmente boa e pulsante que não apresenta muitos elementos culturais e que você também não poderia ter encontrado há cem, 150 anos. O que eu mais vejo nos meus alunos, mais ou menos como Evan vê os videogames como um condicionante operante que ajuda as pessoas a matar melhor, é que a capacidade de atenção deles é menor, mas também é mais ágil. Há mais cortes bruscos nos textos deles. A diferença, para mim, me parece ser muito mais técnica do que espiritual.

ENTREVISTA COM DAVID FOSTER WALLACE

Didier Jacob, 2005

© 2005, David Foster Wallace Literary Trust.
Reimpresso com autorização.

JACOB: Você nasceu em um lugar onde as pessoas não se interessam muito pela literatura estrangeira, talvez nem pela literatura americana. O que levou você a amar a literatura e a querer se tornar um escritor?

WALLACE: Suponho que o seu «nasceu num lugar onde... literatura» se refere a todos os Estados Unidos, não apenas à região específica onde nasci. Se estou certo, então a sua verdadeira pergunta é: «Como é possível, tendo em vista a falta de interesse por literatura da maior parte dos americanos, que a América produza escritores de literatura?». Obviamente, daria para perguntar igualmente como é possível que algum americano se torne um músico clássico, um escultor ou um dançarino de balé. É verdade que proporcionalmente não há tantos americanos interessados na arte séria quanto há europeus. Mas também é perigoso tentar caracterizar toda uma nação como «um lugar onde as pessoas não se interessam muito», porque nesse caso, seguindo a lógica dessa pergunta, a única vocação artística que os americanos seguiriam estaria relacionada aos filmes comerciais e à televisão, à música popular e aos videogames. Pois apenas essas formas de arte comercial e popular «interessam muita gente» aqui, o que é triste, e para os europeus deve ser apenas mais uma prova do quanto os americanos são uns filisteus. Mas os Estados Unidos também são uma nação de extraordinária diversidade, com uma infinidade de interesses e paixões culturais diferentes. Pode haver comparativamente poucos americanos vivos que se importam o suficiente com ficção e poesia sérias para comprar livros e ler e pensar sobre literatura, mas há o bastante para manter a literatura viva — assim como há o bastante para manter a música clássica viva, e o balé etc. (Com «viva» quero dizer aqui disponível para quem se interessa por ela.)

Em alguns aspectos, o fato de haver um público relativamente pequeno para a cultura séria é uma coisa boa. É verdade que não dá para ficar rico ou se tornar uma grande estrela nos Estados Unidos como dançarino ou compositor ou poeta. Mas isso significa que apenas quem realmente gosta disso vai seguir esse tipo de carreira. Jovens que inicialmente queriam ganhar rios de dinheiro, ou se tornar grandes celebridades, fazer cinema, televisão, música pop, ou brilhar na internet. Essa situação tem algumas vantagens. Dinheiro e fama em excesso deformam os artistas, deformam a arte — todos nós já vimos isso acontecer muitas vezes, com muitos músicos e atores diferentes que «tiraram a sorte grande» —, e o fato de não haver aqui grandes promessas de dinheiro ou fama na cultura séria ajuda a manter essas vocações mais puras, mais limpas. Pelo menos essa é uma maneira de ver a situação. Por outro lado, claro, é triste e assustador. A arte séria é onde questões difíceis e complexas tornam-se urgentes, humanas e reais; e a atual conjuntura política dos Estados Unidos é tão feia, irrefletida, egoísta, jingoísta e materialista que talvez nunca antes a arte séria tenha sido tão necessária. Mas a arte séria deixa as pessoas desconfortáveis — é o seu objetivo —, e uma porção considerável da nossa população parece agora estar disposta a fazer um grande esforço para evitar qualquer desconforto; e nós elegemos líderes que são fracos e limitados o bastante para se prestarem a explorar

ENTREVISTA COM DAVID FOSTER WALLACE

esse fato. Ou seja, estes também são tempos bastante sombrios e assustadores... Embora vocês aí na França não precisem realmente que eu lhes diga isso. Para escritores e artistas sérios, porém, acho que o descaso popular e a falta de interesse são, em última instância, uma coisa boa — boa para a arte, quero dizer.

JACOB: Como você resumiria toda a sua vida, do seu nascimento até o verão de 2005?

WALLACE: Entendida literalmente, essa pergunta é impossível de responder. Meu palpite é de que a pergunta se pretende engraçada, ou quer fazer o entrevistando responder com algo engraçado ou instigante. Infelizmente, sempre que me sinto pressionado a dizer algo engraçado ou instigante, minha mente se enche do mesmo barulho de estática de um canal de TV fora do ar, e não consigo pensar em nada para dizer. Essa é uma das razões de eu não ser uma boa pessoa para se entrevistar.

JACOB: Como você mistura jornalismo e literatura? As duas formas são muito diferentes ou muito parecidas? Os trabalhos e ideias de Hunter Thompson, por exemplo, são importantes para você?

WALLACE: Eu não tenho muita certeza se de fato «misturo jornalismo e literatura». Costumo pensar mais em termos de ficção *versus* não ficção. Não sou jornalista; não tenho nenhuma formação em jornalismo e nunca trabalhei para um jornal ou para qualquer agência de notícias. Mas escrevo tanto ficção quanto não ficção, e com «não ficção» quero dizer sobretudo ensaios e artigos. Muitos escritores americanos fazem isso, em parte porque precisamos dessa renda das revistas, e a maioria das revistas americanas publica muito mais textos de não ficção do que ficção ou poesia. Ninguém aqui tem muita certeza de como classificar o trabalho de romancistas e poetas que escrevem não ficção para revistas. Como há alguns textos de não ficção realmente bons escritos por romancistas/poetas americanos — penso em Cynthia Ozick, e outros bons exemplos são Tobias Wolff, Joan Didion, Jonathan Franzen, William T. Vollmann, Denis Johnson e Louise Glück —, isso está ganhando certa respeitabilidade literária aqui. Na verdade, no contexto acadêmico dos EUA, há um movimento agora que quer incluir ensaios e jornalismo literário como um «quarto gênero», ao lado da ficção, da poesia e do drama, a ser estudado em cursos de literatura e também ensinado nas oficinas de escrita criativa que são tão populares nas nossas universidades. Também tem sido uma grande tendência editorial americana na última década a publicação de livros de memórias de poetas e romancistas: *Despertar de um homem*, de Tobias Wolff, e *The Liars' Club*, de Mary Karr, são duas das mais famosas autobiografias recentes. Não sei quantos desses livros de memórias são publicados em francês; alguns são muito bons, outros são um lixo e feitos só pra ganhar dinheiro.

Eu mesmo entrei na não ficção séria principalmente por questões financeiras. No início dos anos noventa, estava escrevendo uma longa obra de ficção, e eu não tinha trabalho nem muito dinheiro, e um editor que eu conhecia da revista *Harper's* me encomendou uns dois «ensaios experimentais», o que me permitiria ganhar o suficiente para continuar vivendo. No fim, acabei gostando do gênero, e as pessoas gostaram de alguns dos artigos, e continuei escrevendo textos de não ficção mesmo quando não precisava mais dessa renda para viver. Meu principal problema como escritor de não ficção é que, se eu me interesso o bastante sobre algo para escrever a respeito, a coisa tende a ficar muito detalhada e complexa pra mim, e os artigos que mando para as revistas geralmente são muito maiores do que elas podem publicar. Então geralmente o que aparece nas revistas americanas é só uma pequena parte do artigo que eu escrevi; o resto é cortado. A melhor

ENTREVISTA COM DAVID FOSTER WALLACE

coisa de reunir estes textos em coletâneas (a segunda dessas coletâneas deve ser lançada em breve nos EUA; estamos trabalhando nas provas agora) é que posso publicar a «versão do diretor» dos artigos, os textos que realmente escrevi e não as versões pesadamente editadas das revistas.

Pra mim, há apenas uma diferença entre ficção e o que você chama de «jornalismo». Mas é uma grande diferença. Na não ficção, tudo tem que ser verdade, e também tem que ser documentado, porque as revistas têm pessoas que verificam os fatos e advogados que são bem detalhistas e não têm nenhum senso de humor, e as revistas temem muito ser processadas. O processo editorial da não ficção é bem longo e complicado e tedioso. Este provavelmente é o real motivo de eu não fazer mais não ficção: a parte da escrita é divertida, mas a parte de edição e verificação dos fatos geralmente é cansativa.

Quanto ao seu exemplo: por razões complicadas com que eu não quero aborrecer você, eu não me interesso muito por Hunter S. Thompson. Em poucas palavras, ele me parece bem mais interessado em se apresentar como uma personagem carismática e como um símbolo heroico do niilismo e da revolta decadentes, do que em escrever uma não ficção honesta e poderosa. O livro dele sobre os Hell's Angels é uma exceção, mas eu acho entediante a maior parte das coisas que ele escreve; seus textos me parecem ingênuos e narcisistas. Talvez isso vá incomodar os seus leitores; talvez Thompson seja um ícone na França (como J. Lewis?). Se for o caso, posso garantir que não tenho a pretensão de falar em nome de todos os leitores americanos... Mas eu pessoalmente encontro muito mais prazer e valor nos «trabalhos e ideias» de escritores de não ficção como Swift, Montaigne, Lamb, Orwell, Baldwin, Dillard e Ozick do que nos de Hunter Thompson ou de Tom Wolfe. Eu tenho, porém, amigos inteligentes e criteriosos que discordam de mim: *De gustibus non est disputandum.*

JACOB: Você poderia descrever um típico dia de escrita, como você descreve a Feira Estadual de Illinois ou um campeonato de tênis?

WALLACE: Eu não entendo bem como as duas cláusulas da sua pergunta se encaixam. Não tenho um «típico dia de escrita». Por um lado, o processo é bem diferente dependendo se o texto é de ficção ou não ficção, e se há ou não um prazo. Costumo ser bastante lento e fazer muitos rascunhos diferentes antes de terminar algo. Quando há um prazo (e geralmente há quando se trata de um texto não ficcional encomendado por uma revista), todo o processo tem de ser acelerado, o que geralmente significa que não faço mais nada da vida por um mês. Devo acrescentar, em relação à segunda cláusula da sua pergunta, que o tempo gasto em eventos como a Feira Estadual de Illinois ou o Du Maurier Open não conta realmente como tempo de escrita. Só o que eu faço nesses eventos é ficar perambulando, fumando cigarros demais, enchendo cadernos de observações e me preocupando com como é que posso escrever qualquer coisa coerente sobre um evento que é tão complexo e cheio de detalhes. O tempo de escrita de fato começa quando chego em casa e tenho que começar a organizar as anotações e transformá-las num artigo.

JACOB: O que você prefere fazer: jogar tênis, ir ao cinema, escrever um romance de mil páginas, bater papo com os seus amigos escritores ou não fazer nada?

WALLACE: Receio que esta seja outra pergunta que não entendo totalmente. Com «prefere fazer» você quer dizer a qualquer momento? Bem, depende. A verdade provavelmente é esta: às vezes eu gosto muito de escrever; outras vezes, parece algo impossivelmente difícil e desagradável, e eu me esforço horrores

ENTREVISTA COM DAVID FOSTER WALLACE   273

para evitar ter que fazer isso. Não sou muito disciplinado ou (uma palavra que está na moda nos Estados Unidos) «estruturado» em relação ao trabalho. Se estou realmente interessado em algo em que estou trabalhando, se aquilo me parece algo verdadeiramente vivo e se sou capaz de esquecer meus próprios medos, então eu passo bem mais tempo escrevendo do que fazendo qualquer outra coisa, simplesmente porque é o que prefiro fazer. Se eu não estou muito interessado, ou se estou numa fase em que me sinto assustado e autoconsciente demais para gostar do esforço de escrever, então passo um bom tempo evitando o trabalho e fazendo outras coisas. Algumas dessas coisas estão na sua lista, outras não.

JACOB: Que escritor, vivo ou morto, desperta mais o seu interesse, e com que escritor você mais gostaria de conversar? Pynchon? Hemingway? Salinger? (ou Shakespeare, ou alguém outro...)

WALLACE: Eu não sou muito curioso sobre a vida ou a personalidade alheia ou outros escritores. Quanto mais eu gosto do trabalho de uma pessoa, menos eu quero ter um conhecimento pessoal que polua a minha experiência de leitura dela. Conheci rapidamente alguns dos escritores americanos que admiro — Cormac McCarthy, por exemplo, e Don DeLillo e Annie Dillard —, e todos me pareceram pessoas boas e simpáticas. Mas percebi que não queria «bater papo» com eles. Na verdade, não gostei nem de ouvi-los falar. Nos livros deles, cada um desses escritores tem uma «voz» muito característica pra mim, uma espécie de som na página, que não tem nada a ver com a laringe ou a nasalidade ou o timbre real deles. Eu não quero ouvir a voz «real» deles na minha cabeça quando estou lendo. Não tenho certeza se isso faz sentido, mas é verdade. Há, por outro lado, escritores com quem troco cartas, e disso eu gosto muito. Porque a consciência nas cartas me parece muito mais com a consciência que admiro no trabalho deles. Espero que isso responda ao menos em parte à sua pergunta.

JACOB: Um jogador de tênis pode sonhar em ter as pernas de Agassi, o espírito de Connor, o vocabulário de McEnroe e assim por diante. Como escritor, que partes da obra de outro escritor você sonharia em poder emprestar — os ritmos de Don DeLillo, por exemplo? Os personagens de Russell Bank? Os títulos de Pynchon?

WALLACE: Eu conseguiria responder melhor essa pergunta com vinte e poucos anos, quando era mínima a diferença entre a minha admiração por alguma habilidade específica de um escritor e o meu desejo de me apropriar disso. Vejo a mesma tendência em alunos e escritores mais jovens — muitos deles passam bastante tempo imitando os escritores que admiram, e com frequência eles nem percebem que o que estão fazendo é imitação, porque quando você é jovem a sua percepção de si mesmo é fluida e as possibilidades parecem infinitas. De minha parte, conforme envelheço e me vejo com mais clareza (pelo menos é o que acho que faço), passei a aceitar que há certas coisas que faço muito bem e outras que não faço bem... e outras ainda que seria absurdo eu tentar fazer. Por exemplo: eu admiro a habilidade de McCarthy de usar um inglês antiquado e elaborado sem parecer tolo ou afetado, mas não tenho a menor ilusão de que eu poderia fazer o mesmo. Admiro a concisão e a lucidez de DeLillo e Ozick, mas aceitei o fato de que jamais vou ser muito lúcido ou conciso no meu próprio trabalho. Até onde vejo, aos 43 anos, aqueles resquícios de inveja e desejo de apropriação que restam em mim têm que ver com qualidades maiores e mais amorfas. A capacidade de escritores como São Paulo, Rousseau, Dostoiévski e Camus de apresentar de maneira tão plena e apaixonada as urgências espirituais que eles sentiam, que eles viam como realidade, continua a me impressionar de um jeito que é quase desesperador: ah, se eu pudesse ser uma pessoa assim! Mas os aspectos invejados e cobiçados aqui me parecem ser mais qualidades humanas — capacidades do espírito — do que habilidades técnicas ou talentos especiais.

SÓ PRA SABER...
DAVID FOSTER WALLACE

Christopher John Farley, 2008

Do *Wall Street Journal*, 31 de maio de 2008.
© 2008, Dow Jones & Co. Reimpresso com autorização.

David Foster Wallace, autor do romance *Graça infinita*, foi convidado pela revista *Rolling Stone* para cobrir a campanha presidencial de John McCain em 2000. Esse trabalho se transformou em um capítulo de sua coletânea de ensaios *Consider the Lobster* (2005); o ensaio agora foi publicado como um livro autônomo, *McCain's Promise*. Numa entrevista por telefone, o sr. Wallace disse que saiu da experiência impressionado com o «quanto esses candidatos são impossíveis de entender e cheios de camadas». O sr. Wallace também respondeu por e-mail a perguntas sobre candidatos à presidência, o voto dos jovens e carinhas felizes.

WSJ: Bem, por que um romancista iria querer viajar por aí num ônibus de campanha?

Sr. Wallace: O que me interessou na ideia da viagem do McCain foi que eu tinha visto uma gravação de uma entrevista que ele deu no programa do Charlie Rose em algum momento do ano anterior, em que ele falava de maneira tão franca e sincera sobre coisas como financiamento de campanhas e repulsas partidárias, coisas que eu nunca tinha ouvido nenhum político de nível nacional falar. Também havia o fato de que as minhas próprias posições políticas estavam a uns 179 graus das dele, então não havia o risco de eu ficar de alguma forma tentado a escrever um infomercial.

P: Você mudou de opinião sobre alguma das coisas que disse no livro?

R: Na melhor tradição política, eu rejeito a premissa da sua pergunta. O ensaio trata bem especificamente de umas duas semanas de fevereiro de 2000 e da situação tanto da política de McCain [quanto] da política nacional naquelas semanas. Ele está fortemente atrelado ao contexto. E aquele contexto hoje parece algo muito, muito, muito distante. O próprio McCain obviamente mudou; seus vaivéns e suas enrolações sobre Roe *versus* Wade, financiamento de campanhas, a toxicidade dos lobistas, o calendário do Iraque etc. são simplesmente algumas das coisas que fazem dele uma figura política menos interessante e mais deprimente agora — pelo menos pra mim.

P: Você escreve que John McCain, em 2000, tinha se tornado «a grande esperança populista da política americana». Que paralelos você vê entre McCain em 2000 e Barack Obama em 2008?

R: Há algumas semelhanças — a capacidade de atrair novos eleitores, independentes; a capacidade de arrecadar um dinheiro considerável das bases pela internet. Mas há também inúmeras diferenças, muitas delas óbvias demais para serem apontadas. Obama é um orador, para começar — um retórico da velha guarda. Pra mim, isso me parece mais classicamente populista do que McCain, que não é bom em fazer discursos e cujos pontos fortes são entrevistas e pequenas conferências de imprensa. Mas há uma [razão] maior. A verdade — do modo como eu vejo — é que os últimos sete anos e quatro meses da Administração Bush têm sido um verdadeiro show

SÓ PRA SABER... DAVID FOSTER WALLACE 279

de horrores de ganância, arrogância, incompetência, falsidade, corrupção, cinismo e desprezo pelo eleitorado que é muito difícil imaginar como um republicano autodeclarado poderia tentar se posicionar como populista.

P: No livro, você fala sobre por que muitos jovens sentem aversão à política. O que você acha que poderia levar os jovens às urnas nestas eleições?

R: Bem, é uma situação muito diferente. Se não pelo resto, os últimos sete anos e quatro meses ajudaram a deixar claro que realmente importa, e muito, quem é eleito presidente. Muito mesmo. Há também o fato de que estamos agora diante de certos problemas realmente urgentes e mobilizadores — o preço da gasolina, emissões de carbono, o Iraque — que tendem a levar mais eleitores de todas as idades e formações a votar.

P: Você é conhecido por escrever livros grandes e complexos. O seu romance *Graça infinita* tem 1.079 páginas, mas *McCain's Promise* é um livro fininho de 124 páginas. O que levou você a decidir descer algumas categorias de peso nesta publicação?

R: A verdade é que este livro é realmente um artigo de revista cujo tema simplesmente se tornou grande e espinhoso e multirramificado demais para poder ter o tamanho de um artigo.

P: Tenho um exemplar de divulgação de *Graça infinita* que sua editora me mandou em 1996. Está autografado — ao que parece — por você e há uma pequena carinha feliz debaixo do seu nome. Eu sempre tive curiosidade em saber — foi você mesmo quem desenhou aquela carinha feliz?

R: Um dos pontos do plano Barulho [de *Graça infinita*] envolvia enviar um grande número de exemplares da primeira edição — ou talvez exemplares de imprensa — autografados para gente que poderia fazer Barulho. O que eles fizeram foi me mandar por correio uma caixa gigantesca de folhas de edição encadernada, que eu deveria autografar; depois eles iam dar um jeito de costurá-las naqueles livros «especiais». Você provavelmente já teve a estranha experiência epiléptica de ficar dizendo a mesma palavra de novo e de novo até ela perder todo significado e se tornar bem estranha e arbitrária e provocar uma sensação bizarra — agora imagine isso acontecer com o seu próprio nome. Foi o que aconteceu. Além do mais, era chato. Tão chato que comecei a fazer tudo que é tipo de desenhinhos esquisitos para tentar ficar alerta e empenhado. O que você chama de «carinha feliz» é um resquício de um personagem amador de desenho animado com que eu costumava me divertir na escola. Devo ter feito uns milhares naquele fim de semana de 1995.

OS ANOS PERDIDOS E OS ÚLTIMOS DIAS DE DAVID FOSTER WALLACE

David Lipsky, 2008

Artigo de David Lipsky publicado na edição de 30 de outubro de 2008 da *Rolling Stone*. © Rolling Stone LLC 2008. Todos os direitos reservados. Reimpresso com autorização.

Ele foi o maior escritor da sua geração — e também o mais atormentado. Após o seu trágico suicídio, amigos e familiares revelam a luta contínua de uma mente brilhante.

Ele tinha 1,88 de altura e, num bom dia, pesava noventa quilos. Ele usava óculos de vovó com um lenço na cabeça, as pontas amarradas atrás, um olhar que tinha ao mesmo tempo um quê de pirata e de dona de casa. Sempre teve cabelo comprido. Tinha olhos escuros, voz macia, queixo de homem das cavernas, uma boca adorável com lábios bem delineados que era o seu traço mais bonito. Ele caminhava com um passo de ex-atleta, com uma viradinha nos calcanhares, como se qualquer movimento físico fosse um prazer.

David Foster Wallace trabalhou surpreendentemente em quase todas as frentes: romances, jornalismo, férias. Sua vida foi uma busca por informação, acumulando comos e porquês. «Recebi 500 mil pedacinhos diferentes de informação hoje», disse ele certa vez, «dos quais talvez só uns 25 sejam importantes. Meu trabalho é dar algum sentido a isso». Ele queria escrever «sobre como é estar vivo. E não algo que servisse para aliviar a sensação de estar vivo». Os leitores se aconchegavam nos recantos e clareiras do seu estilo: seu humor, seu brilhantismo, sua humanidade.

Sua vida foi um mapa que vai dar no destino errado. Wallace foi um aluno nota 10 no ensino médio, jogou futebol americano, jogou tênis, escreveu uma monografia de filosofia e um romance antes de se formar em Amherst, foi fazer uma especialização em escrita criativa, publicou o romance, fez todo um mundo de editores e escritores chorosos, golpeados e arrebatados se apaixonar por ele, de olhos arregalados. Publicou um romance de mil páginas, recebeu o único prêmio que você pode ganhar no país por ser um gênio, escreveu ensaios que são a melhor revelação possível do que significa estar vivo no mundo contemporâneo, aceitou ocupar uma cátedra especial no Pomona College, na Califórnia, como professor de escrita criativa, casou-se, publicou outro livro e, no mês passado, se enforcou aos 46 anos.

«A única coisa que realmente deve ser dita sobre David Foster Wallace é que ele foi um daqueles talentos que só aparece uma vez a cada século», diz seu amigo e antigo editor Colin Harrison. «Talvez a gente nunca mais veja um cara como esse na vida — isso eu posso dizer com convicção. Ele foi como um cometa passando aqui embaixo.»

Seu romance de 1996, *Graça infinita*, é do tamanho de uma Bíblia e gerou livros de interpretação e comentário, como *Understanding David Foster Wallace* — um livro que seus amigos talvez tenham tentado escrever e que devem ter feito fila para comprar. Ele sofreu de uma depressão clínica durante décadas, um dado que só era do conhecimento da família e de amigos mais próximos. «Acho que ele nunca perdeu o sentimento de que havia algo de vergonhoso nisso», diz seu pai. «Seu instinto era esconder.»

Depois que ele morreu, no dia 12 de setembro, leitores inundaram a internet com tributos à sua generosidade, à sua inteligência. «Mas ele não era o santo Dave», diz Jonathan Franzen, melhor

OS ANOS PERDIDOS E OS ÚLTIMOS DIAS DE DAVID FOSTER WALLACE 283

amigo de Wallace e autor de *As correções*. «Esse é o paradoxo de Dave: quanto mais perto você chega, mais sombrio é o cenário, mas mais genuinamente amável ele era. Só depois de conhecê-lo bem você conseguia entender de verdade como era uma luta heroica para ele não apenas estar bem no mundo, mas produzir uma escrita maravilhosa.»

David cresceu em Champaign, Illinois. Seu pai, Jim, era professor de filosofia na Universidade de Illinois. Sua mãe, Sally, era professora de inglês numa faculdade pública local. Era um lar acadêmico — equilibrado, respeitoso —, jogos de linguagem no carro, cômodos arrumados, a estante de livros, o herói da casa. «Tenho essas lembranças engraçadas da infância», disse-me Wallace durante uma série de entrevistas em 1996. «Lembro dos meus pais lendo *Ulysses* juntos na cama, em voz alta, os dois de mãos dadas realmente amando algo de coração.» Sally odiava ficar brava — ela levava dias para se recuperar de uma bronca. Então a família desenvolveu uma espécie de correio interno de conflitos. Quando sua mãe tinha algo duro a dizer, ela escrevia uma carta. Quando David queria muito alguma coisa — aumento de mesada, flexibilização no horário de dormir —, ele passava uma cartinha por baixo da porta do quarto dos pais.

David foi uma daquelas combinações perfeitas e estranhas das habilidades dos pais. O título de um dos livros de seu pai — *Ethical Norms, Particular Cases* [Normas éticas, casos particulares] — soa como um dos títulos dos contos de Wallace. O jeito de falar de sua mãe ecoa o estilo de escrita de Wallace: seu livro didático *Practically Painless English* [Inglês prático indolor] parece uma piada de Wallace. Ela diz coisas como «calor letal» para muito quente, «sonambular pelos cotovelos» para quando se fala durante o sono, «ergue esse esqueleto» para mandar alguém para a cama. «David e eu devemos muito à minha mãe», diz a irmã dele, Amy, dois anos mais nova. «Ela tem um jeito de falar que nunca ouvi em nenhum outro lugar».

Desde pequeno, David era «muito frágil», como ele mesmo dizia. Ele adorava ver TV e ficava incrivelmente empolgado assistindo a programas como *Batman* ou *James West*. (Seus pais limitavam os programas mais «pesados». Um por semana.) David era capaz de memorizar diálogos de programas inteiros e prever, como uma espécie de meteorologista do enredo, os rumos que a história iria tomar, que fim teriam as personagens. Ninguém o via ou o tratava como um gênio, mas aos catorze anos, quando ele perguntou ao pai o que ele fazia, Jim sentou com David e guiou-o através de um diálogo socrático. «Fiquei impressionado com a sofisticação da compreensão dele», diz Jim. «Naquele momento, entendi que ele era mesmo, de fato, extraordinariamente brilhante.»

David foi uma criança grande; ele jogou futebol americano — quarterback — até os doze ou treze anos, e falaria sempre como um atleta, comendo letras e palavras: «num era», «sei não», «num é», «sabe lá». «Quando criança, eu era realmente um atleta marmanjão a sério», disse-me Wallace. «Tipo, eu não tinha nenhuma ambição artística. Eu jogava futebol americano no nível municipal. E eu era bem bom. Aí entrei no ensino médio e havia dois caras na cidade que eram quarterbacks melhores do que eu. E as pessoas começaram a se bater com muito mais força, e eu descobri que não gostava na verdade de bater nos outros. Foi uma grande decepção.» Depois do seu primeiro dia de treino na Urbana High School, ele voltou para casa e pendurou as chuteiras. Ele deu duas explicações para os pais: em princípio ele teria que treinar todos os dias e os treinadores falavam palavrões demais.

Ele também tinha pegado gosto pela raquete. «Descobri o tênis sozinho», disse Wallace, «fazendo aulas em parques públicos. Durante cinco anos. Eu realmente ia ser um jogador de tênis profissional. Minha aparência não era das melhores, mas era quase impossível me vencerem. Sei que isso soa arrogante. É verdade.» Na quadra, ele era meio malandro, fingindo ser fraco. Antes de um

OS ANOS PERDIDOS E OS ÚLTIMOS DIAS DE DAVID FOSTER WALLACE   285

jogo, ele dizia ao seu adversário: «Obrigado por ter vindo, mas você vai me dar uma surra hoje.»

Aos catorze anos, ele achava que já poderia estar jogando a nível nacional. «Realmente fazer parte do show do circuito júnior. Mas justo quando o tênis se tornou importante pra mim, eu comecei a travar. Quanto mais nervoso você fica, pior você joga.» Além disso, eram os anos setenta — Pink Floyd, *bongs*. «Comecei a fumar muita maconha por volta dos quinze ou dezesseis, e é difícil treinar.» Ele riu. «Você perde um pouco a energia.»

Foi por essa época que os Wallace notaram algo estranho em relação a David. Ele tinha umas vontades surpreendentes, como pintar o quarto de preto. Vivia constantemente irritado com a irmã. Quando estava com dezesseis anos, ele se recusou a ir à festa de aniversário dela. «Por que eu iria querer comemorar o aniversário dela?», disse ele aos pais.

«David começou a ter ataques de ansiedade no ensino médio», lembra o pai. «Eu percebi os sintomas, mas eu era simplesmente ingênuo demais nessas coisas. A depressão parecia assumir a forma de um espírito maligno que assolava David.» Sally chegou a chamar isso de «o buraco negro com dentes». David se fechou. «Ele passou bastante tempo vomitando no último ano da escola», lembra a irmã. Uma das paredes do quarto dele tinha um mural de cortiça, para pôr fotos de revista de estrelas do tênis. David afixou um artigo sobre Kafka na parede, com o título A DOENÇA É A PRÓPRIA VIDA.

«Eu odiava ver aquelas palavras», sua irmã me diz, começando a chorar. «Elas pareciam resumir a existência dele. A gente não conseguia entender por que ele agia daquele jeito, então é claro que meus pais ficaram exasperados, carinhosamente exasperados.»

David terminou o Ensino Médio com notas perfeitas. Qualquer que fosse o seu furacão pessoal, ele tinha derrubado umas árvores e passado. Ele decidiu ir para Amherst, onde seu pai também estudara. Seus pais tinham lhe dito que ele iria gostar do outono em Berkshire. Mas ele sentia saudade de casa — as fazendas e os horizontes planos, estradas se estendendo satisfeitas rumo a lugar nenhum. «É outono», David escreveu para eles. «As montanhas são bonitas, mas a paisagem não é tão bonita quanto a de Illinois.»

Wallace tinha feito as malas para Amherst no outono de 1980 — Reagan prestes a assumir, os anos setenta emborcados, mauricinhos de escola preparatória por toda a parte. Ele levou um terno para o campus. «Era um terno estilo loja de departamento, com uma gravata xadrez escocesa», conta seu colega de quarto e amigo íntimo Mark Costello, que depois também veio a se tornar um romancista bem-sucedido. «Os caras que iam para Amherst, vindo de cinco escolas preparatórias, eles sempre se vestiam um pouquinho abaixo da média. Ninguém levaria um terno. Era só a sensação que Wallace tinha de que ir para o Leste era algo importante, e que você não podia passar vergonha. A minha primeira impressão foi de que ele estava realmente bem deslocado.»

Costello veio de um meio operário de Massachusetts, sete irmãos ao todo, família irlandesa católica. Ele e Wallace se entenderam. «Nenhum de nós dois se encaixava naquele molde Gatsby», diz Costello. Em Amherst, David aperfeiçoou o estilo de vestimenta que adotaria o resto da vida: gola alta, moletom com capuz, tênis grandes de basquete. O estilo de garotos de estacionamento que em Illinois eram chamados de Pivetes Sujos. «Uma persona jogador de tênis ligeiramente durão, ligeiramente à margem», diz Costello. Wallace também era incrivelmente rápido e boa companhia, mesmo numa simples caminhada pelo campus. «Eu sempre quis ser um imitador», disse Wallace, «mas eu não tinha capacidade de registro vocal e facial ágil o bastante para fazer isso.» Atravessando um sinal, começava o Show do Dave. Ele narrava como as pessoas andavam, falavam, descrevia a posição da cabeça delas, imaginava suas vidas. «Ele tinha uma ligação forte com as pessoas», lembra Costello. «Dave tinha essa habilidade de entrar na pele de outra pessoa.»

OS ANOS PERDIDOS E OS ÚLTIMOS DIAS DE DAVID FOSTER WALLACE   287

Observar as pessoas de longe pode ser, claro, uma forma de evitá-las de perto. «Eu era um completo nerd esquisitão na faculdade», lembra Wallace. «Na verdade, eu apenas tinha medo das pessoas. Por exemplo, eu só encarava o cafofo da TV — a sala central de TV — para assistir *Hill Street Blues*, porque era um programa realmente importante pra mim.»

Certa tarde, em abril do segundo ano na faculdade, Costello voltou para o quarto que eles dividiam e encontrou Wallace sentado em sua cadeira. Escrivaninha limpa, malas feitas, até a máquina de escrever guardada, que pesava tanto quanto as roupas todas juntas.

«Dave, o que está acontecendo?», perguntou Costello.

«Eu sinto muito, sinto muito mesmo», disse Wallace. «Eu sei que estou realmente te sacaneando.»

Ele estava largando a faculdade. Costello o levou até o aeroporto. «Ele não conseguia falar a respeito», lembra Costello, «Ele chorava, estava morrendo de vergonha. Em pânico. Ele não conseguia controlar os pensamentos. Era uma incontinência mental, o equivalente a fazer xixi nas calças.»

«Eu não estava muito feliz lá», disse-me Wallace mais tarde. «Me sentia meio inadequado. Havia muita coisa que eu queria ler que não entrava em nenhum curso. E minha mãe e meu pai foram totalmente compreensíveis.»

Wallace voltou para casa para se hospitalizar, dar explicações aos pais, arranjar um emprego. Por um tempo, ele dirigiu um ônibus escolar. «Ali estava ele, um cara realmente abalado, uma espécie de Holden Caulfield, dirigindo um ônibus escolar em meio a tempestades de trovões», lembra Costello. «Ele me escreveu uma carta todo revoltado, falando de como era precária a seleção de motoristas de ônibus escolares na região central de Illinois.»

Wallace aparecia nas aulas de filosofia do pai. «As aulas se transformavam em um diálogo entre David e eu», lembra o pai. «Os estudantes ficavam apenas sentados olhando em volta: 'Quem é este cara?'.» Wallace devorava romances — «praticamente tudo o que eu li foi lido durante aquele ano.» Ele também falou para os pais sobre como se sentia na faculdade. «Ele falava sobre como ficava muito triste e solitário», diz Sally. «Não tinha nada a ver com ser amado. Ele apenas se sentia muito só por dentro.»

Ele voltou para Amherst no outono, para o quarto com Costello, abalado, mas calejado. «Algumas coisas tinham sido destruídas na cabeça dele», diz Costello. «Na primeira metade de sua carreira em Amherst, ele estava tentando ser uma pessoa normal. Ele fazia parte do grupo de retórica, o tipo de cara que sabe que vai ser um sucesso.» Wallace tinha falado sobre entrar na política; Costello lembra de ele brincar: «Ninguém vai votar em alguém que esteve num manicômio». Depois de sua vida ter desmoronado, sua percepção sobre quais eram as suas opções se estreitou — e as possibilidades que restavam se tornaram mais reais para ele. Em uma carta para Costello, ele disse: «Quero escrever livros que as pessoas vão ler daqui a cem anos».

De volta à faculdade, no terceiro ano, ele nunca falava muito da sua crise. «Era algo constrangedor e pessoal», diz Costello. «Uma zona interdita às piadas.» Wallace a via como uma derrota, algo que ele deveria ter sido capaz de controlar. Ele fez a vida entrar numa rotina. Era dele a primeira bandeja do refeitório na hora do jantar, ele comia, tomava café com saquinhos de chá junto, estudava na biblioteca até as onze, voltava pro quarto, assistia *Havaí 5.0*, e então à meia-noite tomava um gole de uma garrafa de uísque. Quando não conseguia desligar a mente, dizia: «Sabe de uma coisa? Acho que esta é das noites de duas doses», tomava outra e dormia.

Em 1984, Costello partiu para a Faculdade de Direito da Yale; Wallace ficou sozinho no seu último ano. Ele fez uma dupla habilitação em letras-inglês e filosofia, o que significava dois grandes projetos de escrita. Em filosofia, trabalhou com lógica modal. «Parecia bem difícil, e eu estava realmente assustado», disse. «Então pensei

OS ANOS PERDIDOS E OS ÚLTIMOS DIAS DE DAVID FOSTER WALLACE   289

em fazer um tipo de romance bacana de umas cem páginas.» Ele o escreveu em cinco meses, chegando às setecentas páginas. Ele o intitulou *The Broom of the System*.

Wallace publicou contos na revista literária de Amherst. Um deles era sobre depressão e um medicamento tricíclico contra a ansiedade que ele estava tomando há dois meses. O remédio «fazia eu me sentir como se estivesse chapado e no inferno», disse-me ele. O conto tratava da parte do inferno:

> Você é a própria doença... Você percebe isso... quando olha para o buraco negro e ele tem o seu rosto. É aí que a Coisa Ruim te devora por inteiro, ou então é você que simplesmente se devora por inteiro. É quando você se mata. Todo esse negócio de as pessoas cometerem suicídio quando estão «gravemente deprimidas»; dizemos: «Minha nossa, temos que fazer alguma coisa para impedir que elas se matem!» Errado. Porque, veja bem, a esta altura essas pessoas já se mataram, lá onde realmente importa... Quando elas «cometem suicídio», elas estão apenas agindo em conformidade com isso.

Não foi apenas a escrita do romance que fez Wallace perceber que seu futuro estaria na ficção. Ele também ajudou amigos escrevendo os trabalhos deles. Em uma história em quadrinhos, esta seria a sua origem, a parte em que ele é bombardeado com raios gama, picado por uma aranha. «Lembro de me dar conta na época: 'Cara, eu sou realmente bom nisso. Sou um estranho tipo de falsário. Posso soar como qualquer pessoa'.»

A pós-graduação era o próximo passo. Filosofia seria a escolha óbvia. «Meu pai preferiria ter os membros cortados sem anestesia a forçar os filhos a fazer qualquer coisa», disse Wallace. «Mas eu sabia que ia ter de fazer uma pós. Só que eu me inscrevi em vez disso em programas de letras-inglês, sem contar pra ninguém. Ao escrever

The Broom of the System, senti que estava usando 97 por cento de mim, enquanto na filosofia eu usava apenas cinquenta por cento.»

Depois de Amherst, Wallace foi para a Universidade do Arizona fazer um mestrado em escrita criativa. Foi lá que ele adotou a bandana: «Comecei a usar em Tucson porque fazia uns 37 graus o tempo todo, e eu transpirava tanto que o suor pingava na página». A mulher com quem ele estava namorando achou que a bandana era uma decisão sábia. «Era uma mulher dos anos sessenta, uma muçulmana sufi. Ela disse que havia vários chacras, e um dos maiores, que ela chamava de orifício da baleia, ficava no topo do crânio. Aí eu comecei a pensar na expressão: 'Manter a cabeça fria'. Pra mim é meio bizarro as pessoas verem isso como uma marca registrada ou algo assim — é mais o reconhecimento de uma fraqueza, a da minha preocupação, digamos, de que a minha cabeça possa explodir.»

O Arizona foi uma experiência estranha: as primeiras aulas em que as pessoas não estavam contentes em vê-lo. Ele queria escrever do jeito que queria escrever — textos engraçados, com camadas e mais camadas, não lineares, estranhos. Os professores eram todos «realistas durões». Esse foi o primeiro problema. O segundo problema era Wallace. «Acho que eu era meio babaca», disse ele. «Eu era impossível de ensinar. Eu tinha aquele olhar — 'Se houvesse alguma justiça no mundo, seria eu o professor aqui' — que faz você ter vontade de bater no aluno.» Um dos seus contos, «Here and There», ganhou um prêmio O. Henry em 1989 depois de ter sido publicado numa revista literária. Quando ele o entregou ao professor, recebeu um frio apontamento em resposta: «Espero que isso não seja representativo do trabalho que você espera fazer para nós. Odiaríamos ter que perdê-lo».

«O que eu odiava era a falsidade toda», lembra Wallace. «'Odiaríamos ter que perdê-lo.' Sabe, se é pra ameaçar, fala de uma vez.»

Wallace enviou sua monografia para agentes literários. Ele obteve várias respostas: «Boa sorte na sua carreira de zelador.»

OS ANOS PERDIDOS E OS ÚLTIMOS DIAS DE DAVID FOSTER WALLACE

Bonnie Nadell tinha 25 anos e estava trabalhando no seu primeiro emprego na Agência Frederick Hill, em San Francisco. Ela abriu uma carta de Wallace, leu um capítulo do seu livro. «Eu gostei demais», diz Nadell. Só que o escritor se chamava David Rains Wallace. Hill e Nadell concordaram que David deveria usar o nome de solteira da mãe, e foi assim que ele se tornou David Foster Wallace. Ela permaneceu como sua agente enquanto ele viveu. «Eu tenho isso que é o mais próximo de uma mãe judia, e eu simplesmente passo os braços em volta da saia dela e a abraço», diz Wallace. «Não sei o que isso significa. Talvez alguma espécie de carência de WASP.»

A Viking venceu o leilão do romance, «com mais ou menos o equivalente a um punhado de cupons de troca». A notícia se espalhou; os professores se tornaram simpáticos. «Eu passei do limite da fronteira, o prestes-a-ser-expulso, à situação de ver todos esses caras de sorriso amarelo com o papo de 'Bom te ver, estamos orgulhosos de você, você tem que vir jantar lá em casa um dia desses'. Era tão delicioso: eu sentia certa vergonha alheia por eles, que não tinham integridade nem no seu ódio.»

Wallace foi para Nova York encontrar seu editor, Gerry Howard, usando uma camiseta do U2. «Ele parecia muito jovem para 24 anos», diz Howard. A camiseta o impressionou. «O U2 não era tão famoso na época. E há uma hipersinceridade no U2, com a qual eu acho que o David estava em sintonia — ou digamos que ele realmente queria ser sincero, ainda que seu cérebro constantemente o desviasse na direção do irônico.» Wallace só chamava Howard — que tinha apenas 36 anos — de «Sr. Howard», nunca de «Gerry». Esse viria a se tornar o seu estilo nos negócios: uma espécie de falsa formalidade. As pessoas com frequência achavam que era uma brincadeira. Era na verdade a sua educação do Meio-Oeste, o aluno bagunceiro que continua cumprimentando o vice-diretor com um «senhor». «Havia como se fosse um zumbido de superinteligência por trás de toda a atitude modesta de 'ih, foi mal'», lembra Howard.

The Broom of the System foi publicado em janeiro de 1987, o segundo e último ano de Wallace no Arizona. O título fazia referência a algo que sua avó por parte de mãe costumava dizer, como em: «Aqui, Sally, coma uma maçã, é a vassoura do sistema.» «Eu não sabia que David tinha gravado isso», diz sua mãe. «Eu adorei o fato de uma expressão da família ter se tornado o título do livro dele.»

O romance decolou. «Tudo o que se poderia esperar», diz Howard. «Críticos elogiaram, vendeu bastante bem, e David estava tendo um bom começo.»

Seu primeiro contato com a fama foi como um rito de iniciação. Wallace abria o *Wall Street Journal*, via seu rosto transmutado em uma imagem pontilhada. «Algum artigo do tipo 'Novo Romance Esquisito de um Grande Autor», disse ele. «Eu me sentia muito bem, me sentia mesmo ótimo, por exatos dez segundos. Não deve ser muito diferente de um barato de crack, sabe? Eu estava vivendo uma vida incrivelmente americana: 'Cara, se você conseguir alcançar ao menos X, Y e Z, aí tudo vai ficar bem'.» Howard comprou o segundo livro de Wallace, *Girl with Curious Hair*, uma coletânea de contos que ele estava terminando de escrever no Arizona. Mas alguma coisa em Wallace o preocupava. «Eu nunca tinha encontrado uma mente como a de David», diz ele. «Ela funcionava num nível altamente impressionante, ele claramente vivia num estado hiperalerta. Por outro lado, eu sentia que a vida emocional de David estava muito atrás da sua vida mental. E eu achava que ele poderia acabar se perdendo na fenda entre as duas.»

Wallace já estava afundando nessa fenda. Ele ganhou o prêmio Whiting Writers — subiu num palco com Eudora Welty —, se formou no Arizona, foi para uma colônia de artistas, conheceu escritores famosos, ficou sabendo que os escritores famosos estavam vendo o seu nome em outras revistas («extremamente empolgante e muito assustador ao mesmo tempo»), terminou os contos. E aí ele ficou sem ideias. Ele tentou escrever numa cabana em Tucson por um tempo,

OS ANOS PERDIDOS E OS ÚLTIMOS DIAS DE DAVID FOSTER WALLACE 293

depois voltou para casa para escrever — o pai e a mãe fazendo as compras de supermercado. Ele aceitou um posto de um ano como professor de filosofia em Amherst, o que foi estranho. Segundanistas que ele tinha conhecido agora eram seus alunos. Nos agradecimentos do livro que ele estava terminando, ele menciona «O Fundo sr. e sra. Wallace para Filhos sem Rumo».

Ele estava mal, travado. «Comecei a odiar tudo o que eu fazia», disse ele. «Pior do que as coisas que eu tinha feito na faculdade. Terrivelmente confuso, ruim demais. Eu estava realmente em pânico, não achava que ia conseguir escrever de novo. E aí tive esta ideia: eu tinha florescido num ambiente acadêmico — meus dois primeiros livros meio que foram escritos sob a supervisão de professores.» Ele se inscreveu em programas de pós em filosofia, achando que poderia escrever ficção no tempo livre. Harvard oferecia uma bolsa de estudos integral. A última coisa de que ele precisava para reproduzir os seus anos de faculdade era reativar Mark Costello.

«Ele veio com todo esse plano estapafúrdio», lembra Costello. «Ele me diz: 'Olha, você volta pra Boston, vai atuar como advogado, e eu vou pra Harvard. Vamos morar juntos — vai ser como a casa que a gente tinha em Amherst'. No fim foi um desastre.»

Eles arranjaram um apartamento em Somerville. Gueto estudantil: construções precárias, escadas externas. Costello chegava em casa com sua pasta, subindo as escadas ruidosas dos fundos, e David perguntava: «Oi, querido, como foi o seu dia?». Mas Wallace não estava escrevendo ficção. Ele tinha pensado que o trabalho dos cursos seria algo secundário, mas os professores esperavam um trabalho de verdade.

Não escrever era o tipo de sintoma que acarretava o seu próprio problema. «Acontecia de ele se meter nuns lugares onde ficava bem perdido», diz Costello. «Basicamente eram sempre os mesmos sintomas: aquela enorme sensação de inadequação, o pânico. Uma vez ele me disse que queria escrever para calar o burburinho na sua cabeça.

Ele disse que, quando você está escrevendo bem, você estabelece uma voz na sua cabeça, e ela cala as outras vozes. Aquelas que ficam dizendo: 'Você não é bom o bastante, você é uma fraude'.»

«Harvard foi uma desolação só», disse Wallace. Aquilo se transformou numa maratona tóxica: bebedeiras, festas, drogas. «Eu não queria sentir nada», disse ele. «Foi o único momento na vida em que eu ia a bares, ficava com mulheres que não conhecia.» Então, por semanas, ele parava de beber, começava o dia com uma corrida de dezesseis quilômetros. «Aquele tipo bem americano de treinamento esportivo — vou consertar isso agindo radicalmente.» Voz de Schwarzenegger: «Se há um problema, eu mesmo vou me ensinar a resolvê-lo. Vou dar mais duro».

Vários problemas estavam atrasando a publicação de sua coletânea de contos *Girl with Curious Hair*. Ele começou a ficar com medo. «Sou este escritor genial», lembra ele. «Tudo o que eu faço só pode ser genial blá-blá-blá.» Era o relógio dos cinco anos de novo. Ele tinha jogado futebol americano por cinco anos. Depois tinha jogado tênis de alto nível por cinco anos. Agora fazia cinco anos que ele estava escrevendo. «O que eu via era: 'Por Deus, é a mesma coisa acontecendo de novo': comecei tarde, demonstrei ser uma grande promessa — e assim que eu sinto as implicações dessa promessa, ela desmorona. Porque, veja bem, desta vez o meu ego estava todo investido na escrita. Foi a única coisa que me trouxe biscoitinhos de recompensa do universo. Então eu me sinto encurralado: 'O-ou, vai dar os meus cinco anos, tenho que seguir em frente'. Mas eu não queria seguir em frente.»

Costello viu Wallace entrar numa crise depressiva. «Ele estava saindo com mulheres que usavam drogas bem pesadas — isso era meio atraente para Dave —, numa putaria por toda Somerville, fazendo-o encher a cara até cair.»

Foi a pior fase que Wallace já tinha vivido. «Talvez tenha sido o que nos velhos tempos chamavam de crise espiritual», disse ele.

OS ANOS PERDIDOS E OS ÚLTIMOS DIAS DE DAVID FOSTER WALLACE

«Eu apenas sentia como se cada axioma da vida se revelasse falso. E não havia nada, e você não era nada — tudo era uma ilusão. Mas você era melhor que o resto do mundo porque você via a ilusão, e ao mesmo tempo você era pior porque não conseguia funcionar.»

Em novembro, as ansiedades já tinham se tornado densas e permanentes. «Fiquei com muito medo de que fosse me matar. E eu sabia que se havia alguém destinado a foder com uma tentativa de suicídio, era eu.» Ele atravessou o campus até o serviço de saúde e disse a um psiquiatra: «Olha, tem este problema. Não me sinto realmente seguro».

«Foi algo e tanto para mim, porque eu estava muito envergonhado», disse Wallace. «Mas foi a primeira vez que me tratei como se tivesse algum valor.»

Ao fazer essa declaração, Wallace ativou um protocolo: a polícia foi avisada, ele teve de se afastar da universidade. Ele foi mandado para o McLean, que, como de praxe nos hospitais psiquiátricos, tem pedigree: Robert Lowell, Sylvia Plath, Anne Sexton, todos foram residentes ali; é o cenário do livro de memórias *Garota, interrompida*. Wallace passou o seu primeiro dia em alerta de suicídio. Ala trancada, quarto rosa, nenhuma mobília, um ralo no chão, janela de observação na porta. «Quando isso acontece com você», disse David, sorrindo, «você fica com uma vontade inédita de buscar outras alternativas para a sua vida.»

Wallace passou oito dias no McLean. Ele foi diagnosticado com uma depressão clínica e prescreveram-lhe uma droga, chamada Nardil, desenvolvida nos anos cinquenta. Ele teria de tomá-la sempre a partir de então. «Tivemos uma consulta breve, talvez três minutos, com o psicofarmacologista», diz sua mãe. Wallace teria de parar de beber e havia uma longa lista de alimentos — certos queijos, picles, embutidos — de que ele deveria passar longe.

Ele começou a se recuperar. Deu um jeito de ficar sóbrio, trabalhou realmente duro nisso, e pelo resto da vida nunca mais bebeu.

Girl with Curious Hair foi enfim publicado em 1989. Wallace fez uma leitura em Cambridge; treze pessoas apareceram, incluindo uma mulher esquizofrênica que ficou gritando durante toda a fala dele. «O fato de o livro ter saído pareceu uma espécie de risada estridente e sarcástica do universo, essa coisa meio que se arrastando atrás de mim feito um peido nojento.»

O que se seguiu foi um retorno gradual e deliberado ao mundo. Ele trabalhou como segurança, turno da manhã, na Lotus software. Uniforme de poliéster, cassetete de serviço, rondando pelos corredores. «Eu gostava porque não tinha de pensar», disse ele. «Aí eu me demiti pela razão incrivelmente corajosa de que estava cansado de ter que acordar tão cedo de manhã.»

Depois disso, ele trabalhou numa academia em Auburndale, Massachusetts. «Maior chiqueza», disse ele. «Eles não me chamavam de garoto da toalha, mas no fundo eu era isso. Um dia eu estava lá sentado e quem vem buscar sua toalha é justo o Michael Ryan. Acontece que o Michael Ryan tinha ganhado um prêmio Whiting Writers no mesmo ano que eu. Aí eu vejo esse cara com quem eu tinha estado numa porra de um palco, recebendo o tal prêmio das mãos da Eudora Welty. Isso aconteceu dois anos depois — foi a única vez que eu literalmente me joguei debaixo de algo. Ele entrou, e eu fingi não muito sutilmente que tinha escorregado, e fiquei deitado de bruços, sem responder. Fui embora naquele dia e nunca mais voltei.»

Ele escreveu uma carta para Bonnie Nadell; ele não ia mais escrever. Essa não foi exatamente a primeira preocupação dela. «Eu temia que ele não sobrevivesse», diz ela. Ele avisou Howard também. «Fiquei remoendo o fato de que o melhor jovem escritor dos Estados Unidos estava entregando toalhas numa academia», diz Howard. «Que puta tristeza.»

Wallace conheceu Jonathan Franzen do jeito mais natural para um escritor: como fã. Ele mandou uma bela carta para Franzen sobre o seu primeiro romance, *The Twenty-Seventh City*. Franzen respondeu,

OS ANOS PERDIDOS E OS ÚLTIMOS DIAS DE DAVID FOSTER WALLACE 297

eles combinaram de se encontrar em Cambridge. «Ele simplesmente furou», lembra Franzen. «Ele não apareceu. Era uma época em que ele vivia bem alterado de drogas.»

Já em abril de 1992, ambos estavam prontos para uma mudança. Eles puseram as malas no carro de Franzen e foram para Syracuse à caça de apartamentos. Franzen precisava «de algum lugar para me mudar com a minha esposa, onde nós dois tivéssemos condições de viver sem que ninguém nos dissesse quão fodido era o nosso casamento». A necessidade de Wallace era mais simples: um lugar barato para escrever. Ele já estava há meses fazendo pesquisas, assombrando centros de reabilitação e casas de recuperação, tomando notas silenciosas de vozes e histórias, pessoas que tinham caído nas fendas como ele. «Eu fiquei bem determinado nisso de fazer pesquisa a qualquer custo», disse ele. «Passei centenas de horas em três casas de recuperação. No fim das contas você pode simplesmente ficar sentado na sala de estar — ninguém é tão gregário quanto alguém que parou de usar drogas recentemente.»

Ele e Franzen conversavam bastante sobre quais deveriam ser os propósitos da escrita. «Tínhamos aquela sensação de que a escrita devia ser boa para alguma coisa», diz Franzen. «Basicamente, decidimos que ela servia para combater a solidão.» Eles discutiam muitas das ideias de Wallace, que podiam abruptamente se transformar em autocrítica. «Lembro de esse ser um tema frequente de conversa», diz Franzen, «a noção de que ele não tinha uma identidade autêntica. De que apenas era rápido o bastante em construir uma identidade que agradasse quem quer que fosse a pessoa com quem estivesse conversando. Eu vejo agora que ele não estava apenas brincando — havia algo de genuinamente comprometido em David. Na época eu pensei: 'Uau, ele é ainda mais autoconsciente do que eu'.»

Wallace passou um ano escrevendo em Syracuse. «Morei num apartamento que sinceramente era do tamanho da entrada de uma casa normal. Eu gostava muito. Havia tantos livros que não dava para se mexer demais. Quando eu queria escrever, tinha que pôr tudo o que estava na escrivaninha na cama, e quando eu queria dormir, tinha que botar as coisas todas de volta na escrivaninha.»

Wallace trabalhava à mão, uma pilha de páginas crescendo. «Você olha para o relógio e vê que já se passaram sete horas e sente cãibras na mão», disse Wallace. Ele tinha canetas que considerava da sorte — esferográficas baratas da Bic, como jogadores de beisebol têm os seus tacos da sorte. Ele chamava uma caneta que lhe dava sorte de caneta do orgasmo.

No verão de 1993, assumiu um trabalho como professor a oitenta quilômetros da casa dos pais, na Illinois State University, em Normal. Três quartos do livro estavam prontos. Com base na primeira pilha selvagem de páginas, Nadell conseguiu vendê-lo para a Little, Brown. Ele tinha colocado toda a sua vida ali — o tênis, a depressão, tardes chapadas, o precipício da reabilitação, todas as horas passadas com Amy assistindo TV. O motor do enredo é um filme chamado *Graça infinita*, tão sedativo e perfeito que é impossível de desligar: você o assiste até afundar na cadeira, até sua bexiga explodir, até você passar fome e morrer. «Se há algo de que o livro trata», disse ele, «é a pergunta sobre por que estou assistindo tanta merda? Não é sobre a merda em si. É sobre mim: por que estou fazendo isso? O título original era *A Failed Entertainment* [Um entretenimento fracassado], e o livro é estruturado como um entretenimento que não funciona» — personagens que se desenvolvem e se dispersam, capítulos desordenados — «porque, em última instância, o entretenimento leva à 'Graça infinita'; é essa a estrela que o guia.»

Wallace dava aulas em casa, os alunos se acotovelando ao lado de livros como *Compendium of Drug Therapy* e *The Emergence of the French Art Film*, fazendo piadas sobre o Monte Manuscrito, a pilha do romance de David. Ele tinha terminado e recolhera três anos de rascunhos, e finalmente sentou e digitou a coisa toda. Wallace não digitava de fato; ele passou toda aquela obra gigantesca para

OS ANOS PERDIDOS E OS ÚLTIMOS DIAS DE DAVID FOSTER WALLACE 299

o computador duas vezes, com um só dedo. «Mas era um dedo bem rápido.»

Chegou a quase 1.700 páginas. «Eu estava apavorado com o tamanho que aquilo ia ter no final», disse ele. Wallace falou para o seu editor que daria um bom livro de praia, no sentindo de que as pessoas poderiam usá-lo para fazer sombra.

Pode levar um ano para um livro ser editado, reeditado, impresso, divulgado, distribuído, com o escritor o tempo todo de olho no relógio. Nesse ínterim, Wallace voltou-se para a não ficção. Dois artigos, publicados na *Harper's*, viriam a se tornar alguns dos textos mais famosos do jornalismo da última década e meia.

Colin Harrison, editor de Wallace na *Harper's*, teve a ideia de equipá-lo com um caderno e mandá-lo para lugares perfeitamente americanos — a Feira Estadual de Illinois, um cruzeiro no Caribe. Isso absorvia o lado de Wallace que estava sempre ligado, sempre se avaliando. «Havia o Dave imitador, o Dave observador-de-gente», diz Costello. «Pedir para ele fazer uma reportagem de fato podia ser estressante e bizarro e complicado. Colin teve essa ideia de gênio sobre o que fazer com David. Foi uma solução muito simples em que ninguém nunca tinha pensado antes.»

Nos textos, Wallace inventou um estilo que os escritores têm saqueado há uma década. A câmera não editada, o vídeo antes de o diretor na van começar a fazer escolhas e cortes. A voz era humana, um cérebro grande e gentil tropeçando nas suas próprias imperfeições. «Os textos da *Harper's* eram eu abrindo a minha cabeça», disse Wallace. «Como se dissesse: bem-vindo à minha mente por vinte páginas, veja através dos meus olhos, aqui estão praticamente todas as minhas voltas e reviravoltas malucas. O segredo era fazer o texto ser honesto mas também interessante — porque a maioria dos nossos pensamentos não é assim tão interessante. Ser honesto com um motivo.» Ele riu. «Há uma certa persona ali, que é um pouco mais besta e tonta do que eu sou.»

O texto sobre o cruzeiro apareceu em janeiro de 1996, um mês antes de o romance de David ser publicado. As pessoas fizeram fotocópias, mandaram o texto umas às outras por fax, leram o artigo por telefone. Quando as pessoas te dizem que são fãs de David Foster Wallace, geralmente elas querem dizer que leram o texto do cruzeiro; Wallace depois o adotaria como título de sua primeira coletânea de textos jornalísticos, *A Supposedly Fun Thing I'll Never Do Again*. De certa forma, a diferença entre a ficção e a não ficção pode ser lida como a diferença entre o Wallace social e o Wallace privado. Os ensaios eram infinitamente encantadores, eram o melhor amigo que você poderia ter, reparando em tudo, sussurrando piadinhas, fazendo você passar direto pelas coisas irritantes ou chatas ou terríveis num estilo humano. A ficção de Wallace, especialmente depois de *Graça infinita*, se tornaria fria, sombria, abstrata. Você podia imaginar o escritor da ficção afundando em depressão. Já o escritor da não ficção era um sol incansável.

O romance saiu em fevereiro de 1996. Na *New York Magazine,* Walter Kirn escreveu: «A concorrência foi obliterada. É como se Paul Bunyan tivesse entrado para a NFL ou como se Wittgenstein estivesse inscrito no *Jeopardy!* O romance é um colosso que vai mudar tudo. Tão espetacularmente bom ele é». Ele apareceu na *Newsweek,* na *Time.* Gente de Hollywood vinha às suas leituras, mulheres piscavam encantadas, homens sentados nos fundos fechavam a cara, com inveja. Um entregador da FedEx tocou a campainha dele, observou enquanto David assinava o recibo de entrega, depois perguntou: «Como é ser famoso?».

No final da turnê de lançamento do livro, passei uma semana com David. Ele falou sobre a «empolgação gordurosa da fama» e o que isso poderia significar para a sua escrita. «Quando tinha 25 anos, eu teria dado uns dois dedos da mão que eu não uso para ter isso», disse ele. «Eu me sinto bem, porque quero continuar fazendo isso pelos próximos quarenta anos, entende? Então tenho que achar

OS ANOS PERDIDOS E OS ÚLTIMOS DIAS DE DAVID FOSTER WALLACE   301

um jeito de aproveitar tudo que não acabe comigo sendo devorado por isso.»

Ele era uma ótima companhia, de uma rapidez impressionante, fazendo você se sentir ao mesmo tempo totalmente desperto e como se seus sapatos estivessem amarrados um no outro. Ele dizia coisas do tipo: «Existe a boa autoconsciência, e existe a autoconsciência tóxica, paralisadora, aquela autoconsciência estuprada-por-beduínos-da-mente». Ele falou de um tipo de timidez que fazia com que a vida social fosse de uma complexidade impossível. «Acho que ser tímido basicamente significa ser tão egocêntrico a ponto de ser difícil ficar perto de outras pessoas. Por exemplo, enquanto estou passando tempo com você, não consigo nem saber se gosto ou não de você porque estou preocupado demais em saber se você gosta de mim.»

Ele disse que um entrevistador dedicou toneladas de energia ao tema do gênio. «Era a grande questão dele. 'Você é normal? Você é normal?' Acho que uma das coisas que realmente me deixou mais inteligente foi ter percebido que há coisas em que outras pessoas são muito mais inteligentes do que eu. Meu maior trunfo como escritor é que eu sou praticamente como todo mundo. As partes de mim que costumavam achar que eu era diferente ou mais inteligente ou sei lá o quê quase me fizeram morrer.»

Tinha sido difícil, no verão, ver a irmã se casar. «Já estou com quase 35 anos. Gostaria de me casar e ter filhos. Ainda nem comecei a tratar dessa merda. Cheguei perto algumas vezes, mas tenho a tendência de me interessar por mulheres com quem no fim das contas eu não me dou muito bem. Alguns amigos me dizem que é algo que valeria a pena eu investigar com um especialista pago para isso.»

Wallace estava sempre namorando alguém. «Foram muitos relacionamentos», diz Amy. Ele namorava na sua vida imaginária também: quando o visitei, havia um pôster gigantesco da Alanis Morissette na parede. «A obsessão pela Alanis Morissette veio depois da obsessão pela Melanie Griffith – que durou seis anos», disse ele.

«O que veio antes foi, vou te falar, motivo de muita zoação, pois era uma terrível obsessão pela Margaret Thatcher. Durou todo o período da faculdade: pôsteres da Margaret Thatcher, elucubrações sobre Margaret Thatcher. Dizer algo que ela realmente gostasse, me inclinar e cobrir a minha mão com a dela!»

Ele costumava namorar mulheres temperamentais — outro sintoma da sua timidez. «Diga o que quiser sobre elas, mas os psicóticos tendem a tomar a iniciativa.» Ter cães era menos complicado: «Você não fica com a sensação de que está magoando os sentimentos deles o tempo todo».

Suas angústias sentimentais tinham um amplo espectro, cada partezinha da mecânica sendo examinada individualmente. Ele me contou uma piada:

O que um escritor diz depois do sexo?

Foi tão bom pra mim quanto foi pra você?

«Há na escrita certa mistura de sinceridade e manipulação, de tentar sempre calcular qual será o efeito de determinada coisa», disse ele. «É uma capacidade bem preciosa que realmente precisa ser desligada de vez em quando. Arrisco supor que os escritores provavelmente são parceiros engraçados, habilidosos, aceitáveis e em princípio atenciosos com outras pessoas. Mas acho que a experiência deles geralmente é bem solitária.»

Certa noite Wallace conheceu a escritora Elizabeth Wurtzel, cujo livro de memórias sobre depressão, *Prozac Nation*, tinha sido recentemente publicado. Ela achou que ele parecia desleixado — jeans e bandana — e muito inteligente. Uma outra noite, Wallace a acompanhou até em casa de um restaurante, sentou com ela no hall de entrada, passou um tempo tentando convencê-la a levá-lo para o andar de cima. Wurtzel ficou encantada: «Sabe, ele podia ter todo aquele cérebro impressionante, mas no fim das contas ele ainda era um cara».

OS ANOS PERDIDOS E OS ÚLTIMOS DIAS DE DAVID FOSTER WALLACE

Wallace e Wurtzel não falavam realmente sobre a experiência que tinham em comum — depressão, um histórico de drogas, consultas no McLean —, mas sobre a profissão deles, sobre o que fazer com a fama. Wallace, mais uma vez, tinha estabelecido padrões impossíveis para si mesmo. «Ele ficava realmente perturbado com a possibilidade de que o sucesso podia te corromper», lembra ela. «Ele se interessava muito pela pureza, pela ideia de autenticidade — do modo como algumas pessoas se preocupam com a ideia de parecer bacana. Para ele a questão assumia a dimensão de uma ciência.»

Quando Wallace escreveu para ela, ele ainda estava dando voltas em torno do mesmo tema. «Eu entro num círculo vicioso em que percebo como sou egocêntrico e carreirista e como não sou fiel a padrões e valores que transcendem os meus interesses mesquinhos, e sinto que não sou uma pessoa boa. Mas aí considero o fato de que pelo menos estou aqui me preocupando com isso, percebendo o quanto me falta de integridade, e imagino que pessoas sem nenhuma integridade não percebem ou não se preocupam com isso; então eu me sinto melhor em relação a mim mesmo. É tudo muito confuso. Acho que sou muito honesto e franco, mas também tenho orgulho do quão honesto e franco eu sou — e onde é que isso me coloca então?»

O sucesso pode ser tão difícil de superar quanto o fracasso. «Sabe o tique que os arremessadores das grandes ligas têm», diz sua mãe, «quando eles sabem que jogaram maravilhosamente bem — mas, caramba, será que eles vão conseguir fazer isso de novo, e aí eles continuam flexionando o braço? Era um pouco isso. Quando ele dizia: 'Certo. Ótimo, foi um bom resultado. Mas será que eu consigo fazer isso de novo?'. Era essa a sensação que eu tinha. A sombra estava sempre ali à espera.»

Wallace também tinha essa impressão. «O que mais me preocupava», disse ele, «é que aquilo servisse apenas para aumentar as expectativas em relação a mim mesmo. E expectativas são uma linha muito tênue. Até certo ponto, elas podem servir de motivação, podem ser uma espécie de lança-chamas preso ao seu rabo. Mas, passado esse ponto, elas são tóxicas e te paralisam. Tenho medo de foder com tudo e de mergulhar numa versão compacta do que vivi antes.»

Mark Costello estava igualmente preocupado. «O trabalho se tornou muito difícil. Ele já não recebia mais aqueles presentes de Deus, não tinha aqueles períodos de seis semanas em que escrevia exatamente as 120 páginas de que precisava. Então ele se distraía com outras coisas.» Ele ficava noivo, depois desfazia o noivado. Ele ligava para os amigos: «Semana que vem, no sábado, você tem que estar em Rochester, Minnesota, eu vou me casar». Mas aí o casamento passava para o domingo, ou para a semana seguinte, até que ele cancelava.

«Ele quase se casou algumas vezes», diz Amy. «Acho que no fim o que acontecia é que ele fazia isso mais pela outra pessoa do que para si próprio. Aí ele percebia que não estava fazendo nenhum favor a outra pessoa.»

Wallace falou para Costello de uma mulher com quem tinha se envolvido. «Ele disse: 'Ela fica puta comigo porque eu nunca quero sair de casa. «Querido, vamos pro shopping.» «Não, quero escrever.» «Mas você nunca escreve.» «Mas eu não sei se vou escrever. Então tenho que estar aqui caso aconteça'. Foi assim durante anos.»

Em 2000, Wallace escreveu uma carta para seu amigo Evan Wright, colaborador da *Rolling Stone*: «Alguma coisa eu sei sobre ainda ter problemas com relacionamentos. (Ai, ai, como eu sei.) Mas tenho passado a apreciar cada vez mais a minha própria companhia — na maior parte do tempo. Sei o que é se deparar com um tanto de escuridão todo dia (e alguns dias são só trevas pra mim)». Ele contou que tinha encontrado uma mulher, que as coisas estavam acontecendo com demasiada facilidade, decidiu terminar. «Acho que o que quer que me atraia tem muito a ver com um desejo pelo Grande Sim, com querer que outra pessoa te queira (Cheap Trick na veia)...

OS ANOS PERDIDOS E OS ÚLTIMOS DIAS DE DAVID FOSTER WALLACE   305

E agora eu não sei o que fazer. Provavelmente nada, que parece ser o Sinal que o universo ou seu CEO está me mandando.»

No verão de 2001, Wallace se mudou para Claremont, Califórnia, para ocupar a cátedra Roy Edward Disney de escrita criativa, no Pomona College. Ele publicou contos e ensaios, mas estava tendo dificuldades para trabalhar. Depois de ter feito uma reportagem para a *Rolling Stone* sobre a campainha presidencial de John McCain, em 2000, ele escreveu para a sua agente dizendo que iria mostrar ao seu editor que «Ainda sou capaz de fazer um bom trabalho (minhas próprias inseguranças, eu sei)».

Wallace tinha recebido um prêmio de «gênio» da MacArthur em 1997. «Não acho que tenha lhe feito nenhum bem», diz Franzen. «O prêmio pôs a aura de 'gênio' nele, que era algo, claro, que ele tinha desejado e buscado e que ele achava que merecia. Mas acho que ele pensou: 'Agora eu tenho que ser ainda mais inteligente'.» No final de 2001, Costello ligou para Wallace. «Ele me falou do quanto estava sendo difícil escrever. E eu respondi, com a melhor das intenções: 'Dave, você é um gênio'. Querendo dizer que as pessoas não vão te esquecer. Você não vai acabar trabalhando na Wendy's. Ele disse: 'Isso só me faz pensar que eu te enganei também'.»

Wallace conheceu Karen Green alguns meses depois da mudança para Claremont. Green, uma pintora, admirava o trabalho de David. Foi uma espécie de intercâmbio artístico, um encontro arranjado interdisciplinar. «Ela queria fazer umas pinturas com base em alguns dos contos de David», diz sua mãe. «Eles tinham um amigo em comum, e ela pensou em pedir permissão.»

«Ele estava totalmente maluco», lembra Wright. «Ele ligou, a cabeça nas nuvens, falando dela como um acontecimento único.» Franzen conheceu Green no ano seguinte. «Senti em cerca de três minutos que ele tinha finalmente encontrado alguém que estava à altura da tarefa de viver com Dave. Ela é linda, incrivelmente forte e muito madura — ela não agia como se tudo girasse em torno do gênio Dave Wallace.»

Eles fizeram sua estreia como casal junto com os pais de Wallace em julho de 2003, quando foram ao festival culinário do Maine, de onde sairia o título de seu último livro, *Consider the Lobster*. «Os dois eram muito rápidos», diz seu pai. «Eles viam alguma coisa e se olhavam e riam, sem terem que dizer o que tinha parecido engraçado pra eles.» No ano seguinte, Wallace e Green foram de avião até a casa dos pais dele, em Illinois, onde se casaram dois dias depois do Natal.

Foi um casamento surpresa. David disse à mãe que queria levar a família para o que chamou de um almoço «formalíssimo». Sally achou que era a influência de Karen. «David não faz o estilo formalíssimo», disse ela. «Sua noção de formal provavelmente deve ser calça comprida em vez de bermuda e uma camiseta com dois furos em vez de dezoito.» Green e Wallace saíram de casa cedo para «resolver coisas», enquanto Amy tentava arranjar uma desculpa para levar os pais até o cartório a caminho do almoço. «Nós subimos», diz Sally, «e vimos Karen com um buquê, e David arrumado com uma flor na lapela, e a gente entendeu. Ele parecia tão feliz, irradiava felicidade.» A recepção foi num restaurante de Urbana. «Quando saímos na neve», diz Sally, «David e Karen foram na nossa frente e se afastaram um pouco. Ele queria que a gente tirasse fotos, e Jim tirou. David estava dando saltinhos no ar e batendo os calcanhares. Esse se tornou o anúncio do casamento.»

Segundo a família e os amigos de Wallace, os últimos seis anos — com exceção do último — foram os melhores de sua vida. O casamento era feliz, a vida universitária ia bem, Karen e David tinham dois cães, Warner e Bella, eles compraram uma casa adorável. «Dave numa casa de verdade», diz Franzen, rindo, «com mobília de verdade e estilo de verdade.»

Aos olhos de Franzen, ele estava vendo Wallace crescer. David tinha certa tendência a evitar de propósito a normalidade. Certa

OS ANOS PERDIDOS E OS ÚLTIMOS DIAS DE DAVID FOSTER WALLACE   307

vez, eles tinham ido a uma festa literária na cidade. Tinham entrado pela porta da frente juntos, mas, quando Franzen chegou à cozinha, percebeu que Wallace tinha desaparecido. «Eu voltei e fiz uma busca geral no lugar», lembra Franzen. «Ele tinha ido até o banheiro para se perder de mim, depois deu meia-volta e entrou de novo pela porta da frente.»

Agora esse tipo de coisa não acontecia mais. «Ele tinha razões para ter esperança», disse Franzen. «Ele tinha os recursos para ser mais maduro, uma pessoa mais completa.»

E havia os cães. «Ele tinha uma predileção por cães que tinham sofrido antes e que dificilmente encontrariam outros donos pacientes o bastante com eles», diz Franzen. «Seja por um senso de identificação ou empatia, ele tinha o maior trabalho para discipliná-los. Mas era impossível não ver a dedicação dele aos cães sem ficar com um nó na garganta.»

Como Wallace se sentia bem, ele começou a falar em parar com o Nardil, o antidepressivo que já tomava há quase duas décadas. A droga tinha uma longa lista de efeitos colaterais, incluindo o risco de pressão arterial elevada. «Era uma questão constante do meu medo mórbido em relação a Dave — de que ele não iria durar muito tempo, com todo o desgaste no coração dele», diz Franzen. «Eu temia perdê-lo com cinquenta e poucos anos.» Costello disse que Wallace reclamava que a droga o fazia se sentir «filtrado». «Ele disse: 'Não quero ficar usando isso o resto da vida'. Ele queria se sentir mais parte da raça humana.»

Em junho de 2007, Wallace e Green estavam em um restaurante indiano com os pais de David, em Claremont. David subitamente se sentiu muito mal — dores terríveis no estômago. Eles ficaram com ele por alguns dias. Quando consultou os médicos, disseram-lhe que alguma coisa que ele tinha comido devia ter reagido mal com o Nardil. Eles sugeriram que ele tentasse parar de tomar a droga para ver se outra abordagem poderia funcionar.

«Nesse momento», diz sua irmã Amy, a voz um tanto exasperada, «a decisão estava tomada: 'Ah, bem, poxa, fizemos tantos progressos farmacêuticos nas últimas duas décadas que tenho certeza de que podemos encontrar algo que possa acabar com a danada dessa depressão sem tantos efeitos colaterais'. Eles não tinham ideia de que essa era a única coisa que o mantinha vivo.»

Wallace teria que reduzir gradativamente a dosagem da droga antiga antes de passar, também de maneira gradativa, para a nova. «Ele sabia que ia ser difícil», diz Franzen. «Mas ele tinha a sensação de que finalmente podia se dar ao *luxo* de tirar um ano para fazer isso. Ele achava que ia passar a tomar outra coisa, ao menos por um tempo. Ele era um perfeccionista, entende? Ele queria ser perfeito, e tomar Nardil não era perfeito.»

Naquele verão, David começou a deixar, aos poucos, de tomar o Nardil. Seus médicos foram lhe prescrevendo outros remédios, nenhum dos quais parecia ajudar. «Eles não conseguiram encontrar nada», diz sua mãe, baixinho. «Nada.» Em setembro, David pediu para Amy renunciar à sua visita anual nas férias de outono. Ele não estava em condições de recebê-la. Em outubro, seus sintomas já tinham se agravado tanto que ele teve de ir para o hospital. Seus pais não sabiam o que fazer. «Comecei a ficar preocupada», diz Sally, «mas aí pareceu que estava sob controle.» Ele começou a perder peso. Já no outono, ele parecia de novo um estudante universitário: cabelo mais comprido, olhos intensos, como se tivesse acabado de sair de uma aula em Amherst.

Quando Amy falava com ele por telefone, «às vezes ele soava como nos velhos tempos», diz ela. «A pior pergunta que você poderia fazer a David naquele último ano era: 'como você está?'. E é quase impossível conversar com alguém que você não vê sempre sem fazer essa pergunta.» Wallace era muito honesto com ela. Ele respondia: «Eu não estou bem. Estou tentando ficar, mas não estou bem».

OS ANOS PERDIDOS E OS ÚLTIMOS DIAS DE DAVID FOSTER WALLACE   309

Apesar dessa luta, Wallace conseguiu continuar dando aulas. Ele era dedicado aos alunos: chegava a escrever seis páginas de comentários a um conto, brincava com a turma, brigava com eles para que eles se esforçassem mais. No horário de atendimento, se havia alguma dúvida de gramática que não conseguia responder, ele ligava para a mãe. «Ele me ligava e dizia: 'Mãe, estou com este aluno aqui na minha frente. Me explica de novo por que isso está errado'. Dava para ouvir o estudante dando risadinhas no fundo. 'Aqui está David Foster Wallace ligando para a mãe.'»

No início de maio, no final do ano acadêmico, ele foi tomar um café perto da faculdade com alguns dos seus formandos do curso de ficção. Wallace respondeu às perguntas angustiadas deles sobre o futuro como escritor. «Ele ficou com a voz embargada no final», lembra Bennett Sims, um de seus alunos. «Ele começou a falar do quanto ia sentir a nossa falta, e aí ele começou a chorar. E como eu nunca tinha visto o Dave chorar, achei que ele estava só brincando. Nisso, foi muito estranho, ele fungou e disse: 'Podem rir — aqui estou eu chorando —, mas eu realmente vou sentir falta de todos vocês'.»

Seus pais estavam com viagem marcada para visitá-lo no mês seguinte. Em junho, quando Sally falou com o filho, ele disse: «Mal posso esperar, vai ser maravilhoso, vamos nos divertir muito.» No dia seguinte, ele ligou e disse: «Mãe, tenho que te pedir dois favores. Vocês poderiam, por favor, não vir?» Ela disse que tudo bem. Então Wallace pediu: «Vocês não ficariam chateados?».

Nenhum remédio tinha funcionado, a depressão não diminuía. «Depois daquele ano de inferno absoluto para David», diz Sally, «eles decidiram voltar para o Nardil.» Os médicos também administraram doze sessões de terapia eletroconvulsiva, na esperança de que a medicação de Wallace fizesse mais efeito. «Doze», repete Sally. «Uns tratamentos tão brutais», diz Jim. «Estava claro que as coisas iam mal.»

Wallace sempre teve pavor de terapia de eletrochoque. «Eu me cago de medo», ele tinha me dito em 1996. «O meu cérebro é tudo o que eu tenho. Mas entendo que você pode chegar num ponto em que talvez implore por isso.»

No final de junho, Franzen, que estava em Berlim, ficou preocupado. «Eu cheguei de fato a acordar uma noite», diz ele. «A nossa comunicação seguia um ritmo, e eu pensei: 'Já faz tempo demais que eu não tenho notícias do Dave'.» Quando Franzen ligou, Karen disse para ele vir imediatamente: David tinha tentado se matar.

Franzen passou uma semana com Wallace em julho. David tinha perdido trinta quilos em um ano. «Eu nunca o vi tão magro. Seu olhar estava diferente: apavorado, terrivelmente triste e muito distante. Ainda assim, era divertido estar com ele, mesmo ele só tendo dez por cento da sua força.»

Franzen sentava com Wallace na sala de estar e brincava com os cachorros, ou saía um pouco com David enquanto ele fumava um cigarro. «A gente discutia sobre as coisas. Ele vinha com seu discurso típico: 'A boca de um cachorro é praticamente um desinfetante de tão limpa. Ao contrário da saliva humana, a saliva de um cachorro é maravilhosamente resistente aos germes'.» Antes de Franzen partir, Wallace lhe agradeceu por ter vindo. «Me senti grato por ele ter permitido que eu estivesse ali», diz Franzen.

Seis semanas depois, Wallace pediu para os seus pais virem à Califórnia. O Nardil não estava funcionando. Pode acontecer com um antidepressivo; um paciente para de tomar, volta, e o remédio perde seu efeito. Wallace não conseguia dormir. Ele tinha medo de sair de casa. Ele perguntava: «E se eu topar com algum dos meus alunos?».

«Ele não queria que ninguém o visse naquele estado», diz seu pai. «Era mesmo triste de ver. Se um estudante o visse, ele passaria os braços em volta dele e o abraçaria, tenho certeza.»

Seus pais ficaram dez dias. «Ele estava simplesmente desesperado», diz sua mãe. «Ele estava com medo de que não ia funcionar. Estava sofrendo. A gente o abraçava o tempo todo, dizendo que se ele só aguentasse um pouco mais, as coisas iriam se arranjar. Ele foi muito corajoso por muito tempo.»

Wallace e seus pais levantavam às seis da manhã e levavam os cachorros para passear. Eles assistiam DVDs de *The Wire*, conversavam. Sally cozinhava os pratos favoritos de David, comidas caseiras pesadas — empadões, cozidos, morangos com creme. «A gente dizia sempre que era uma alegria enorme pra nós ele estar vivo», lembra sua mãe. «Mas a sensação que eu tenho é que, já então, ele estava deixando o planeta. Ele simplesmente não conseguia suportar.»

Certa tarde, antes de eles irem embora, David estava muito triste. Sua mãe sentou no chão ao lado dele. «Eu apenas afaguei o braço dele. Ele disse que se sentia feliz por eu ser a mãe dele. Eu disse a ele que era uma honra.»

No final de agosto, Franzen ligou. Ao longo de todo o verão, ele vinha dizendo a David que, por pior que fosse o cenário, as coisas iam melhorar, e depois ele ficaria melhor do que nunca. David dizia: «Continue falando assim — está ajudando.» Mas desta vez não estava ajudando. «Ele estava bem longe», diz Franzen.

Algumas semanas depois, Karen deixou David sozinho com os cachorros por algumas horas. Quando ela voltou para casa naquela noite, ele tinha se enforcado.

«Não consigo tirar a imagem da minha cabeça», diz sua irmã. «David com os cachorros, e está escuro. Tenho certeza de que ele deu um beijo na boca de cada um e disse a eles que sentia muito.»

DAS ANDERE

1 Kurt Wolff *Memórias de um editor*

2 Tomas Tranströmer *Mares do Leste*

3 Alberto Manguel *Com Borges*

4 Jerzy Ficowski *A leitura das cinzas*

5 Paul Valéry *Lições de poética*

6 Joseph Czapski *Proust contra a degradação*

7 Joseph Brodsky *A musa em exílio*

8 Abbas Kiarostami *Nuvens de algodão*

9 Zbigniew Herbert *Um bárbaro no jardim*

10 Wisława Szymborska *Riminhas para crianças grandes*

11 Teresa Cremisi *A Triunfante*

12 Ocean Vuong *Céu noturno crivado de balas*

13 Multatuli *Max Havelaar*

14 Etty Hillesum *Uma vida interrompida*

15 W. L. Tochman *Hoje vamos desenhar a morte*

16 Morten R. Strøksnes *O Livro do Mar*

17 Joseph Brodsky *Poemas de Natal*

18 Anna Bikont e Joanna Szczęsna *Quinquilharias e recordações*

19 Roberto Calasso *A marca do editor*

20 Didier Eribon *Retorno a Reims*

21 Goliarda Sapienza *Ancestral*

22 Rossana Campo *Onde você vai encontrar um outro pai como o meu*

23 Ilaria Gaspari *Lições de felicidade*

24 Elisa Shua Dusapin *Inverno em Sokcho*

25 Erika Fatland *Sovietistão*

26 Danilo Kiš *Homo Poeticus*

27 Yasmina Reza *O deus da carnificina*

28 Davide Enia *Notas para um naufrágio*

29 David Foster Wallace *Um antídoto contra a solidão*

Composto em Lyon Text e GT Walsheim
Impresso pela gráfica Formato
Belo Horizonte, 2021